KB125347

다시
기대하는
이들에게

다시
기대하는
이들에게

초판 1쇄 발행 2016년 12월 1일

지 은 이 김한수
발 행 인 권선복
편   집 김정웅
교   정 천훈민
디 자 인 이세영
마 케 팅 권보송
전 자 책 천훈민
발 행 처 도서출판 행복에너지
출판등록 제315-2011-000035호
주   소 (157-010) 서울특별시 강서구 화곡로 232
전   화 0505-613-6133
팩   스 0303-0799-1560
홈페이지 www.happybook.or.kr
이 메 일 ksbdata@daum.net

값 15,000원

ISBN 979-11-5602-432-3   03190

Copyright ⓒ 김한수, 2016

도서출판 행복에너지는 독자 여러분의 아이디어와 원고 투고를 기다립니다. 책으로 만들기를 원하는 콘텐츠가 있으신 분은 이메일이나 홈페이지를 통해 간단한 기획서와 기획의도, 연락처 등을 보내주십시오. 행복에너지의 문은 언제나 활짝 열려 있습니다.

다시
기대하는
이들에게

김한수

도서
출판 행복에너지

시 작
하는 말

기대라는 단어를 제안합니다.

그동안 우리는 희망이라는 말, 꿈이라는 말, 기다림이라는 말을 많이 사용해왔습니다.

다 좋은 말들입니다. 다 우리에게 유익한 말들입니다.

그런데 저는 한 가지 더 덧붙여 기대라는 말을 제안해 보고자 합니다.

기대에는 꿈, 희망, 기다림이라는 말보다 훨씬 더 '나'라고 하는 자신의 자아가 깊숙이 개입되어 있습니다.

기대라는 말에는 나 자신의 실제적이고 섬세한 계획과 노력, 그리고 그것들을 구체적으로 실천하여 성취한다는 의미가 들어있습니다.

기대라는 말은 꿈과 희망이라는 단어보다 훨씬 더 이성적이고 논리적인 단어입니다. 고로 우리가 무언가를 기대하게 된다면, 그 기대는 우리가 곧 볼 수 있고, 이룰 수 있는 그 무엇이 됩니다.

어린아이는 꿈을 먹고 삽니다.

힘든 사람은 희망을 가지고 현실을 이겨내고 희망적인 미래를 봅니다.

기다림은 우리를 아름답고 따뜻하고 낭만적인 사람으로 만들어 줍니다.

그리고 기대하는 사람은 자신의 기대를 구체적으로 계획해보고, 실천하며, 그것을 나의 현실세계의 것으로 이끌어냅니다.

그러기에 기대는 우리 모두에게 실제로 필요한 힘이요, 동기요, 현실입니다.

우리의 현재 여건이 어떠하든, 우리의 나이가 어떠하든 상관없습니다. 우리가 기대할 수만 있다면 우리는 언제나 다시 일어설 수 있고, 딱 한 번 살다 가는 이 세상을 좀 더 의미 있게 살 수 있을 것입니다.

부록
기대의 실제,
몇 가지 기대 연습

다시
기대하는
이들에게

01

'기대하다'라는
말에 대하여

이 책을 시작하면서 먼저 '기대하다'라고 하는 용어의 의미를 확인하고자 한다. 나는 국어학자나 언어학자가 아니기에 이 단어에 대한 학술적이고 정확한 근원이나 어원을 언급할 능력은 안 된다. 그저 이 책 전체에서 내가 말하고자 하는, 사실 내가 인위적으로 정한 '기대하다'라는 주제의 범위를 독자들에게 제시하기 위함이다.

'기대하다'라는 말의 사전적 의미를 네이버에서 검색해 보았다. 기대하다의 우리말 의미는 어떤 일이 이루어지기를 바라고 기다리는 것이다. 기대企待, 期待의 기는 꾀할 기企도 되고 기약할 기期도 된다. 꾀할 기企에는 '꾀하다, 계획하다'라는 뜻이 있고, 기약할 기期는 달이 일정한 기한에 맞추어 돌며 변하듯 예상된 약속, 정해진 시기나 날짜를 의미한다. 대待는 무엇인가 행동하기 위하여 준비를 갖추고 때가 오기를 기다리는 일을 말한다.

'기대하다'라는 말에 들어있는 요소들 중에 내가 의미 있게 생각하고 싶은 것들을 뽑아보았다. 이것은 나의 주관적인 견해이므로 혹시 원래 단어의 사전적인 의미와 거리가 있다 해도 양해해 주기를 부탁한다.

계획하다

기획하다

꾀하다

행동하다

올 것이 확실한 어떤 것을 기다리다

갖추고 기다리다

준비하고 기다리다

기다리는 것이다. 그런데 그냥 기다리는 것이 아니라 계획하고, 꾀하고, 준비를 갖추면서 행동하며 기다리는 것이다.

기다리는 것이다. 그런데 막연히 기다리는 것이 아니라 분명히 와야 할 것을 기다리는 것이다. 바로 이것이 내가 이 책에서 함께 독자들과 공감하고자 하는 '기대하다'라는 말의 의미이다.

계획하고, 꾀하고, 준비를 갖추는 주체는 당연히 나이다. 내가 직접 계획을 하고 준비한다. 그리고 그 계획을 위해 행동하고 노력하며 그로 인한 결과를 우리는 기다린다. 계획하고 꾀하며, 그 계획에 따라 행동하고 노력하며, 거기에 따른 결과를 기다리는 일련의 과정을 나는 '기대한다'라고 표현하고자 한다.

'기대하다'라는 말에서 나는 두 가지를 강조하고 싶다. 하나는 기대하는 주체가 바로 나라는 것이다. 다른 하나는 내가 기대하는 내용은 우연히 오는 것이 아니라 나의 계획과 그 계획을 실행하는 나의 노력이라는 구체적인 행동이 전제된 그 무엇이라는 것이다.

고양이와 개의 차이를 생각해본다. 둘 다 인간과 오랫동안 함께해온 반려동물이다. 개는 '주인바라기' 같다. 온전히 주인만 생각하고 주인의 눈치를 본다. 고양이는 다르다. 주인에게 자신의 마음을 다 쏟지 않는다. 개가 자신의 전부를 주인에게 주고 의지한다면 고양이는 10퍼센트 정도 준다고 해야 할까?

고양이는 주인과 살더라도 자신의 삶의 주체를 자기 자신으로 놓고 산다. 그래서 간혹 주인이 자기에게 잘못해도 크게 실망하지 않는다. 주인이 아주 잘해줘도 담담하게 일정한 태도로 주인을 대한다. 개는 주인을 전적으로 좋아하고 주인을 의지하며 산다. 개는 주인이 자기를 대하는 태도가 바뀌면 크게 실망하고, 주인이 자기에게 잘해주면 행복해한다. 그러기에 나를 포함하여 대다수의 사람은 고양이보다는 개를 더 선호하는 편이다. 물론 이것은 그냥 우리 인간들의 생각인 것이고, 실제 개와 고양이의 본심은 다를 것이다. 어쨌든 일반적인 눈으로 볼 때 개와 고양이가 그렇다는 말이다.

인간의 삶과 인생을 생각해본다면, 그 뻣뻣한 고양이의 주체적인 태도가 바로 우리가 본받아야 할 그 무엇이 아닐까? 인간과의 관계에서는 개처럼 상대를 배려하고, 남을 우선해 주며 남의 기를 세워주는 자세가 필요할 것이다. 그래야 먹고 살 수 있으니까. 개도 그렇고 우리 인간도 그렇다. 그러나 나 자신의 삶을 살 때, 나의 길을 나아갈 때, 나의 미래를 바라볼 때, 반드시 그 주체는 내가 되어야 한다.

사람들은 간혹 이런 용어들을 사용하기를 좋아한다. 나도 좋아하는 말들이다.

바람 따라 물결 따라
초연하게
아무런 욕망 없이
그 언젠가는 그 날이 올 거라는 희망을 가지고
등등….

다 좋은 말이다. 그러나 이런 말들은 '나 자신의 삶'이라는 구체적인 실제상황에서 자주 강조되어서는 안 될 것들이다. 이런 말들을 좋아하되 다른 방식으로 좋아해야 한다. 다른 방식이란 이 책에서 내가 말하고자 하는 기대하는 삶이다.

나라는 존재는 나 자신의 인생을 치리治理해야 한다. 결코 남이 나를 관리해 줄 수는 없다. 아무리 좋은 환경에서 태어났다고 해도, 재벌의 자식으로 혹은 왕의 자식으로 태어난다 해도, 스스로 자기 자신을 치리하지 못하는 자는 결국 실패할 것이다. 이것이 바로 평등함이다. 이런 점에서 인간은 평등한 존재이다. 그 어떤 인생이든 남이 나를 대신 살아줄 수가 없는 것이다. 나라는 존재는 나 자신과 나 자신의 시간과 나 자신의 미래를 주최하고, 관리하고, 경영하며, 이끌어 나아가는 존재인 것이다. 나는 늘 나 자신을 계획해야 하고, 나 자신의 미래를 주체적으로 이끌어야 한다. 나 자신에 대한 계획과 거기에 따른 나 자신의 구체적인 행동이 함께 존재해야 한다.

삶을 살다 보면 추운 날씨를 만나게 된다. 어쩌면 삶이란 간간이 인터벌interval이 있을 뿐 사실은 추운 날씨의 연속인지도 모른다. 추운 날씨에는 옷과 음식이 필요하다. 옷이 없으면 얼어 죽고, 음식이 없으면 굶어 죽는다. 나라는 존재의 미래는 추운 날씨와 같다. 고로 나라는 존재의 미래를 위해서는 첫째로 나의 미래, 나의 내일이 항상 계획되어야 하고, 둘째로 그것들이 구체적으로 실천되어야 한다. 그리고 그러한 나의 계획과 실천의 삶을 살아가는 가운데, 우리는 그것들에 대한 성취를 기대하며 산다. 바로 이것을 나는 '기대하는 삶'이라 말하고 싶다.

글을 써놓고 읽어보니 아직 '기대하다'라는 말에 대해 내가 생각하는 의도를 내가 충분히 설명하지 못하고 있다는 느낌이 든다. 그러나 이어지는 글들을 읽게 되면 내가 독자들과 나누고자 하는 '기대하다'라는 말의 의미가 조금씩 조금씩 마음속에 들어와 앉게 될 것이기에 용어설명에 대한 부담을 뒤로 미뤄놓고자 한다.

02

Expect, Hope, 그리고 **기대**

'기대하다'라는 말과 부합되는 영어단어를 찾아보기 위해 영영사전을 검색해보았다. 기다리는 정도가 가장 강한 단어가 바로 expect이고, 그 다음이 look forward to이다. expect는 확실한 이유가 있기에 믿고 기다리는 것이라 한다. hope는 어느 정도 될 것을 희망하는 것이고, wish는 hope 보다는 조금 더 약한 희망이라고 한다. 설명으로 나왔던 문장을 옮겨본다.

expect − I believe very strongly that it will happen.
 나는 그것이 일어날 것을 아주 강하게 믿는다

look forward to − I believe strongly that it will happen.
 나는 그것이 일어날 것을 강하게 믿는다

hope − I believe somewhat that it will happen.
 나는 그것이 일어날 것을 어느 정도 믿는다

wish − I believe only a little that it will happen.
 나는 그것이 일어날 것을 약간만 믿는다

인터넷 검색을 해보면 비슷한 다른 설명들이 아주 많이 나오니 참고하기 바란다. 검색해 본 것들을 요약하면 이렇다.

expect는 이성적인 표현이다. 확실한 이유가 있기에 '대단히 강하게 기대하는' 것이다.

hope는 감성적인 표현이다. 비록 확실하진 않지만 '그렇게 되길 희망하는' 것이다.

여기에 한 가지 단어를 더 짚고 넘어가야 한다. 바로 wait기다리다이다. 이 단어에 대한 설명을 찾아보니 다음과 같다.

wait - Pass the time until something happens.
무언가 일어나거나 올 때까지 시간을 보내는 것이다.

우리가 '기다리다'라는 뜻으로 가장 많이 사용하는 단어인 wait는 나의 의지와는 상관없이, 오는 그 어떤 것을 기다리는 것이다버스를 기다리고, 오는 사람을 기다리는 것, 웨이터가 손님의 주문을 기다리는 것, 수주대토의 송나라 농부의 모습 등. 여기에 대해서는 추후에 언급할 것임.

괜히 영어단어를 들먹였다. 그렇지만 한 가지만 분명히 확인하고자 한다. 내가 이 책에서 쓰고자 하는 '기대하다'라는 단어를 나는 영어의 expect와 같은 의미로 보고자 한다는 것이다. 언어학적으로는 풍부하게 다른 의미나 어원이 많이 있겠지만, 나는 이 책에서 사용하는 '기대하다'라는 단어를 다음과 같이 생각할 것이다.

1. 감성적으로가 아닌 이성적, 논리적으로 기대하는 것이다.
2. 막연한 기대희망하다가 아닌 근거가 있는 구체적인 그 어떤 기대를 말한다.
3. 계획하고, 꾀하고, 행동하는 가운데 그 결과를 기다리는 실제 상황 속의 기대를 말한다.
4. 위의 내용들 모두에 나 자신이 주체가 되어 있는 그런 기대를 말한다.

그러나 만사를 너무 이성적으로, 논리적으로만 보는 것은 삶이나 인생관을 너무 척박하게 만든다. 모든 일에는 이성과 감성이 조화를 이루어야 한다. 이성도 뇌의 능력이요, 감성 또한 뇌의 능력 아닌가? 이성과 감성이 모두 합쳐져야 진정한 지능이 되는 것이다. 고로 감성적 바탕인 희망hope도 중요한 것임을 잊어서는 안 된다.

야구의 원조구장인 미국 메이저리그에는 시속 160km가 넘는 공을 뿌릴 수 있는 투수들이 몇 사람 있다. 시속 100마일160km의 강속구를 쉽게 뿌려대고, 변화구도 140km대로 던지는 것이다. 미국선수뿐 아니라 우리나라의 박찬호 선수도 한때 160km를 찍었다 하며, 지금은 일본 야구의 떠오르는 샛별인 오타니 쇼헤이 선수가 160km 이상의 공을 쉽게 뿌려댄다. 그렇지만 강속구와 함께 변화구를 잘 구사해야만 성공하는 투수가 될 수 있다. 물론 컨트롤control과 커맨드command가 좋아야 한다. 빠른 공과 느린 공, 그리고 각종 변화구의 완급 조절이 가능해야만 진정한 강속구 투수로서의 자격을 가지게 되는 것이다.

나는 투수가 던질 수 있는 **빠른** 공을 이성이라고 생각한다. 그리고 강속구 투수가 구사할 수 있는 각종 변화구나 그 선수만의 다른 장점들을 감성이라고 생각한다. 괴물투수라고 불리는 선수가 있게 되는 존재의 핵심과 근원은 160km 강속구에서 시작된다. 투수의 강속구가 제대로 살아 있을 때, 그 강속구에 곁들여지는 효과적인 변화구들을 통해 타자들은 맥없이 물러나게 되는 것이며, 그 강속구가 빛을 보게 된다. 또한 강속구는 없는데 변화구만 잘 구사하는 투수는 아차 하는 순간에 힘 있는 타자에게 쉽게 홈런을 맞게 되는 것이다.

투수가 속구와 변화구를 함께 구사할 수 있어야 좋은 투수이지만, 그 속구가 살아있을 때 진정 강한 투수가 되는 것처럼, 사람에게도 이성과 감성이 함께 조화롭게 존재할 때 훌륭한 사람이 될 수 있으며, 그러면서도 그 이성이 사람에게 있어 가장 중요한 기초가 되어야 하는 것이다. 호모 사피엔스Homo sapiens라고 하는 인간의 기본은 바로 생각하는 이성에 있는 것이다. 사람은 이성을 기반으로 하면서 감성적인 요소들을 갖출 때 그가 가진 장점들을 빛낼 수 있다. 그러나 그 기반은 반드시 이성이어야 하는 것이다. 사람은 반드시 이성적이면서 감성적인 부분을 갖추어야 한다. 감성만 풍부해서는 결코 안 되는 것이다.

감성만 풍부한 사람을 처음 볼 때는 그 사람이 멋있어 보인다. 여유로워 보이기도 하고, 낭만적으로 보이기도 한다. 그러나 점점 그를 대해 보면 자기 자신에 대해서 객관적으로 보지 못하고, 사람과 사람의 관계에 있어서도 객관성이 결여되어 있음을 느끼게 된다. 자기 자신과의 관계나 다른 이와의 관계에 있어서 새롭게 다짐하는 것이 많은 듯하나 결코 그 다짐들을 실천하지 못한다. 감성만 풍부한 사람은 자기 스스로에게도, 또한 남에게도 책임의식이 없는 경우가 많다.

감성은 귀한 것이고, 꼭 있어야 하는 것이다. 그러나 감성만 풍부한 사람은 이 세상에서 대표적인 루저loser가 될 수밖에 없다. 진정 가치 있는 감성은 충분한 이성적인 바탕 위에 있는 감성이다. 잠깐 돋보이는 것은 감성만으로도 충분하다. 그러나 감성만으로 지속적인 가치를 유지할 수는 없다. 감성은 이성의 바탕 속에서 존재할 때 영속적인 빛이 나는 것이다.

"이성을 바탕으로 하고 감성적인 부분이 뒷받침될 때, 그런 존재의 모습을 나는 금상첨화錦上添花라고 부른다."

"이성을 갖추고, 그리고 풍부한 감성이 뒷받침되는 그런 사람을 나는 전인全人이라고 부른다."

희망hope은 참으로 필요하고 좋은 것이며 나도 항상 좋아하고 중요하게 생각하는 것이다. 그렇지만 희망이라는 것은 그 희망하는 바를 구체적으로 계획하고, 그것을 실천할 때, 다시 말하자면, 그 희망하는 것을 구체적인 기대expect, expectation로 바꾸고, 그 기대를 계획하고, 그 기대를 실천하고, 마침내 그 기대하는 바를 성취할 때 진정 그 의미와 가치를 가진다고 생각한다.

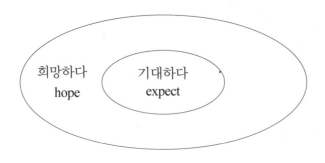

물론 내가 이 책에서 기대하는 것을 강조하고 있으나 결코 희망을 비하하거나 열등하게 생각하는 것이 아님을 밝혀둔다. 벤다이어그램Venn diagram으로 그린다면, 기대하는 것은 희망하는 것의 부분집합이라고 말할 수 있지 않을까?

희망은 누구나 가질 수 있는 것이지만, 그러나 의미 있는 인생을 사는 이는 그 희망을 구체화하여 계획하고 준비하여 실행할 수 있는 기대로 바꾸고, 그리고 그 기대를 성취하는 사람이 아닐까? 생각해 본다.

기대함과 법가(法家)사상,
수주대토(守株待兔)는
기대함이 아니다

　동양의 춘추전국시대B.C. 8세기-B.C. 3세기는 난세였지만, 역설적으로 오히려 이때가 수많은 가치 있는 사상들이 꽃을 피우던 시기였다. 그래서 이때를 일컬어 제자백가시대라고 한다. 독일의 철학자 칼 야스퍼스Karl Jaspers, 1883-1969는 이와 똑같은 시기인 B.C. 8세기-B.C. 3세기의 시대를 '축의 시대'Axial Age, 독일어로는 Achsenzeit라고 불렀다. 이 시대에 이상하게도 전 세계 곳곳에서 깊은 사상들이 형성되었고, 꽃을 피웠기 때문이다. 이 시기에 동양은 제자백가의 시대였고, 인도에서는 힌두사상과 불교사상이 꽃을 피웠고, 메소포타미아문명과 구약성경의 유대사상이 이때에 최고의 깊이에 달했으며, 그리스에서는 일찍이 『일리아드』와 『오디세이』의 저자인 호메로스와 이후 소크라테스를 비롯한 여러 철학자들이 있었던 것이다.

　제자諸子란 여러 학자들이라는 뜻이고, 백가百家란 수많은 학파들을 의미한다. 이때를 백화제방百花齊放이요, 백가쟁명百家爭鳴의 시대라고도 한다. 그야말로 온갖 꽃들이 일제히 피고, 여러 사상가들이 다투어 자기 소리를 내던 시대였던 것이다. 비슷한 시대의 서양철학에 나오는 사상가들의 숫자하고는 비교가 되지 않을 정도로 많고 다양했음을 알 수 있다.

이 중에서 도가道家, 유가儒家, 묵가墨家 사상은 세상과 인간을 선하다고 생각하고, 세상과 인간을 긍정적으로 본다. 그래서 이들은 사랑과 덕을 강조했다.

기독교와 비슷하게 자비와 무조건적인 사랑을 강조하는 겸애설兼愛說을 주장했던 유덕화 주연의 영화 〈묵공墨攻, 2006〉에서 소개되는 묵가는 잠시 흥했다가 진시황 이후에 없어지게 되고, 이후에는 유가사상과 도가사상이 동양사상의 두 가지 주요 흐름이 된다. 당나라 최고의 양대 시인이었던 이태백의 시를 도가 쪽이라고 보면 되고, 두보의 시를 유가 쪽이라고 보면 될 것이다.

유가사상과 도가사상 이 둘은 강조하는 방향은 좀 다르지만 모두 함께 이상적인 마음, 이상적인 인간, 이상적인 사회, 이상적인 나라를 꿈꾼다. 물론 우리가 해야 할 일이며 나아가야 할 길이다.

그러나 어려운 시대 즉 난세가 되었다 치자. 이때에는 법가法家사상과 병가兵家사상이 필요하다. 법가사상은 강력하고 타이트tight한 법을 통해서 나라를 치리하고 질서를 잡는 것을 강조하며, 병가사상은 법가사상의 연장선에서 부국강병을 통해 나라를 잘 지키고 치리하는 것을 강조한다.

집단을 이끌고, 조직을 운영하려면 어느 정도의 통제와 법이 있어야 한다. 특히 난세일 때, 위기에 직면하게 된 때에는 법가적인 사상이 아주 필요하다. 법가는 실용적인 사상이며 실제로 춘추전국시대라는 복잡다단複雜多端했던 난세가 결국 법가사상을 채택한 진시황의 진나라에 의해 통일이 되었던 것이다.

어려울 때는 정신을 집중하고 긴장해야 한다. 어려울 때는 법이 살아 있어야 한다. 법이 통해야 한다. 전쟁에서는 군율軍律이 살아있어야 한다. 전쟁에 나선 병사들이 군율 없이 자유로우면 결코 전쟁에서 이길 수 없다. 부하들을 제 몸처럼 사랑했던 이순신 장군도 군율을 어기는 자는 여지없이 처형하였다고 한다. 전체를 위함이다. 전쟁에서 지휘관의 명령을 듣지 않으면 그 전쟁은 패하게 되는 것이다.

『손자병법孫子兵法』으로 유명한 손무孫武의 이야기가 사마천의 『사기史記』를 비롯한 몇 가지 문헌에 나온다. 기원전 500여 년경, 당시 오吳나라 왕 합려闔閭는 자기를 도와줄 사람을 물색하던 중 손무를 소개받는다. 합려는 손무에게 자기 앞에서 손무 자신의 용병술을 한 번 보여 달라고 요청한다. 손무는 지금 당장 궁녀들을 두 팀으로 만들면 왕이 총애하는 궁녀 두 명을 대장으로 하는 부대를 만들어 보겠다고 한다. 어떻게 궁녀들을 금방 부대로 만들 수 있을까? 모두들 궁금해한다.

손무는 궁녀들을 집합시킨다. 그리고 궁녀들에게 군복을 입히고 무기를 들게 한 후 왕이 총애하던 궁녀 두 명을 대장으로 하여 대열을 갖추게 한다. 손무는 궁녀들로 이루어진 두 부대에게 몇 가지를 가르친 후 실시시킨다. 궁녀들이 잘할까? 잘 안 되자 손무는 다시 명령을 내리면서 경고한다. 경고를 들었지만 그래도 궁녀들은 '호호' 웃으며 제대로 움직이지를 못한다. 이때 손무는 두 명의 궁녀 대표를 불러내어 목을 친다. 이 순간 모두가 새파랗게 질린다. 왕도 새파랗게 질리고, 신하들도 새파랗게 질리고, 무엇보다 궁녀들이 벌벌 떨며 새파랗게 질린다. 그리고 어찌되었을까? 이때부터 궁녀들은 지시가 떨어지는 대로 착착 정확히 대열을 갖추게 된다. 궁녀들이 순식간에 부대가 된 것이다. 잘 안 될 때 가장 강력한 힘은 바로 강력한 법의 시행인 것이다.

오나라 왕 합려는 이런 냉혹한 손무를 군사軍師로 삼아 이후 전쟁을 승리로 이끌었다고 한다.

물론 지나친 통제는 독재가 되고, 공포가 된다. 가장 이상적인 개인이나 단체나 국가는 스스로 공부하고, 노력하여 알아서 자율적으로 하는 것이다. 현재의 국가도 마찬가지이다. 최소한의 법으로 운영되는 국가가 가장 이상적인 국가에 가깝다고 말할 수 있을 것이다.

평상시 삶에서도 마찬가지이다. 간혹 법만을 지나치게 강조하는 사람, 원칙만을 지나치게 내세우는 사람을 만난다. 이런 사람하고 같이 지내기는 너무 피곤하다. 다시 만나고 싶지 않은 존재들이다.

그런데 나는 한 가지를 강조하고 싶다. 평상시에는 유가적, 도가적, 묵가적인 생각을 가지는 것이 좋고 이러한 사상을 배경으로 늘 배우고 자신을 수양하는 것은 너무 귀중한 일이다. 또한 이 시대에 법가적 생각을 가지고 있는 이는 결코 진정한 리더가 될 수 없다. 그런데 자기 자신을 대할 때는 법가적인 생각을 갖는 것이 옳다고 본다. 남에게는 유가적, 도가적, 묵가적인 태도를 가져야 한다. 그러나 자기 자신에게는 어느 정도 원칙을 중시하고, 자기 자신에게 상당히 엄격한 것이 좋다.

윤동주는 「서시序詩」에서 노래한다.

"죽는 날까지 하늘을 우러러
한 점 부끄럼이 없기를
잎새에 이는 바람에도
나는 괴로워했다."

누구나 윤동주처럼 '자기 자신에게는 처절하리 만큼 엄격한' 그런 순수한 삶을 살 수는 없다. 그러나 윤동주의 「서시」를 즐겨 암송하며 때때로 자기 자신을 돌아보는 삶을 살 수는 있을 것이다.

사실 자기 자신에게 어느 정도 엄격한 사람이 발전하며, 또한 능력 있는 사람이 될 수 있다. 물론 무한한 융통성이나 무한한 원칙주의는 배제한다. 한없이 융통성을 적용한다거나, 한없이 원칙만을 고수하는 이는 망한다. 그러나 자기 자신을 대할 때 어느 정도 엄격하게 자신을 통제하고, 또한 자신이 정한 원칙을 지키는 존재가 바로 이 세상을 이끌어 나갈 수 있는 존재요, 타 존재에게 좋은 것을 나누어줄 수 있는 자가 된다는 것을 우리 모두가 잊지 않았으면 한다.

특별히 어떠한 과정 중에 있는 사람일수록 자신을 법가적으로 대하는 것이 유익하다. 학생일 때, 입시를 앞두었을 때, 학위과정을 이수하고 있을 때, 입사시험을 준비하고 있을 때, 무언가를 계획하고 실천하려 할 때일수록 그 사람은 자신을 철저하게 통제할 수 있어야 한다. 특별한 일을 앞둔 사람이 자기 자신에게 한없는 융통성을 발휘해주고, 자기 자신을 인자하게 용서하며 산다면, 그는 결코 그 특별한 일을 해 낼 수가 없을 것이다.

더 중요한 것이 있다. 지금 넘어지고, 좌절하고, 실패하고, 힘든 상황에 처한 사람일수록 자기 자신을 법가적으로 통제하는 것이 오히려 지금의 고통을 벗어나는 지름길이 됨을 잊지 말아야 한다. 그렇다고 자신을 마냥 억제하라는 것이 아니다. 적절한 원칙을 정해서 그 원칙대로 한 걸음 한 걸음 나아갈 때, 오히려 우리는 우리가 지금 처한 어려움과 고통의 자리를 넘어설 수가 있는 것이다.

내가 지금 고통 중에 있다면, 내가 지금 실패하였다면, 적절한 기간 동안 그 고통의 맛을 음미하고는, 적절하게 상처를 닦고 붕대로 감고, 적설한 기간 동안 상처가 아물도록 몸과 미음을 관리한 다음, 그때부터 서서히 자신을 자신이 정해놓은 새로운 규칙대로 통제하기 시작해야 한다. 그것이 오히려 자신을 건강하게 만들어주고, 자신의 고통과 실패를 벗어나게 해주는 길이 될 것이다. 자신을 통제할 수 있는 이는 결코 자신의 존재를 포기하지 않는다.

수주대토守株待兎라는 말의 의미를 우리는 알고 있다. 어리석은 사람들이 많았던 중국 춘추시대의 송宋나라의 한 농부 이야기다. 우연히 토끼 한 마리가 달려와 그루터기에 머리를 들이받고 죽어 농부는 횡재를 한다. 여기까지는 운 좋은 일이었다. 그런데 그 이후 농부는 농기구를 집어던지고 그루터기 앞에서 똑같은 일이 일어나기를 기다린다는 것이다. 이 송나라 농부의 기다림은 단순한 기다림waiting일 뿐이다. 자기의 계획과 노력과 활동이 없는 기다림은 이 책에서 우리가 말하고자 하는 '기대하는 것'이 아니다.

수주대토라는 고사성어의 뜻은 다 알지만 대다수의 사람들은 이 말이 왜 나왔는지에 대해서는 잘 모른다. 이 말은 『한비자韓非子』「오두편五蠹篇」에 나오는 말이다. 한비자는 이 이야기를 통해서 치리자들이 오래전 요순堯舜시대의 이상적인 왕도정치만 고집하고 변화를 꺼리는 모습을 지적한다. 그는 수주대토라는 어리석은 한 사람의 이야기를 통해서, 새로운 시대에 맞는 적극적이고 새로운 청사진을 계획하고 그것을 행동으로 실천에 옮기는 모습을 강조하면서, 자신의 법가사상法家思想을 소개하고 있는 것이다.

철학을 이야기할 때 소위 거대담론巨大談論, metadiscourse이라는 것이 있다. 크고 넓게 생각하는 것이다. 인생을 생각하고, 삶을 생각하고, 국가와 민족을 생각하고, 세계를 생각하고, 우주를 생각하고, 시간과 공간을 생각하는 것이다. 공자를 비롯한 대부분의 철학자들의 주제이기도 하다. 물론 철학을 하게 되면 거대담론적 사색이 필요하다. 그러나 그러한 거대담론만이 진정하고 유일한 철학의 길은 아니다. 나라고 하는 개인, 나의 사소한 모습이 존재의 시작 아닌가? 한비자의 이야기는 바로 나 자신의 사소하고 작은 생활습관 같은 것들을 돌아보게 해주는 것이다.

『대학大學』에서도 '수신제가치국평천하修身齊家治國平天下'라고 하지 않았던가? 이 책에서도 앞으로 여러 번 언급하겠지만 거대담론의 화두인 천하를 평平하는 일도 수신이라는 개인에서 시작하는 것이다.

〈내 몸 사용 설명서〉라는 TV프로가 있다. 나도 좋아하는 프로그램이다. 사용설명서라 하면 무슨 제품에나 쓰는 용어 같은데 사람에게도 이 말을 적용하였다. 좋은 시도라고 생각된다. 내 몸에는 무슨 제품 같은 사소한 의미도 있고, 동시에 우주를 품는 깊고 넓은 의미도 있는 것이다. 나는 이 책에서 작은 것을 먼저 강조하고 싶다. 바로 나 자신의 사소한 모습들 말이다.

나는 이 책에서 자신을 어느 정도 통제해 보기를 제안하고자 한다. 그런데 그냥 통제가 아니다. 통제라는 말은 우리 모두에게 거부감을 불러일으킨다. 통제가 아니다. 바로 '기대하는 것'이다. 우리가 무언가를 기대하게 되면, 그 기대한 것을 실천하기 위해서, 우리는 자신을 어느 정도 통제할 수 있어야 한다. 다이어트를 통해 나의 몸이 개선되기를 기대한다면, 적절한 자신 통제가 있어야만 다이어트라는 나의 기대가 성취될 수도 있는 가시권의 영역으로 들어올 수 있을 것이다. 엄청난 기대를 세우면 엄청난 통제기 뒤따라야 할 것이기에, 우리는 항상 작은 기대를 계획하고 그것을 성취하는 것이 더 유익함을 잊지 말아야 한다.

항상 다른 이에게 원칙이나 들먹거리고 남을 통제하려는 사람은 정말로 만나기 싫다. 타인을 포용하고, 융통성 있게 대하는 것이 진정 좋은 것이다. 그러나 나 자신을 대할 때는 어느 정도 원칙을 가지고 엄격하게 대하는 것이 나 자신에게 좋을 뿐 아니라 매사에 나에게 유리하다. 우리가 무언가를 기대하고 그 기대를 나의 것으로 성취하기 위해서는 나를 통제하고 그 기대한 바를 이루기 위해 노력해야 한다.

기대는 나를 약간의 원칙으로 통제할 수 있게 해준다. 이 세상에서 가장 이기기 힘든 것이 있다면 그것은 공산당도 아니요, 강도도 아니요, 바로 나 자신일 것이다. 나 자신을 무작정 이기는 것은 불가능한 일이다. 그러나 무언가 기대하는 바를 세우며 그것의 성취를 위해서 실천해 나가는 과정이 자연스럽게 우리를 통제하게 해주며, 사실 그 통제가 나를 살리는 길이다. 특히 우리가 넘어져 다시 일어나려 할 때, 무언가를 기대하면서 자신을 서서히 통제하게 된다면, 우리는 자신도 모르게 서서히 다시 일어서고 있다는 것을 깨닫게 될 것이다.

04

기대하는 자,
자신을 통제하는 자,
그리고 자신감

여행을 하게 되면 새벽부터 일어나야 한다. 특히 패키지여행은 더 그렇다. 하루 종일 빠듯하게 남을 따라다니며 정해진 일정을 소화해야 한다. 여행하는 날에는 평상시에 직장에서 일하는 날보다 더 많이 피곤해야 하고 중노동에 버금가는 체력을 소모해야 한다. 그렇지만 이러한 일정이 힘들다고 생각하거나 하기 싫은 일이라고 생각하는 사람은 아무도 없다. 그것은 여행이라는 것이 참 좋은 것이기 때문이고, 또한 그 여행을 내가 오랫동안 원하고 준비하고 기다려온 것이기 때문이다. 그 힘듦의 주체가 바로 나이기 때문이다.

이 여행을 내가 원하고, 내가 간절히 기다렸기에 힘든 일정쯤은 아무 문제가 되지 않는다. 만약에 직장일로 이러한 힘들고 빡빡한 일정을 감당해야 한다면 하루 종일 불평이 나올 것이고, 몸살에 걸릴 수도 있을 것이다.

'주체가 누구냐?'의 문제인 것이다. 나 자신이 원하여 시작된 일정은 힘들어도 충분히 감당할 수 있고, 참을 수 있다. 내가 왜 여행을 계획했는가? 아름다운 경치를 보고 싶고, 좋은 경험을 하고 싶고, 사랑하는 사람 혹은 친구와 평생 남을 기억을 만들고 싶어서이다. 여행을 통해서 내가 기대하는 바가 많이 있기에 그 일정이 힘들어도 결코 힘들지 않고 오히려 즐거운 것이다.

내가 원하고, 내가 기대하는 것이 있으면 참을 수 있고, 나 자신을 통제할 수 있게 된다. 그러나 내가 원하지 않는데 휴일에 일찍 일어나야 하고, 바쁘고 힘든 일정을 소화해야 한다면 그것은 나에게 스트레스가 되어 다가올 것이다.

우리는 '마시멜로 실험' 이야기를 안다. 4-5세에 불과한 어린 아이들 눈앞에 마시멜로가 있다. 지금 바로 먹어도 된다. 그렇지만 눈앞에 있는 마시멜로를 15분 동안만 참고 먹지 않으면 하나를 더 줄 것이라고 말해준다. 대부분의 아이들이 참지 못하고 먹지만, 일부는 그 어린 나이에도 그 말을 믿고 15분을 기다려 마시멜로 하나를 더 받게 된다. 어린 아이가 참기 어려운 15분이라는 짧은 시간 동안이라도 자기 자신을 통제할 수 있는 아이가 있는 것이다. 물론 이런 일 하나로 사람을 다 평가할 수는 없다. 그러나 결과는 분명히 나왔다. 10여 년 이후에 자기를 통제했던 아이들의 모습은 분명히 달랐다. 학업이나 대인관계가 다른 사람보다 더 원만했고, 특히 스트레스 같은 힘든 상황을 견뎌내는 능력이 더 우수했던 것이다.

모든 인생의 성패는 사실 자기통제에 달린 것이다. 특히 젊은 시절의 자기통제는 평생을 좌우할 수 있다. 학창시절에 자기를 통제하고 공부에 매진할 수 있는 사람은 행운아다. 나는 젊은 시절이나 성인이 되어서나 자기통제는 잘하는 편이었는데, 공부를 위한 자기통제는 잘하지 못했다. 입학시험은 잘 치는 편이었지만, 학교에 입학한 후에 치는 중간고사나 기말시험은 항상 하위권을 맴돌았다.

공부에만 매진하면 되는 학창시절에 자기통제를 할 수 있는 사람은 진정 행운아이다. 인간은 미숙한 존재로 태어나고, 성인이 되어야 좀 더 성숙해지고, 부모가 되면서 그리고 나이가 좀 더 들어가면서 훨씬 더 성숙해지며, 평생을 걸쳐서 성숙해지는 존재이기 때문이다. 뭐든지 다 하고 싶고 큰 변화를 겪어야 하는 사춘기의 나이에 그 뜻을 세우고 실천하는 것은 결코 쉬운 일이 아니다. 공자는 15세에 학문에 뜻을 두었다고 하지만, 모든 사람들이 다 그러기가 쉽지 않은 것이다.

왜 청춘의 시기, 젊음의 시기에는 자기통제를 하지 못할까? 답이 아주 간단하다. 간단한 답을 몰랐던 것이다.

로켓이 하늘로 올라가 우주로 들어가려면 초당 10km가 넘는 속력으로 솟구쳐야 한다. 로켓에 이와 같은 강한 추진력이 없으면 지구를 벗어나기 어렵다는 것이다. 지구 중력의 힘이 강하기 때문이다. 중력은 모든 물질을 지구 중심으로 끌어당긴다. 중력의 힘은 강력하다. 뉴턴의 사과를 비롯해 지구상의 물체 모두에게 해당된다. 그러니 로켓이 지구를 벗어나 우주로 날아가려면 지구의 중력보다 더 큰 추진력이 필요한 것이다. 로켓은 강력한 엔진의 힘으로 추진력을 만들어내야 중력을 이길 수 있다. 중력과 각종 저항의 힘을 이겨내고 우주궤도에 진입해야 그때부터 우주비행이 가능해지는 것이다.

인간에게는 인간으로서의 본능이 있다. 중력과 비슷한 것이다. 더구나 사춘기의 학생은 공부보다도 훨씬 더 강한 본능적인 에너지에 사로잡히게 된다. 몸의 변화, 생각의 변화, 그리고 세상의 모든 것이 강하게 유혹으로 다가온다. 이런 본능적인 에너지를 잠재우고 공부에 몰입을 하려면 본능보다 훨씬 더 강하고 비정상적인 또 다른 정신력이 있어야 한다. 본능을 능가하는 더 강한 에너지에는 무엇이 있을까? 그중의 하나가 바로 자신의 미래를 바라보는 일이다. 공부를 잘했을 때 자신의 미래가 어떻게 달라져 있을지를 볼 수 있는 능력, 생각할 수 있는 능력의 힘이 자신을 통제할 수 있게 해준다.

학생 시절에 공부를 잘하는 아이들은 훨씬 더 편한 상태에서 경쟁을 하는 것이다. 그러기에 그들은 행복한 존재이다. 경쟁자 모두가 다 열심을 내지 않기 때문이다. 그런데 이런 말을 아무리 학생들에게 해도 학생들 대부분은 이 말을 받아들이지 못한다. 아직 철이 안 들었기 때문이다. 운명이라고나 할까? 이때 '먼저 철든 소수의 학생들 몇 명이 열심을 내게 되고, 그들은 학생 때 열심 낸 것에 대한 평생 혜택을 누리게 된다. 어린 학생 때 열심을 내고, 기초를 다지고, 다양한 독서를 할 수 있는 이들은 그야말로 블루오션blue ocean을 누비게 되는 셈이다. 그러나 나를 포함하여 그것은 다 운명이다. 나 역시 그런 학창시절을 보내지 못했기 때문이다. 대부분은 늦게 철이 들지 않는가?

성인이 되어 철이 좀 더 들면 대다수가 노력한다. 성인이 될수록 모두가 열심히 하기에 경쟁률이 더 치열해진다. 사춘기 시절에 속해 있는 대부분의 사람들은 머지않은 자신의 미래에 마시멜로 한 개가 더 주어지는 것과 같은 구체적이고 분명한 기대를 갖기 힘들다. 그만큼 사춘기의 기본 에너지가 강하기 때문이다. 중력처럼 강력한 사춘기의 본능적 에너지를 능가할 다른 에너지를 얻기는 정말로 어려운 일인 것이다.

학창시절에 좋은 선생님이나 좋은 부모, 좋은 형제가 주변에 있는 사람은 행복한 사람이다. 좋은 선생님은 두 가지로 분류된다. 먼저, 자기가 맡은 과목에 대한 실력이 있고, 그 과목을 잘 가르치는 선생님이 있다. 그런데 이런 선생님은 요즘 인터넷만 켜면 수도 없이 많이 만날 수 있다. 최고의 명강의를 이제는 산골짜기 학생도 쉽게 만날 수 있다. 참으로 좋은 시대인 것은 분명하다. 그런데 이런 선생님보다 더 중요한 선생님이 있다. 학생들 자신이 '왜 공부를 잘해야 하는가?'를 분명하게 느낄 수 있게 해주는 선생님 말이다. 막연하게 공부 잘해서 명문대 가고 좋은 직장 얻어 살라는 것이 아니다. 그런 말은 아무나 할 수 있다. 진정 좋은 선생님은 왜 내가 공부를 잘해야 하는지를 학생 자신이 뼈저리게 느낄 수 있게 하여, 그 학생이 스스로 자신의 미래를 직접 기대하고, 최선을 다하게 만드는 사람이다.

고로 학교에는 두 종류의 선생님이 있어야 한다. 각 과목을 잘 가르쳐서 학생들이 잘 이해하게 도와주는 선생님과 학생들이 왜 공부해야 하는지를 스스로 느낄 수 있도록 일깨워주고 채찍질해 주시는 선생님이 계셔야 한다. 아무리 맛있는 밥이 있어도 소용없다. 직접 그것을 내 입으로 먹고 소화시켜야 한다. 이 시대에 맛있는 음식은 온 천지에 널려 있다. 중요한 것은 '내가 먹느냐, 내가 그것을 어떻게 먹느냐?'인 것이다. 널려있는 음식, 널려있는 메뉴, 널려있는 좋은 충고, 널려있는 자기계발에 대한 강의들이 중요한 것이 아니라, 그것을 내 것으로 만들 수 있는 내 정신이 중요한 것이다.

올바르고 강한 기대를 갖게 되면 나의 행동도 따라온다. 내가 기대하기에 나 자신을 통제할 수 있게 된다. 이 세상에서 가장 힘든 것이 자신을 통제하는 일이다. 남을 이기기는 쉬우나 나를 다루는 일은 이 세상에서 가장 어려운 일이다. 남이 나를 통제하고 압박하면 그것은 스트레스가 되어 나를 괴롭히는 존재가 된다. 그러나 내가 무언가를 기대하면 그 기대를 성취하기 위해서, 자발적으로 나 자신을 통제할 수 있게 되는 것이다.

세상을 정복하려면 나 자신을 통제할 수 있어야 한다. 나 자신을 통제하지 못하면 그 어떤 일도 이루어낼 수 없다.

이제 가장 중요한 것을 말할 차례이다. 나 자신을 통제하게 되면 자신감이 생긴다는 것이다. 보통 이 세상에서는 가진 것이 많으면 자신감이 생긴다. 갖춘 것이 많으면 그 표정에서 자신감이 배어난다. 그런데 나 자신을 통제할 줄 알게 되면 비록 가진 게 없는데도 나도 모르게 내 안에 자부심이 생긴다는 것이다. 내가 기대하는 것을 이루기 위해 좀 더 불편하고, 좀 더 힘들어도, 왠지 내 안에는 자부심이 자리 잡고 있기에 늘 자신감이 넘치게 된다. 가난하기에 할 수 없이 공장 일을 하는 사람이 있다. 그런데 자기가 좋아하는 연극 배우를 따라하거나 기타연주를 하거나, 또는 소설을 쓰기 위해서 낮에는 공장에서 일하거나 일용직으로 땀을 흘리고, 밤에는 연극을 하고 음악동료들과 함께 연주를 즐기거나 글을 쓰는 사람은 그 얼굴에 자신감이 넘쳐 보인다.

　자신을 통제하는 것은 가장 어려운 일이다. 자신이라는 것은 본능을 말하는 것이다. 본능은 아주 긴 시간 동안에 자리 잡힌 것이기에 꼭 해야 할 일인 것이다. 먹는 것, 입는 것, 자식을 낳는 것과 지키는 것, 이런 것들이 본능이다. 모든 생물에게 있는 것이다. 인간도 생물이요, 동물이다. 그러나 인간은 다른 생명체들과는 확연히 다른 존재이다. 인간은 자신의 인생을 생각할 수 있는 존재이다. 인간은 자신의 의지로 자신의 미래를 만들어갈 수 있는 존재인 것이다. 그러기에 자신의 미래를 생각하며 자기의 본능, 즉 자기 자신을 통제할 수 있는 존재, 그가 바로 인간인 것이다.

　기대하는 바가 생기고, 그것을 실천하게 되면, 그것을 성취하기 위해 저절로 자신의 일상을 통제하게 된다. 자신의 삶의 스타일도 통제하게 된다. 기대하는 자는 자기의 삶을 통제할 수 있는 자가 되는 것이며, 그러한 자기통제는 자신을 오히려 더욱 자신감 있는 존재가 되게 한다.

　다산茶山 정약용丁若鏞, 1762-1836은 그의 서재의 당호堂號를 여유당與猶堂이라 불렀다고 한다. 정약용의 책들을 우리는 『여유당전서與猶堂全書』라고 부른다. 여기서 '여유與猶'라고 하는 말은 '한가하다, 여유롭다, 느긋하다'라고 할 때 쓰는 여유餘裕가 아니다. 다산이 사용한 여유與猶라는 이 말은 『노자』에 나오는 말로, 여與는 코끼리 같은 큰 짐승을 말하고, 유猶는 의심이 아주 많아 항상 신중하고 사방을 둘러보는 짐승이라고 한다. 여는 큰 짐승이기에 얼어있는 시내를 건널 때면 아주 조심스럽게 건너야 한다. 얼음이 깨지면 난감한 상황이 생기기 때문이다. 유는 의심이 많은 동물이므로 항상 사방을 두리번거리며 조심스럽게 행동해야 한다. 그러므로 정약용 선생의 당호인 여유당에는 매사에 늘 신중하고 조심하자는 선생의 의지가 담겨있는 것이다.

다산 선생이 사용한 여유라는 말에서 당쟁에 휩쓸리고, 정쟁에 휩쓸리기 쉽던 다산이 살던 당시의 세상이 연상된다. 고로 이 말에는 신중하고 또 신중하게 처신하자는 다산 선생의 의지가 들어가 있음을 알 수 있다. 그런데 다산 선생의 이런 구체적인 의지를 모른다면 우리는 선생을 아주 소심하고 소극적이며 속이 좁은 존재라고 생각할 수가 있을 것이다. 그러나 그런 의지를 가지고, 그런 삶의 자세를 기대하고 실천하는 다산 선생 자신은 당연히 자신의 이런 여유의 모습에 긍지를 가졌을 것이다. 선생은 여유의 모습이야말로 겉으로는 소인처럼 보이나 진정 대인의 삶이요, 대인이 걸어야 할 삶의 길이라 생각했기에, 여유의 모습과 여유의 삶을 사는 자신을 자랑스럽게 생각했을 것이다. 그러기에 여유與猶의 삶을 사는 다산은 진정으로 여유餘裕로운 사람이 될 수 있었을 것이라 생각한다.

기대하고 기대를 성취하며 사는 이들은 그 기대하는 것이 크든 작든 그 기대와 성취로 인하여 자신을 자랑스럽게 생각하게 된다. 기대하는 이들은 그 기대를 이루기 위해 자신을 통제할 수 있는 힘을 얻을 수 있다. 그리고 자신을 통제할 수 있음을 느끼게 될 때 우리 모두는 자신을 더욱 자랑스러운 존재라 생각하며 자신을 더욱 사랑하게 될 것임을 믿어 의심치 않는다.

05

희망에서 기대가 나온다

나는 앞에서 희망은 기대보다 더 큰 범위에 있다고 보았다. 기대는 희망의 부분집합이다. 희망이 구체화되는 것을 나는 기대라고 생각한다.

우리가 모두 어머니의 태에서 나오듯이 모든 기대는 희망에서 나온다. 나는 이 책을 통해서 기대를 말하고 있지만, 기대를 가질 수 있는 전제 조건은 바로 희망인 것이다. 희망이 조금 떨어져서 바라보는 롱샷long shot이라면, 기대는 가까이에서 바라보는 클로즈업close-up이라 말할 수 있다.

희망과 기대를 가장 감동적으로 표현한 영화 중 하나가 바로 〈쇼생크 탈출The Shawshank Redemption, 1994〉이 아닌가 생각한다. 얼마나 감동적이면 나를 비롯해 많은 이들이 이미 집에 이 영화의 파일을 가지고 있으면서도, 많은 사람들이 이미 20여 년 전에 이 영화를 보았음에도 불구하고, 2016년에 다시 개봉하여 많은 데이트 관객들과 외출 나온 가족관객들을 다시 큰 스크린으로 불러들였을까?

나 역시 이 영화 파일을 가지고 있고, 이 영화의 대사를 제본해서 영어공부용으로 자주 읽었다. 이 영화에서 시종 진행되는 내레이션에는 멋있는 문장들이 참 많다. 영어 공부하는 이들에게 이 영화의 대본을 추천한다. 내가 이 영화를 처음 본 것은 대학원 재학시절 신천로타리에 있는 영화관에서였다. 처음 이 영화의 간판이 걸렸을 때, 나는 이 영화가 적지에서 탈출하는 액션 영화인 줄 알았다. 이미 탈출하는 종류의 영화를 많이 보았기에 나는 〈쇼생크 탈출〉에 별로 관심을 갖지 않았다. 시간이 많이 지나서 이후에 입소문을 타고 들려온 감동의 소문을 통해 이 영화를 접한 것이다.

　이 영화에는 평생을 교도소에서 살아야 하는 두 남자가 나온다. 한 사람은 앤디팀 로빈슨 분요, 다른 사람은 레드모건 프리만 분이다. 평생을 살아야 하는 교도소에서 두 사람은 친한 우정을 쌓아간다. 그런데 앤디는 희망을 중요하게 생각하고, 교도소 생활을 더 많이 한 레드는 앤디에게 교도소에서 희망을 갖는 것은 위험한dangerous 일이라고 충고한다. 앤디는 자신의 희망을 구체화 시킨다. 20여 년에 가까운 긴 시간 동안 교도소의 벽을 뚫은 것이다. 앤디가 가졌던 그 희망이 결국 앤디를 자유로운 존재가 되게 해준 것이다. 탈출에 성공한 후 앤디는 레드에게 편지를 보낸다. 그 편지의 내용 중에 '희망은 좋은 것이에요Hope is a good thing'라는 문장이 나온다. 레드는 앤디의 탈출 후 노인이 되어 교화됨을 인정받아 석방이 되는데, 이미 레드 역시 노인임에도 희망을 갖는 사람으로 변해 있었다.

　희망은 좋은 것이다. 우리는 살면서 많은 희망을 갖는다. 그 희망이 우리를 존재하게 만든다. 희망은 자신의 미래를 긍정적이고 아름다운 주제에 담아 바라보는 것이다. 자신의 미래의 방향을 그리는 것이다. 어딘가에 가보기를 원하고, 무엇무엇을 할 수 있기를 원하는 것, 그리고 어떤 존재가 되기를 원하는 것이 바로 희망이다. 그리고 그 희망을 구체화하여 내 눈앞에 가까이 있게 만드는 것을 나는 기대라고 부른다.

그리고 좋은 희망에서 좋은 기대가 나온다. 좋은 물에서 좋은 맥주가 나온다. 좋은 물에서 좋은 간장이 나오는 것이다. 좋은 부모에게서 좋은 자식이 나온다. 먼저 유전자적으로, 즉 생물학적으로 좋은 부모를 만나는 사람은 행복한 사람이다. 건강한 신체의 부모, 건강한 마음, 바람직한 일상생활을 영위하는 부모를 만나는 것은 너무나 큰 축복이요, 혜택이다. 요즘 많이 언급되는 금수저와는 비교할 수 없는 엄청난 유산인 것이다. 마찬가지로 좋은 희망을 갖는 것이 우리가 좋은 기대를 가지고 행할 수 있는 중요한 밑거름이 된다.

하루하루 겨우 먹고사는 빠듯한 집안이라 해도, 집안 환경이 항상 나눌 줄 알면서 약자를 배려하고, 가난하면서도 자기보다 더 가난한 이를 챙길 줄 아는 집안이면, 그 자녀들은 항상 남을 향해 나누고 배려하는 틀로 그들의 인생의 방향을 조망하게 될 것이다. 그러한 집안의 자녀들은 그들의 미래를 희망할 때도 무엇을 하며 어떻게 살든지 항상 남에게 유익함을 끼치는 그런 삶을 희망하고, 그 희망을 구체화하도록 실제적인 기대와 노력을 기울일 것이다.

가난하다 보니 늘 자기들만 겨우 먹기에 바쁘고, 삶이라고 하는 것의 모든 시야가 자기중심에만 머물러 있는 집안에서 자란 사람은 장성해서 어지간히 살 만해져도 남을 생각하거나 약자를 돕는 일에 둔감하게 살 수밖에 없다.

좋은 환경에서 살아야 좋은 마음이 나올 수 있는 것이다. 마찬가지로 좋은 희망을 가지게 되면 좋은 기대를 만들고, 그 기대를 실천함으로 자기도 좋고 자기의 존재로 다른 이에게도 도움을 줄 수 있는 존재가 될 것이다. 자기중심적인 희망만 갖는 사람은 그가 갖게 되는 기대 역시 자기중심일 수밖에 없을 것이다. 그러기에 좋은 기대는 좋은 희망에서 나오는 것이다.

그러나 물이 아무리 좋아도, 맥주 만드는 기술이나 여건이 좋지 않으면 좋은 맥주가 생산될 수 없다. 물이 아무리 좋아도 간장 만드는 실력이 부족하거나 숙성되는 과정에 문제가 발생하면 좋은 간장이 나올 수 없다. 좋은 희망을 많이 갖더라도 구체적으로 그것에 대한 목표와 기대를 갖지 않으면 그 좋은 희망들은 공수표가 되어 버린다. 항상 희망만 말하고, 희망을 갖지만, 그 희망에 대한 구체적인 기대를 갖지 않으면 사람들이 그를 몽상가夢想家라고 부르게 될지도 모른다.

우리의 주변을 돌아보라. 사람만 좋은 이들이 참 많다. 술 한 잔 하면서 이 세상을 통째로 비판하고, 정치인을 비판하고, 유명인을 비판하면서, 자신의 이상을 말하고, 자신의 고상하고 좋은 식견과 희망의 내용들을 쏟아내는 사람들이 얼마나 많은가? 멋은 있다. 그런데 그 사람이 과연 어떠한 구체적인 기대를 가지고 있으며, 그것을 실행에 옮기고 있는가? 구체적인 기대가 없는 자는 몽상가에 불과한 존재인 것이다. 좋은 희망과 좋은 기대가 함께 나아갈 때 비로소 존재는 고귀한 존재, 남에게 유익을 나누는 존재, 있을 때마다 향기가 나는 존재가 될 것이다.

이상은 넓고 아름답게 가져야 한다. 그리고 그 이상에 대한 기대는 실천할 수 있는 범위로 좁혀서 구체적으로 해야 한다.

좋은 이상을 가져야 좋은 것을 기대할 수 있으며, 그 기대하는 것을 향해 우리는 구체적으로 한 걸음 한 걸음 나아갈 수 있을 것이다.

06

텔로스(telos)와 테크네(techne)

우리는 이 책에서 기대라는 단어에 특별한 의미를 부여해서 생각하고 있는 중이다. 기대는 희망에서 나오는 것이다. 좋은 기대는 좋은 희망에서 나온다. 그러나 희망이 두루두루 가져볼 수 있는 것이라면, 기대는 구체적이고 실현 가능한 것에 대한 계획과 진행이라고 나는 생각하는 것이다. 그리고 희망만 생각하고 희망만 가지는 모습에서 더 나아가 구체적인 기대를 가지고, 그 기대를 위해서 나아갈 것을 이 책은 강조하고자 하는 것이다.

기대에 대한 글을 쓰면서 희랍어 단어 중 '텔로스'와 '테크네'가 생각났다.

텔로스telos란 같은 발음인 희랍어 텔로스τέλος에서 나온 말로 끝end, 목적·목표purpose, goal라는 뜻을 가지고 있다. 최근에 사람들의 관심을 끌고 있는 단어인 텔로미어telomere라는 말이 있다. 텔로미어는 바로 텔로스끝와 메로스부분로 이루어진 단어로 염색체의 끝을 말하는

데, 이 끝이 길수록 노화가 연장되고 장수한다는 것이다. 바로 그 끝이 텔로스이다. 끝은 결과요, 목적지점이요, 그리고 목표하는 그 어떤 것이다.

철학에 목적론teleology, 目的論, 텔리올로지이라는 용어가 있다. 이 용어 역시 텔로스에서 나온 것이다. 목적론이란 모든 존재의 목적, 의도, 목표 등을 철학적으로 고찰하는 것으로 아리스토텔레스, 칸트로 이어진다.

나는 기대를 텔로스라는 용어와 연관해서 생각해 보았다. 우리가 무언가를 기대할 때 그 기대에는 분명한 목적이 있어야 한다. 목적론이 모든 존재의 의미와 이유, 존재 목적이나 그 존재의 목표를 생각하는 것처럼, 우리가 그 무언가를 기대한다고 할 때, 우리는 우리가 기대하는 바의 목적이 무엇인지, 그리고 우리가 기대하는 바를 이루어낼 때 그 의미가 무엇인지를 생각해야 한다. 기대는 단순한 희망이나 좋게 되기를 원하는 폭넓은 바람과는 다른 구체적이고, 그러면서도 철학적인 것이다.

의미 있는 삶을 살고자 하는 사람은 '나는 왜 존재하는가?', '나는 무엇을 위해 존재하는가?'라고 하는 문제에 대해서 생각하며 산다. 우리도 무언가를 기대하게 되면서 반드시 이런 질문을 해야 한다. 나는 왜 이것을 기대하는가, 이것을 기대하고 성취하는 것은 어떤 의미를 가지게 되는가, 이것을 기대하고 성취하게 되면 나에게는 어떠한 변화가 올까를 생각하며 우리는 그 무언가를 기대해야 하는 것이다.

테크네techne라는 말을 생각해보자. 테크네 역시 고대 희랍어 테크네τέχνη에서 나온 말로 숙련됨craftsmanship, 기능·기술·예술craft, art이라는 의미를 가진다. 우리가 잘 아는 테크닉technique, 기교, 테크놀로지technology, 기술 같은 말의 어원이다.

테크네의 핵심 의미는 텔로스목적, 목표를 실제로 실천하는 것이다. 실천하는 데 가장 합리적인 방법으로, 그러면서도 상황에 맞게, 그리고 다양한 방법을 동원해서 텔로스를 진행하는 것이다. 텔로스를 진행하는 기술이 바로 테크네이다.

수많은 MC들이 있어도 톱클래스에 속한 사회자는 그 진행하는 테크닉이 다르다. 밤 12시에 잠시 뉴스를 진행하는 앵커와 저녁 8시나 9시에 뉴스를 진행하는 앵커는 그 진행 실력이 분명히 차별된다. 실력이나 경험이 많은 앵커가 메인 뉴스를 진행하는 것이다.

똑같이 다이어트를 한다 해도 잘 해내는 사람이 있고, 중도에 포기하는 사람이 있다.

학창시절에 중간고사나 기말고사를 칠 때, 아니면 성인이 되어 어떤 중요한 시험을 준비할 때, 회사에서 어떤 프로젝트를 준비하여 진행할 때, 똑같은 시간을 준비하고 노력해도 그 결과가 다르게 나오지 않는가? 그것은 그 계획하는 바를 실천하고 진행할 때의 그 무언가에 차이가 나는 것이다.

요리를 보면 아주 쉽게 이해된다. 분명 똑같은 식재료를 쓴다. 똑같은 주방용품을 쓴다. 그런데 그 맛이 다르다. 어떤 경우에는 그 맛이 아주 차이가 많이 나기도 한다. 사람마다 결과가 다르게 나오기도 하고, 심지어는 똑같이 내가 하는 것인데도 어느 때에는 좋은 결과를 보게 되고, 어느 때에는 좋은 결과를 보지 못하게 된다. 이유가 무엇일까? 바로 테크네의 차이인 것이다.

나는 기대라는 주제를 생각하면서 텔로스와 테크네라는 용어와 연관해 보았다.

기대에는 텔로스처럼 뚜렷한 목표가 있어야 한다. 큰 기대든, 작은 기대든 그 기대에 대한 의미가 있어야 한다. 내가 이런 기대를 하고, 그것을 실천해 냄으로써 나의 삶에는 이런 이런 의미가 생겨난다. 내가 이런 기대를 이루어내면 나에게는 이런 이런 보람과 혜택이 생길 것이다. 바로 목적론적 사고방식이다.

삶에는 철학적이거나 거대하지 않은 아주 단순한 목적들이 더 많다. 그러나 이러한 단순한 것들을 기대하고 성취하는 것에 소중한 의미가 많음을 결코 잊지 말아야 한다. 학창시절에 공부했던 교과서나 참고서에 보면, 새로운 장章이 시작될 때 반드시 그 장의 목표가 제시된다. 그 내용은 이렇다.

"이번 장을 공부하게 되면 당신은 이런 이런 것들을 알게 되고, 이런 이런 문제를 풀 수 있게 된다."

새로운 장을 배우고 공부하게 되면 '이런 이런' 모습의 작은 변화, 작은 결과를 얻게 된다는 것이다. 그러나 이러한 작은 결과를 위한 작은 목적이 진정 소중한 것임을 결코 잊어서는 안된다. 작은 목적을 위한 작은 기대를 잘 해내는 이는 결국 큰 목적, 큰 기대도 자기의 것으로 가져올 수 있게 되기 때문이다. 중요한 것은 기대하는 바의 그 목적과 그 목적하는 바의 의미를 늘 생각하면서 기대해야 한다는 것이다.

또한 기대에는 테크네처럼 합리적이고 상황에 맞는 실천기술이 있어야 한다. 다른 이에게 자문을 구할 수도 있고, 인터넷을 통해서 방법을 찾을 수도 있다. 이제 이 세상에서 나는 혼자가 아니다. 인터넷에는 무수한 도움이 산재해 있다. 요령껏 검색하면 유익한 자료들이 많이 있다. 그러나 가치 있는 자료들을 선택하고 가치 없는 자료들을 버리는 능력은 나 자신에게 달려있다. 모든 음식의 맛의 비결은 요리사의 손끝에 있는 것처럼, 이 세상에 산재해 있는 좋은 정보들에 대한 나의 선택과, 나의 배합과, 나의 의지가 우리의 기대를 이루어내기 위한 가장 중요한 테크네가 아닐까 생각한다.

마지막으로 텔로스와 테크네에 대한 원론적인 의미를 짚고 넘어가고 싶다. 텔로스가 더 중요할까? 테크네가 더 중요할까? 두 가지가 분명히 다 중요하지만, 무조건 그중에서 하나를 선택하라고 한다면, 나는 텔로스를 선택할 것이다. 즉 내용과 기교 중에서 우선하는 것은 내용이라는 말이다. 좋은 내용의 목표를 가지고 좋은 방법으로 실천하는 것이 가장 좋은 것이다. 그러나 실천하는 기술적인 면이 좀 약하다 해도, 우리가 좋은 것을 목표로 잡고 나아간다면, 그 실행에 있어서 다소간의 미스실수, mistake가 있더라도 큰 문제가 없다고 생각한다.

쉽게 예를 들어보자. 돼지고기를 제육볶음으로 해 먹는다면, 돼지고기는 텔로스목표이고, 각종 양념과 조리방법은 테크네방법라 할 수 있다. 돼지고기가 오래되어서 좀 상할랑 말랑 한다고 생각해보자. 양념을 세게 하여 요리하면 상하려던 고기 맛을 어느 정도 숨길 수 있을 것이다. 그렇지만 돼지고기 품질만 좋다면, 그 맛에 있어서 약간의 차이가 있겠으나, 본질적으로 양념이나 조리방법은 크게 중요하지 않다. 모든 것에는 그 내용이 더 중요하다는 말이다.

요즘은 내용이나 실체보다는 기교에 눈이 팔려 실제 내용을 모르고 기교에 넘어가는 경우가 많다. 사람의 본모습보다는 치장한 모습에 정신을 팔리기도 한다. 실체를 놓치게 되는 것이다. 화려한 글 솜씨로 감정을 살짝 건드리는 얕은 글에 쉽게 감동한다. 그러나 진정 중요한 것은 텔로스인 것이다. 진정 오랫동안 존재하며 의미를 나누어줄 수 있는 것은 좋은 내용인 것이다.

무언가 의미 있는 텔로스를 생각해내고, 그것을 실행하는 과정에 있어서 혹 테크네가 부족하여 그 실천에 미숙함이 있다 하더라도 그것은 결코 수치스러운 일이 아님을 잊어서는 안 된다. 의미 있는 기대를 생각하고 실천하는 일을 평생의 과제로 삼게 되면 자연스럽게 그것을 실천하는 방법도 개선될 것이기 때문이다.

07

긍정적인 **회상과 기대**

2015년의 대한민국은 〈응답하라, 1988〉이라는 TV 드라마로 온 국민이 감동받던 시간이었다. 1988년이라는 27년 전을 배경으로 하는 서울 쌍문동의 어느 골목 작은 동네 안에서 성장하던 고등학생 몇 사람과 그들의 가정이야기이다. 드라마 내내 배경음악으로 30여 년 전 이 나라 거리거리에 울려 퍼졌던 그 시절 노래가 깔리고, 그 시절에 사용했던 각종 추억의 물건들, 그리고 그 시절에 흔히 볼 수 있었던 다양한 삶의 모습들이 나온다. 아주 오래전 시대가 아니라 30여 년 전의 모습이었기에, 40대 이상 대부분의 중년들이 드라마 속의 장면 장면들을 볼 때마다 자기도 그 시대에 그렇게 살았음을 회상하기 시작한 것이다. 그 한 사람 한 사람의 회상回想과 회상들이 이 나라 전체를 흐뭇하게 만들었던 것이다. 이 드라마의 긍정적인 파장은 실로 엄청났다. TV드라마를 전혀 보지 않는 나도 그 드라마를 다운받아 보면서 감동의 눈물을 머금었다는 것이 그 증거이다.

현재는 과거라고 하는 바탕 위에 존재하는 것이다. 2층은 1층 위에 올려지는 것이다. 1층이 없으면 2층도 없는 것이다. 지금 오늘 우리의 존재는 지나간 과거의 바탕 위에 서있는 것이다. 우리가 걸어온 과거는 그 길이 힘들었든, 즐거웠든 모두가 소중한 것이다.

내가 걸어왔던 길을 회상하면 내 마음은 편안해지고, 긍정적으로 변한다. 회상은 나를 긍정적으로, 편안함으로, 그리고 나 자신에 대한 자부심으로 이끌어준다. 과거의 어려웠던 여건을 딛고 오늘의 내가 있으니 오늘의 내가 자랑스럽게 여겨진다.

비록 누군가가 죽어 슬픈 마음 속에 장례식을 거행하고 있다 해도, 장례식 도중에 고인故人이 걸어왔던 발걸음을 담은 사진이나 동영상을 함께 보게 될 때, 장례식에 모인 사람들의 얼굴은 슬픔 속에서도 미소를 머금는다. 고인의 발걸음이 사실 고인만의 것이 아니기 때문이다. 그 고인의 발걸음에 나 자신도 관여되었고, 고인이 살았던 그 시대에 나 자신도 있었기 때문이다.

과거를 긍정적으로 회상하게 되면 사람의 마음이 편해진다는 것은 이미 정신의학적으로도 밝혀진 사실이다. 특히 나이가 들어가면서 젊은 시절의 천진난만했던 자신의 모습, 꿈 많던 추억의 모습, 잘되어갔던 자신의 지난날을 되새길 때 그 사람의 마음이 더 건강해지고, 더 편해지고, 더 긍정적으로 변한다고 한다. 과거 자신의 아름다웠던 시절을 돌이켜 볼 때, 사람의 마음의 시계 또한 거꾸로 돌아가게 된다는 것이다. 다시 말해 마음이 젊어지는 것이다.

그렇지만 과유불급過猶不及이라고 했다. 과거를 너무 많이 생각하여 과거에만 얽매이면 손해가 올 수도 있다. 과거에 너무 지나치게 사로잡혀서 현재의 나를 잊어버릴 정도까지 된다면 그것은 문제가 된다.

적절한 회상이 필요한 것이다. 과거는 항상 오늘을 위해서, 긍정적으로, 필요한 만큼, 도움이 되는 만큼만 있어야 한다. 과거에 대한 회상은 항상 현재의 나에게 도움이 되는 회상으로서만 내 곁에 있어야 한다.

뒤에 나올 부록 〈잘되었던 선례先例를 레시피recipe로〉에서 상세히 말하겠지만, 이전에 잘되었던 일은 오늘 나에게도 힘이 되고 좋은 방법이 된다. 좋은 회상, 아름다운 회상은 오늘 기대하고 그 기대를 이루기 위해서 노력하는 우리들에게 큰 도움이 되는 것이다.

〈다윗과 골리앗〉이라는 이야기가 있다. 다윗은 소년이요, 양 몇 마리를 지키며 살던 목동이다. 그가 어느 날 전쟁터에 나간 형들을 면회 갔다가 골리앗이라는 적진의 거인 장수를 보게 된다. 골리앗이 나타나자 모두들 두려워 떨며 뒤로 숨는다. 이때 다윗이 거인 골리앗과의 일대일 대결을 자청한다. 다들 말린다. 객관적으로 볼 때 상대가 안 되기 때문이다. 그러나 다윗에게는 강한 신앙이 있었고, 그리고 자기가 목동의 일을 하면서 양 떼를 해치려던 곰이나 사자를 만났을 때 그것들을 무찔렀던 추억을 가지고 있었다. 다윗은 골리앗을 앞에 두고 그때 일을 회상한다. 작은 경험이었으나 다윗은 그 작은 경험과 그것에 얽힌 추억을 더 큰 일에 십분 활용했던 것이다. 전쟁경험 같은 웅장한 스케일의 경험이 아니라, 양 몇 마리를 지키는 양치기를 하면서 양을 보호하기 위해 물맷돌을 던져 곰이나 사자를 맞추던 다윗의 그 작은 경험이 국가의 흥망을 좌우하는 전쟁터에서 적장의 이마 한복판에 그대로 적용되었던 것이다. 다윗이 날린 물맷

돌이 날아가 정확하게 골리앗의 이마에 적중한다. 골리앗의 큰 체구, 그가 갖춘 무기들은 아무 쓸모가 없었다. 소년 다윗이 양치기 시절에 던졌던 물매에 대한 작은 기억이 큰 역사를 이루어 낸 것이다.

긍정적인 회상은 의외의 효과가 있다. 특히 우리가 무언가를 기대하고 그것을 실천에 옮길 때, 과거의 일로 이미 지나가 버렸던 그 어떤 좋은 회상이 오늘 기대하고 그 기대를 성취하고자 노력하는 우리에게 의외의 힘을 보태줄 때가 많다.

그러나 부정적인 회상이 있다. 대부분 내가 걸어왔던 길은 그 길이 힘들었어도 훗날 돌이켜 볼 때 긍정적이고 아름다운 것으로 다가온다. 그러나 내가 그 어떤 사람으로 인해 사기당하고 배신당하고 어려운 일을 당했을 때의 기억은 평생 나에게 상처로 남아 있다. 내가 그 어떤 일을 잘못해서 크게 망쳤던 일도 마찬가지이다. 이런 때의 기억은 좋은 회상이 아니라 트라우마trauma, 외상 外傷가 된다. 트라우마는 내 마음속에 그어진 상처상흔 傷痕를 말한다. 트라우마는 가시 같은 것이다. 가시는 내 몸속 어딘가에서 나를 찌른다. 이런 것을 회상하면 마이너스가 된다. 기대하는 바를 이루고 실행하는 과정에서 이러한 부정적인 회상거리들을 생각하면 그것은 나에게 가시가 되어 나의 현재를 불편하게 만들고 아프게만 해주는 귀찮은 존재가 된다. 그것이 아무리 억울하고 힘들었다 해도, 이미 지나간 일이기에, 또한 나에게 전혀 유익이 되지 않는 것이기에, 부정적인 회상의 내용들은 내 마음 밖 공동묘지에 묻어버려야 한다.

옛 시절에 구정물통이 있었다. 요즘에는 이런 것을 보기 힘들다. 먹고 남은 밥이나 반찬 찌꺼기를 버리는 일종의 오물 쓰레기통이다. 버려 놓으면 돼지 기르는 사람이 가져간다. 가만히 놔두면 멀건 물만 보인다. 그러나 이것을 휘저으면 밑에 가라앉았던 음식물 찌꺼기들이 위로 떠오른다. 그나마 약해있던 악취도 더 강해진다. 부정적인 회상은 가라앉은 찌꺼기와 같은 것이다. 그나마 이것이 가라앉아 있을 때 냄새가 덜 난다. 하천 밑바닥에 가라앉은 오물도 마찬가지이다. 이것이 떠오르면 물이 더 더러워지고 악취가 더 심해진다. 큰마음 먹고 파내버리면 되지만, 그것도 큰일이기에 쉽게 할 수는 없다. 어느 날 다 파내기 전까지는 일단 가라앉은 찌꺼기를 휘젓지 말아야 한다.

부정적인 회상도 마찬가지이다. 완전히 퍼내어 버리면 더 좋은데 그러려면 별도의 노력이 필요하다. 퍼내는 방법에 대해 이 지면에서 언급하기에는 너무나 그 양이 많다. 그 이전에 떠오르지 않게 하는 일이 우선적으로 우리가 해야 할 일이다. 부정적인 회상이 기억되는 그 연결고리를 아예 없애야 한다. 떠오르려 할 때마다 의도적으로 마음을 다른 곳으로 돌리는 연습도 해야 한다. 결코 부정적인 회상의 노예가 되어서는 안 되는 것이다.

현명치 못한 이는 자신을 부정적 회상의 노예로 만들어 버린다. 회상해 봐야 아무 소용없고 오히려 떠오를 때마다 독성만 품어내는 그 퇴적물堆積物을 자꾸 끄집어내고, 또 끄집어낸다. 손해는 항상 자기 몫이다. 이미 오래전에 지나간 일인데 자기는 자꾸 자꾸 그것 때문에 손해를 보고 있는 것이다.

기대하고, 그 기대한 바를 실천하기 위해 우리는 부정적인 회상과 멀어지는 연습을 해야 한다.

조선 후기에 성대중成大中, 1732-1812이 편찬한 『청성잡기青城雜記』에 '창왕불여최래悵往不如最來'라는 구절이 있다. 지난날을 한탄함은 다가올 일을 위해 최선을 다하는 것만 못하다는 말이다. 부정적인 회상으로 고생하기는 옛사람과 오늘날 우리가 다를 바가 없는 모양이다.

고금을 막론하고 중요한 것이 있다. 성대중의 조언처럼 다가오는 일, 현재 하고 있는 일에 몰입하여 지금 여기에서 최선을 다하는 이에게는 부정적인 회상이 침입하지 못한다. 그러나 그 마음이 한가하고, 열성 내어 해내고자 하는 기대가 없는 이에게는 쓸데없는 과거가 수시로 그의 마음을 들락날락하게 되는 것이다. 활동하지 않으면 부정적인 회상의 노예가 되어 하루하루가 불행해진다. 그러나 활동하는 이에게는 제아무리 부정적인 회상이라 해도 영향을 주지 못한다. 현재에 최선을 다할 때 우리의 몸과 마음이 당연히 미래적인 존재가 되기 때문이다. 현재에 최선을 다할 때 부정적인 회상은 결코 우리를 침입하지 못한다.

기대하는 삶에 긍정적인 회상이 더해질 때 현재의 나는 더 강해진다. 잘되었던 기억, 이제는 레시피가 된 나의 성취의 기억, 도움 받았던 기억, 어려워도 결국 내가 넘어섰던 긍정적인 회상은 기대하는 이의 현재와 미래를 더욱 강하게 만들어 줄 뿐 아니라, 우리가 지금 기대하는 것을 성취할 수 있는 의욕을 더 강하게 만들어 줄 것이다.

앞에서 언급했던 것처럼, 2층은 1층이 있기에 존재할 수 있는 것이다. 또한 3층은 2층이 있으므로 존재할 수 있다. 우리에게 가장 중요한 것은 현재이다. 현재에 최선을 다해야 한다. 또한 지금 나의 과거와 현재는 함께 어우러져서 곧 이어지는 나의 미래의 기초가 되는 것이기에 우리는 적절하게 나의 회상을 현재에 필요하고 유용한 것으로 만들어야 한다. 적절하고 긍정적인 회상은 오늘 내가 이루고자 하는 나의 기대에 훌륭한 힘이 될 수 있다. 또한 오늘 내가 나의 기대함을 위해 최선을 다함으로써 나의 미래가 미리 미리 아름답게 세워질 수 있을 것이다.

08

살아있는 **현재**에 **기대**하라

우리에게는 현재, 과거, 미래라고 하는 세 가지 시제가 있다. 이 세 가지 중에 가장 강한 것은 무엇보다 현재라고 말할 수 있다. 우리 모두는 지금, 현재에 살고 있기 때문이다. 과거라는 시제도 있고 미래라는 시제도 있지만 우리에게는 현재라는 시제가 가장 강하며, 때때로 어떤 이들에게는 현재라는 시제밖에 없다는 느낌이 들기도 한다.

현재는 강한 느낌으로 우리에게 다가온다. 현재는 강한 느낌으로 과거를 지배하고 미래를 지배한다. 어떤 음식에 카레curry를 살짝 넣으면 향신료가 되어 그 음식의 풍미를 더하지만, 카레를 듬뿍 넣으면 그 어떤 음식의 맛도 다 사라지고 카레 맛으로 변한다. 현재도 마찬가지이다. 그 어떤 과거도, 그 어떠한 미래도 현재에 의해 지배를 당한다.

심리학에 최신효과 혹은 신근성효과Recency Effect라는 용어가 있다. 사람의 기억은 최근의 상황에 더 강하게 작용한다는 것이다.

부모와 형제의 관계를 생각해 보자. 아주 특별한 경우를 제외한다면, 보통 우리를 낳아주시고 긴 시간 동안 길러 주신 그 부모와의 기억이야말로 얼마나 아름답고 소중할까? 그러나 성인이 되어 최근에 일어난 몇 가지 일로 우리는 부모와 담을 쌓는다. 어려서부터 함께 동고동락하며 성장의 시절을 함께 나누었던 형제는 어떤가? 성장하여 각자의 가정을 꾸리게 되어 독립하게 되면서 여러 가지 사정들이 생기게 된다. 늙으신 부모님을 모시게 되는 일이나 유산을 나누게 되는 일로 싸울 일이 생긴다. 여기에는 장사도 없고, 성자도 없다. 저절로 감정이 격해지고 대부분 양보하기 힘든 상황으로 치닫게 된다. 이후에는 형제지간이 원수지간으로 바뀐다. 긴 세월 동안 고락苦樂을 나누며 함께 자라왔던 금싸라기 같은 모든 기억들은 한순간에 없어져 버리고 형제들은 서로 남은 생애 동안 서로를 저주하며 살게 된다.

반대로 오랫동안 아주 나쁜 사이였어도 최근에 좋은 일이 생기면 그 관계는 앞으로도 이어지게 되는 돈독한 관계가 되기도 한다. 음식점에서 그날 음식 맛이 별로라 기분이 언짢았다가 마지막에 주인이 사과하면서 서비스로 좋은 디저트를 내주면, 그래도 그 식당은 내 기억 속에서 괜찮은 음식점으로 남게 되는 것이다.

이러한 최신효과의 이유는 당연히 현재 때문에 있는 것이다. 현재가 강하기에 현재와 가장 가까운 때의 일이 선명하고 강하게 남아있어 우리에게 큰 영향을 주는 것이다.

그렇다면 지성인들은 좀 더 나을까? 그렇지도 않다. 역사학자도 마찬가지이다. 우리에게 가장 큰 영향을 미쳤던 영국의 역사학자 카Edward Hallet Carr, 1892-1982는 그의 저서 『역사란 무엇인가?What is History?』에서 역사는 역사가에 의해 항상 다시 쓰여진다는 점을 밝히면서, 역사는 역사가와 사실 사이의 상호작용의 계속적인 과정이며 현재와 과거 사이의 끊임없는 대화History is a coutinuous process of interaction between the historian and facts, an unending dialogue between the present and the past. 라고 정의하고 있다. 이 말을 쉽게 설명하자면 역사란 과거에 있었던 사건이 현재라는 상황이나 철학, 그리고 현재의 사관史觀에 의해서 다시 해석되고, 재평가된다는 것이다. 역사도 현재의 생각으로 다듬어지는 것인 바 현재는 지성인들에게도 강한 존재이며, 지성인들이 과거를 판단하고 결정짓게 하는 중요한 요소인 것이다.

미래도 마찬가지이다. 미래 역시 현재의 상황과 연관하여 생각된다. 현재의 마음이 건강하면 그 사람의 미래는 긍정적으로 다가온다. 현재의 마음이 건강하지 못하면, 그 사람의 미래도 병든 미래로 다가오게 된다.

물론 성현聖賢이나 도인道人의 경지에 오른 사람이라면, 또한 모든 일을 냉정함과 이성적 판단으로 대할 수 있는 사람이라면, 그런 사람이 과거나 미래를 생각하는 모습은 우리와 아주 다를 것이다. 그런 사람은 어떤 사람과의 과거 기억을 전체적으로 다 공정하게 생각해본 다음에 종합적이고 객관적으로 판단하여 과거라고 생각할 것이고, 미래도 우리들이 쉽게 보지 못할 선견지명을 가지고 미래로서의 가능성 전체를 객관적으로 생각하면서 미래라고 생각할 것이다. 그렇지만 우리 같은 대부분의 사람들은 현재의 강한 힘에서 벗어나기가 쉽지 않다. 그래서 현재는 우리에게 늘 중요하고, 강하며, 우리 인생에 큰 영향력을 가지는 것이다.

현재를 어떻게 대하느냐? 사실 여기에 우리의 인생을 좌우할 수 있는 포인트가 있는 것이다. 현재는 어김없이 우리들 개개인이 제각각 처해있는 상황을 제공해준다. 그 상황에 따라서 우리는 행복한 현재라 생각하기도 하고, 힘들고 불행한 현재라고 생각하기도 한다. 그러나 확률적으로 보면 대부분의 현재는 힘들고 불행하고 어려운 여건들로 둘러싸여 있다. 그것이 현실인 것이다. 그러나 지혜로운 이들은 이러한 힘든 현재를 잘 받아들이고 견뎌낸다. 왜냐하면 현재의 본질은 우리가 처한 그 어떤 힘든 여건들과 우리에게 괴로움을 주는 요소들에도 불구하고 '내가 지금 살아있다'라는 데 있기 때문이다.

영어에서 현재라는 의미의 'present'는 아주 행복한 단어이다. 이 단어에는 정말로 좋은 여러 가지 의미가 들어있기 때문이다. 이 단어에는 '누구 앞에 선물을 들고 나타나다'라는 뜻과 '선물'이라는 뜻도 있다. 어느 모임이나 자리에 '출석하다'라는 뜻이 있다. 직장생활, 대학원 공부, 세미나 등에서 발표하는 것도 '프레젠테이션 presentation'이라고 한다.

현재는 현재라는 그 자체로서 우리 모두에게 선물로 다가오는 것이다. 현재라는 선물을 바꿔 말하면 내가 지금 여기에 존재하고 있다는 것이다. 그 어느 귀한 선물도 내가 없으면 받을 수가 없다. 그러므로 지금 내가 존재한다는 것만큼 큰 선물膳物이 어디 있겠는가? 또한 어느 자리에 내가 출석한다는 것은 지금 내가 어떤 어떤 사람으로서, 학생으로서, 회원으로서, 직원으로서 존재하고 있다는 증거인 것이다. 대중 앞에서 무언가를 발표프레젠테이션하게 되면 나를 포함해서 누구나 기본적으로 떨게 되어 있다. 그러나 프레젠테이션은 내가 무언가를 하고 있고, 내가 무언가를 연구하고 있고, 내가 다른 이들이 아직 잘 모르는 무언가를 알고 있기에 그것을 지금 다른 사람에게 소개하는 것이므로 좀 떨리기는 하지만 한편으로는 마음이 설레고, 기대가 되는 것이다.

이 책에서 말하는 기대하는 것도 마찬가지이다. 기대는 미래를 기대하는 것이다. 미래의 나를 바라보며, 생각하고, 계획하고, 실천하고, 성취하는 것이다. 그러나 기대에 대한 모든 것은 사실 현재에 이루어지는 것이다. 기대하는 것의 대상은 미래의 어떤 결과이지만, 동시에 그것은 지금 나의 현재를 위한 기대인 것이다.

기대하는 이는 몽상가夢想家가 아니다. 몽상가는 꿈만 꾸는 사람이다. 현재가 없고 미래만 있는 사람이다. 뼈가 없는데 살을 붙이려는 사람이고, 기둥이 없이 지붕을 얹으려는 사람이다. 기대하는 이는 철저하게 현재에 미래를 기대한다. 기대하는 이는 그가 기대하는 미래로 철저하게 현재를 장악하여 자기 것으로 삼는 사람이다. 기대하는 이는 그 기대하는 것으로 그 아무리 험하거나 불행하거나 때로 불가능해 보이는 현재라도 그 현재를 자기의 것으로 만드는 자이다.

롱펠로우Henry Wadsworth Longfellow, 1807-1882는 그의 시 「인생예찬A Psalm of Life」에서 다음과 같이 노래한다.

"살아있는 현재에 활동하라."
Act, - act in the living Present!

　나는 여기에서 '살아있는 현재'라는 말이 참으로 귀한 표현이라고 생각한다. 내가 살아있기에 현재가 현재인 것이다. 그러기에 현재는 나에게 선물인 것이다.

　나이가 들어가면서 그 사람의 인생은 '살아야 할 인생'이 아니라 '남아 있는 나날'로 바뀐다. 내 인생이 얼마 안 남았다고 생각하며 섭섭해한다. 그러나 다시 생각해보라. 콜라병의 예를 우리는 잘 안다. 콜라병에 남은 반만큼의 콜라는, 겨우 반만 남은 콜라가 아닌 것이다. 반씩이나 남은 콜라인 것이다. 우리에게 남은 삶도 마찬가지가 아닐까? 내 나이가 몇이든 간에 나는 아직도 살아있고, 이제 비로소 몇 살이 된 것이다. 사실 어린 아이나 노인이나 우리 모두는 남은 날을 사는 존재가 아닌가? 태어나는 순간부터 우리 모두는 언제 죽을지 모르는 시한부 삶을 사는 것 아닌가? 그러나 인생을 시한부 삶이라고 생각하는 사람은 아무도 없을 것이다. 인생은 그 얼마가 남았든 누리는 것이다. 그러기에 '남은 인생'이라고 말하지 '남은 시간'이라고 말하지 않는다.

　남은 인생을 기준으로 우리의 삶을 생각할 때 오늘은 나의 남아 있는 인생의 첫 순간인 것이다Today is the first day of the rest of my life. 그러기에 오늘을 맞이하고 현재를 대할 때 그것이 남아있는 우리 인생의 첫 순간이므로 우리 또한 감격함으로 그것을 대하게 되는 것이다.

　이런 현재에 우리는 기대하는 것이다. 이런 현재를 위해 우리가 미래를 기대하는 것일지도 모른다. 우리가 기대함으로써 우리의 현재는 더 강해진다. 우리가 기대할 때 우리 모두의 현재는 훨씬 더 큰 의미로 다가오는 것이다. 내가 살아있는 현재에 기대하자. 기대는 현재의 나를 더욱 강한 존재, 더욱 의미 있는 존재로 만들어준다.

09

관성의 **법칙**과 **기대**

　뉴턴의 운동 제1법칙이 바로 관성慣性, inertia의 법칙이다. 관성의 법칙의 핵심은 두 가지이다. 하나는 정지해 있는 물체는 특정한 외부에서의 힘이 작용하지 않는 한 그대로 정지해 있으려 한다는 것이고, 다른 하나는 운동하고 있는 물체는 외부에서의 다른 힘이 작용하지 않는 한 현재의 속도를 유지한 채 일정한 속도로 운동을 하려 한다는 것이다. 쉽게 말하자면, 정지해 있는 물체는 그 정지함을 유지하려는 힘을 가지게 되는 것이고, 운동하고 있는 물체는 그 운동을 지속하려는 힘을 가지게 된다는 것이다.

　관성의 법칙을 지금은 당연하게 생각하지만, 중세 때까지는 그렇지가 않았다 한다. 아리스토텔레스는 물체가 똑같은 운동 상태를 유지하려면 외부에서 계속 힘을 공급해 주어야만 그 운동 상태가 유지될 수 있다고 생각했다. 우리도 그런 생각이 든다. 수레를 예로 들자면 계속 끌어주는 힘이 있어야만 수레바퀴가 돌지 않는가? 사실 땅바닥의 마찰력이라는 또 다른 힘이 수레바퀴를 잡고 있기 때문에 우리가 수레를 끄는 힘이 필요한 것이다. 만약에 수레바퀴를 잡는 마찰력이라는 또 다른 힘이 없다면 수레는 별다른 힘이 제공되지 않아도 영원히 굴러가게 될 것이다.

그런데 관성의 법칙은 우리의 일상생활에서도 그대로 적용된다. 관성의 법칙은 세상을 바라보는 사람의 스타일에도 적용이 되며, 삶을 살아가는 사람의 사고방식에도 그대로 적용된다. 세상을 좋은 쪽으로 보곤 하는 사람은 세상사를 대할 때 좋은 쪽을 우선적으로 본다. 사람을 긍정적으로 보곤 하는 사람은 누굴 대하든 일단 그 사람을 긍정적으로 보려고 한다. 세상을 바라보는 시야에도 일종의 관성의 법칙이 적용되고 있는 것이다.

자기 자신의 일에 대해서도 마찬가지다. 미국의 어느 작가가 어느 날 점심시간에 사무실 건물 아래층 레스토랑에서 식사를 마치고 사무실로 돌아오는데, 중간에 베이커리가 있었다. 베이커리에서 풍기는 맛있는 빵 냄새와 커피 냄새는 이 세상의 그 어느 누구든 무너뜨릴 수 있는 강한 힘이 있다. 이 작가도 베이커리의 냄새에 순종하게 된다. 점심식사 후 사무실로 돌아가는 도중에 커피 한 잔과 큼직한 쿠키 하나를 사들게 되는데, 바로 이것이 관성이 되는 것이다. 이제 점심식사 후 커피 한 잔과 큼직한 쿠키 한 개는 이 사람의 일상이 된다. 그의 마음과 몸이 당연히 커피에 곁들여지는 쿠키를 즐기게 되고, 시간이 지속되는 것이다. 몇 년의 시간이 지나자 이 사람의 몸에 문제가 생기기 시작한다. 어쩌다 한 번 먹게 되는 쿠키는 생활의 기쁨이요, 활력소가 되지만, 일상으로 먹게 되는 쿠키는 건강의 위협이 된다. 바로 이때 외부의 힘이 필요한 것이다. 점심을 해결하는 식당을 바꾸든지, 사무실의 위치를 바꾸든지, 식당 가는 길을 바꾸는 것 같은 적극적인 외부의 힘이 있어야 그의 건강을 되돌릴 수 있게 된다.

짐승의 행동에도 관성의 법칙이 적용된다. 우리가 잘 아는 김유신의 이야기가 있지 않은가? 그는 술을 마시고 늘 천관이라는 기생의 집을 방문한다. 어느 날 어머니의 꾸중으로 김유신은 결심한다. 기생 천관의 집에 드나들던 자신의 관성을 자신의 새로운 의지라는 외부의 힘으로 바꾸기로 결심하는 것이다. 그런데 어느 날 집에 가는 길에 술에 취하여 정신이 없는 상태에서 김유신이 탄 말이 관성의 법칙으로 천관의 집에 간다. 정신이 든 김유신은 자신을 마중하는 천관을 뿌리치고 그의 말을 죽이지 않는가? 사실 말은 아무 죄가 없다. 김유신이 자신의 말을 그리로 몰고 다녔던 습관 때문에 말도 일종의 관성을 가지게 된 것이다. 이후 김유신이 이루어낸 그의 성공은 중요한 시기에 좋지 않았던 한 가지 관성을 중지시켰던 외부 힘, 바로 '김유신 자신보다 더 강한 김유신의 의지'에서 온 것이다.

쿠키나 천관 같은 관성의 부정적인 측면이 있다면, 관성의 긍정적인 측면도 많다. 바로 우리가 이 책에서 이야기하는 '기대하는 삶'도 관성으로 이어질 수 있는 것이다. 작은 제목 하나를 기대하여 그 기대를 성취하게 되면 기대도 관성이 된다. 무언가를 성취하게 되면 자기 자신이 자랑스러워진다. 나도 무언가를 할 수 있다는 자신감이 생긴다. 또 다른 것을 기대하고 그것을 성취하고 싶어지게 되는 것이다. 기대해보고, 실천해보는 일들이 반복되면 아예 나의 삶 자체가 기대와 실행, 기대와 성취로 이어지게 된다. 바로 이것이 기대의 관성이 되는 것이다. 쿠키를 자주 먹는 관성은 외부의 힘으로 통제해서 없애야 하지만, 기대하는 삶으로 시작된 관성은 나 자신을 나스스로 그 누구보다도 자랑스러워하게 만드는 삶이 되게 해준다. 기대의 관성이 나를 다른 이들과 구분되는 장점을 가진 사람으로 만들어주는 것이다.

생물학 용어 중에 항상성恒常性, homeostasis이라는 말이 있다. 가습기나 에어컨처럼 우리 몸의 자율신경이나 내분비계는 우리 몸이 항상어떠한 상태에 있도록 24시간 내내 우리 몸의 각 기관의 활동이나기능을 조절한다. 우리의 의지와는 상관없이 우리 몸의 온도, 혈압, 공기, 농도 등이 일정하게 유지되도록 제어해 주는 것이다. 이 기능은 아주 중요한 것이다. 수많은 조건이 일정하게, 맞게 조화를 이루어야 우리 몸이 생존할 수 있기 때문이다. 외부환경이 바뀌어도 내몸의 상태가 변하지 않게 하는 이 항상성이 있기에 우리는 지금 이렇게 죽지 않고 살아 있는 것이다.

항상성 개념은 몸뿐 아니라 여러 가지 상황에 적용되어 생각할 수있다. 항상성은 몸에만 국한되는 것이 아니다. 우리의 마음, 우리의행동, 우리의 생활도 마찬가지이다. 오랫동안 무언가를 행하면 그것도 일종의 항상성이 될 수 있는 것이다. 좋은 일을 지속하면 그것은좋은 항상성이 되어 나의 삶의 일부가 된다. 좋은 항상성이 있으면그 좋은 것을 나의 삶에서 항상 유지하게 되는 것이다. 저녁식사 후에 반드시 산책을 하는 일이 나에게 항상성이 되었다면 얼마나 좋은 일인가?

우리의 삶은 보이지 않는 관성의 지배를 받는다. 아버지가 아이 손을 잡고 횡단보도를 건널 때 신호등을 무시하고 건너기 시작하면 아이도 혼자 다닐 때 신호등을 무시하게 된다. 돈이 많지는 않아도 기회만 되면 남을 돕는 데 자기 돈을 쓰는 사람의 자녀들은 자기들 이 성장해서도 아버지의 모습이 자신들 삶의 관성이 된다.

작은 것부터 기대하고 실천하는 관성을 가지게 되면 점점 더 큰일 에도 기대할 수 있고, 그 일을 계획하고, 실행에 옮길 수 있게 된다. 그리고 점점 더 큰일을 성취하게 되는 놀라운 기쁨도 얻게 된다. 늘 새로운 기대를 만들고 그것을 성취하는 삶을 당연한 것으로 생각하 게 될 것이다. 기대의 관성이 그 일을 하게 해주는 힘이 된다.

의미 있는 삶을 사는 사람과 그렇지 않은 사람의 차이를 하나 꼽 으라면, 의미 있는 삶을 살 수 있는 사람은 늘 자기에게 맞고 그 효 율이 좋고 유익한 행동들을 새롭게 만들어서 그것을 자기 삶의 관성 이 되게 할 수 있다는 점이 아닐까 생각한다. 나쁜 관성은 중독이 된 다. 나쁜 관성은 나의 건강과 삶을 망가지게 한다. 그러나 좋은 관성 은 나를 더 나은 존재, 자신감 있는 존재, 건강한 존재, 미래지향적 인 존재가 되게 해준다.

우리가 기대하는 삶을 살게 되면, 기대하는 삶으로서의 관성을 갖 게 된다. 기대하는 바를 실행하여 성취하며, 또한 새로운 기대를 다 시 갖게 되는 것이다. 기대하며 사는 나의 일상의 모습을 아주 당연 시하며 살게 된다. 그러한 모든 기대하고 실천하는 과정들이 자연스 럽게 나의 삶이 되는 것이다.

기대함에 **우열**이 있는가?

칼 세이건Carl Sagan, 1934-1996은 과학과 천체물리학을 대중들에게 쉽게 알려주고 보급하여 이 세상 사람들이 우주에 관심을 갖게 만들어준 역사적인 인물이다. 그는 1980년에 제작된 TV 시리즈 〈코스모스〉의 해설자로 전 세계인들을 과학의 세계에 매료되게 만들었고, 이후에 그것을 책으로 내어 지구를 우주 속의 지구로, 우리 인간을 우주 속의 존재로 생각하게 해주었다. 이미 동양사상은 3천 년 전부터 인간을 우주 속의 존재, 하늘과 땅을 연결하는 중요한 존재로 생각해 왔지만, 칼 세이건을 통해서 이 세상이라는 좁은? 틀로만 생각하며 살아왔던 많은 이들의 마음의 폭이 우주라는 광대한 범위로 더 넓게 나아가게 되었던 것이다.

천체 물리학 박사이지만, 학부에서는 인문학을 공부했던 세이건. 비록 그가 위대한 과학적인 발명이나 이론을 만들지는 않았으나, 그의 인문학적 소양은 전 세계의 많은 사람들을 과학의 세계로, 우주의 세계로 이끄는 데 큰 힘이 되었다.

여기서 우리는 세이건이 강조했던 용어 '코스모스cosmos'에 주목해야 한다.

보통 우주라고 말할 때, 유니버스universe라는 단어와 코스모스라는 단어를 사용한다.

유니버스는 '하나'라는 의미의 라틴어 '우눔unum'과 '돌아오다'라는 의미의 '베르숨versum'이라는 단어의 결합으로 이루어졌다. '모든 것은 하나로 돌아온다'라는 뜻이다. 그래서 유니버스라는 단어는 우주를 말하면서도 일반적이다, 혹은 '하나다'라는 뜻이 강조되는 것이다.

코스모스는 우주 전체의 질서나 조화를 의미한다. 질서의 반대는 혼돈카오스 chaos이다. 조화나 질서라는 것은 이 우주 안의 모든 존재를 의미 있는 것으로 생각하는 자세에서 나오는 말이다. 그래서 우주를 코스모스라고 말할 때는, 특히 세이건의 〈코스모스〉를 볼 때, 우주를 생각하고 공부하면서도 우리의 철학과 종교와 상식을 함께 동원하여 우주를 보고, 우주 만물이 각자의 모습으로 존재하고 있으며, 사실은 서로 깊이 연관되어 있다고 생각하게 된다. 즉 코스모스라는 용어로 우주를 생각할 때, 우리는 먼지 하나, 원자 하나로부터 시작해서 우주의 모든 존재를 중요하게 생각하게 되며, 이 모든 존재들이 조화를 이루고 질서를 이루는 것이 얼마나 엄청나고 아름답고 어마어마한가를 깊은 의미로 받아들이게 된다.

우리 모두는 세이건의 말처럼 코스모스의 일부이다. 모든 존재들이 스스로를 귀한 존재라 생각하고, 타 존재들을 존중하고 인정하며 서로 조화를 이룰 때 그것이 진정한 세상이요, 우주라고 말할 수 있는 것이다.

세이건은 강연 중에 우주탐험선 보이저 1호가 지구에서 60억 km 떨어진 곳에서 찍은 지구의 사진을 보여준다. 지구를 가장 멀리서 바라본 사진이다. 사진에서 지구는 '창백한 푸른 점pale blue dot'으로 보인다. 그는 이렇게 말한다.

"…보세요. 이것이 우리의 고향입니다. 이것이 우리입니다. 우리가 사랑하는 모든 이들, 우리가 아는 모든 사람들, 우리가 들어 봤을 모든 사람들, 예전에 있었던 모든 사람들이 이곳에서 살았지요…. 우리의 모든 기쁨과 고통, 각자가 확신하는 수많은 종교와 이데올로기들, 경제 이론들, 모든 사냥꾼과 약탈자, 모든 영웅과 겁쟁이, 문명의 창조자와 파괴자, 모든 왕과 농부, 사랑에 빠진 모든 연인들, 모든 아버지와 어머니들, 희망에 찬 아이들, 발명가와 탐험가, 모든 도덕 교사들과 부패한 정치인들, 모든 슈퍼스타, 모든 최고 지도자들, 인간역사 속의 모든 성인과 죄인들이 모두 여기 태양 빛 속에 떠다니는 저 작은 먼지 위에서 살았습니다…. 지구는 코스모스라는 거대한 극장의 아주 작은 무대입니다. 만용, 자만심, 우리가 특별한 존재라고 착각하는 이들에게 저 창백한 푸른 점지구은 이의를 제기해주지요….

천문학은 학문이라고 하기보다는 인간을 겸손하게 만들고, 인간성을 함양시켜주는 경험experience이라고 말할 수 있습니다. 멀리서 찍은 이 사진창백한 푸른 점만큼 인간의 자만함이 얼마나 어리석은가를 적나라하게 보여줄 수 있는 것은 아마도 없을 것입니다…."

광활한 우주에서 바라본 먼지 같은 존재인 지구. 그 안에서 지금까지 수많은 갈등과 다툼이 있었고, 특히 각 존재들이 서로 우월하다고 생각하며 다투어왔던 것이다.

나는 때때로 다툼이나 억울함이나 분노의 제목을 만나 흥분이나 분노의 노예가 되어 나 자신을 잃어버릴 위험을 느끼게 될 때 코스모스를 생각한다. 코스모스는 카오스혼돈와 정반대 개념이다. 코스모스는 이 우주만물 속의 모든 것이 소중한 존재로서 조화를 이루는 모습을 우리에게 깨닫게 해준다. 코스모스를 생각하면 먼저 나 자신의 존재가 소중하다는 의미를 갖게 되고, 다른 존재도 소중하며 존중받아야 한다는 생각을 갖게 된다. 그런데 간혹 '나 자신은 소중한 존재다'라는 생각 속에만 머물러 버리고, 나 외의 다른 존재를 망각하는 이는 코스모스를 모르는, 다시 말해서 질서와 조화를 모르는 이들인 것이다.

코스모스는 이 세상 아주 작은 미물에서부터 광활한 우주의 모든 존재를 모두 다 귀하게 생각한다. 이 모든 존재들이 함께 공존하고 조화를 이루는 것이 바로 이 세상이요, 우주인 것이다.

비록 이 좁은 세상이 외모로, 성적이나 학벌로, 가진 돈으로, 혹은 인종차이로 이 좁은 세상을 나누려 한다 해도 우리는 결코 그것에 휩쓸려서는 안 된다.

우주선을 타지 않아도 된다. 내가 다른 곳에서도 여러 번 언급하는 말이다. 북한산만 올라가봐도 우리의 생각을 바꿀 수 있다. 동네에 살 때에는 내가 사는 연립주택이 작아 보이고 옆 동네 아파트가 훨씬 더 커보였는데, 북한산에 오르니 연립주택도 아파트도 더 큰

빌딩도 모두가 다 산 아래에 있다. 아래에 있을 때는 하늘에 뜬 구름이 마냥 높아 보였는데, 산에 오르니 구름도 별로 높은 게 아니었다. 다 산 아래 존재인 것이다.

　모든 인간만사도 그렇다. 우리가 큰일이라고 생각하는 것이나 작다고 생각하는 일이나 모두 다 귀한 것이며, 다 같이 소중한 것이다. 물론 큰일이 더 중요하고, 위대하고, 더 오래 남을 것이라는 고정관념이 없어지기는 어렵겠지만, 이런 고정관념은 언젠가는 바뀌어야 할 제목인 것이다.

　큰일이 이루어지는 과정도 작은 일과 같은 것이다. 큰 존재나 작은 존재나 다 똑같이 중요한 것이다. 사람이 그 체격이 작다 해서 작은 능력의 사람, 작은 존재라고 말하지 않는다. 벌들이 사는 한 덩어리 벌집이나, 개미들이 거주하는 엄청나게 복잡하고 정교한 개미집이나, 사람이 사는 단순한 초가집이나, 많은 사람들이 거주하는 대형빌딩이나, 그리고 작은 동네 산이나 엄청난 에베레스트 산이나 다 똑같은 사물이요, 존재인 것이다.

　그래서 우리가 그 무엇을 기대하든 그 기대하는 바 각각에 대해서 '큰 기대다, 작은 기대다'라고 말할 수가 없는 것이다. 사실은 작은 기대와 작은 성취가 중요한 것이다. 작은 것들을 기대하고 성취하기 시작하면 더 큰 기대도 할 수 있으나, 큰 기대나 작은 기대 모두 소중한 것이며, 우리가 최선을 다해서 이루어야 할 제목인 것이다.

　작은 섬마을 동네에서 골목대장을 해 본 사람은 한 나라의 대통령도 할 수 있다. 중소기업을 경영해 본 사람은 대기업도 경영할 수 있는 것이다. 작은 기대를 이루어낸 사람은 더 큰 기대를 할 수 있고 이룰 수 있다. 그러기에 때로는 일국의 대통령도 작은 동네의 한 어린이 골목대장이 자기 골목을 경영하는 모습에서 큰 깨달음을 얻을 수도 있는 것이다.

　기대함에는 결코 우열이 없다. 아주 작더라도 무언가를 기대하고 성취해 보라. 나 자신이 달라진다. 기대하고 성취하게 되는 나 자신이 자랑스럽다 보면, 다른 사람이 무언가를 위해 기대하고 성취하는 모습도 숭고하게 보이기 시작한다. 세계적인 재벌이 되고, 대통령이 되고, 우주선을 띄우고, 인류평화를 위해 기여하는 일을 기대하고 성취하는 것은 정말로 귀한 일이다. 우리 모두가 다 이런 일을 할 수 있기를 원한다. 그리고 내가 오늘 그동안 기대하고 노력해서 마침내 이루게 된 그 무엇도 정말로 귀한 일인 것이다. 혹 아직도 이런 일들 사이에 우열이 있다고 생각하는 이가 있다면, 칼 세이건이 우리에게 보여준 광활한 우주에서 저 멀리 바라보이는 창백한 푸른 점 지구의 모습이 담긴 사진을 보여 주면 되지 않을까? 생각해본다.

11

내 **몸**에 대한 **기대**,
The body fuels the mind

많은 기대의 제목들을 세우고, 세부 항목들을 정하고 실천하는 사람들의 미래는 참으로 그야말로 기대되는 미래가 될 것이다. 그런데 기대함을 실천하는 세부항목 중에 자신의 몸에 대한 계획이 빠져있는 경우가 있다. 내 몸이 없으면, 기대함을 생각하고 실천할 수 있는 주체가 없어진다.

한때 서양사상은 정신, 사상 같은 형이상학形而上學적인 것들을 중요하게 생각하고, 몸이라는 것을 형이하학形而下學적인 대상으로 경시하였다. 이것을 이원론二元論, dualism적인 전통이라 한다. 몸과 정신을 별개로 나누고 정신의 세계만을 귀하다고 생각했던 것이다. 그러다 보니 자신의 몸에 관심을 갖거나 자신의 몸을 챙기는 행위가 차원이 낮은 저급한 행위로 보이기도 했다. 그러나 이것은 몸과 정신이 하나라는 사상에 위배되는 것이었다. 인간은 몸과 마음이 나눠진 존재가 아니라 전체적이고, 전인적holistic인 하나 된 존재이다.

성경특히 구약이나 동양사상은 이미 몸과 정신이 하나임을 말하고 있었다. 몸과 정신은 분리될 수 없는 것이다. 그리고 굳이 순서를 정한다면 몸이 먼저이다. 몸이 공기를 마시고 음식을 먹어야 나라는 존재가 살게 되며, 나의 마음이 작동할 수 있지 않은가? 몸이 바르게 서야 마음도 바르게 가질 수가 있다. 몸이 서야 마음이 서고, 그 마음이 몸 전체를 리드하게 된다. 그러기에 몸과 마음이 둘 다 먼저요, 둘 다 서로에게 핵심적으로 중요한 것이다.

현대로 넘어오면서 마음을 연구하는 심리학은 철학적 형이상학적 영역에서 벗어나 몸을 연구하게 되었다. 몸과 마음이 밀접하게 연결되어 있음을 알게 되었다. 물리학이 고도로 진보하게 되면서부터 뇌과학도 더불어 발전하여 이제는 너무나 많은 정신세계들이 뇌의 작용 즉 몸의 작용과 밀접하게 연결되어 있음을 알게 되었다.

최근 몇십 년 사이에 우리는 뇌에 대해 과거에 모르던 엄청난 사실들을 알게 되었다. 그러나 현재까지 뇌과학은 많이 발전하였으나 '마음'이라는 것이 무엇인지, 마음이 정말로 정확하게 어디에 있는지에 대해서는 쉽게 정리하지 못한다. 물론 연구는 있다. 뇌신경학자인 모하메드 코바이씨Mohamed Kobeissi가 두뇌 전극자극실험을 통해서 '전장前障, claustrum'이라는 피각putamen과 뇌섬엽insular cortex 사이의 작은 영역을 일컬어 의식을 관장하는 곳이라는 의견을 내놓기는 했지만, 모두에게 다 동의와 인정을 받는 상황은 아니라고 한다.

그러나 분명한 것이 있다. 마음은 우리의 몸 안에 있다는 것이다. 마음은 우리의 몸과 함께 존재한다는 것이다. 그러므로 우리가 우리의 몸을 잘 관리하고 다스릴 때, 우리의 마음도 함께 강해지며, 무엇이든 할 수 있고 무엇이든 부딪힐 수 있는 통합적이고 전인적全人的인

나를 갖출 수가 있는 것이다.

"The body fuels the mind."

몸이 정신에 연료를 공급한다는 말이다. 고급번역을 하자면, 몸이
정신을 북돋게 한다고 해야 할까? 영화 〈흐르는 강물처럼A River Runs
Through It, 1992〉에 나오는 명대사이다.

나이가 들면 자연스럽게 몸에 대한 생각, 건강에 대한 관심이 들
기 시작한다. 그렇지만 나는 젊은 학생이나 어린이를 볼 때도 항상
자기 몸에 대한 관심을 가지라고 말한다. 왜냐하면 자기의 몸을 사
랑하는 이야말로 자기 자신 전체를 진심으로 사랑할 수 있기 때문이
다. 일찍부터 자기의 몸에 대한 관심을 가지고 관리하며 사는 삶은
자신의 생 자체를 훨씬 더 가치 있게 만들 수 있다.

사실 몸을 사랑하는 것과 몸짱이나 외모에 관심갖는 것과는 좀
거리가 있다는 생각이 든다. 몸짱이나 좋은 외모도 자기의 몸을 사
랑하는 좋은 출발점이 될 수는 있다. 그러나 진심으로 내 몸을 사랑
하는 것은 남에게 잘 보이기 위해 하는 것은 아니다. 진심으로 내 몸
을 사랑하는 이유는 자기 자신, 자아, 바로 나 자신을 사랑함에 있기
때문이다.

한때 독일 외무부장관이었던 요슈카 피셔Joschka Fischer, 1948-는 자
신에게 어려운 일이 생길 때마다 일단 달리기를 하면서 자기 자신의
마음을 잡았다고 말한다. 위기의 때마다 우리는 쓰러지려 하고, 낙
담하여 포기하려 하는 엄청난 힘에 휘청거리게 된다. 피셔는 그때마

다 자리를 박차고 나와 달리기를 하였다. 달리기를 하게 되면 마음이 변하게 됨을 느낀다. 달리기를 하게 되면 나 자신이 살아있는 존재임을 느끼게 된다. '내가 내 몸을 사랑하는 한 나는 결코 무너지지 않을 것이다'라는 확신을 갖게 된다. 달리기를 하고 돌아와 마무리 동작으로 몸을 풀고 샤워를 하고 몸을 말리는 자신을 거울에서 보게 될 때, 달리기 전과 달린 후 내가 달라져 있음을 느낄 수가 있다.

피셔는 자신의 저서 『나는 달린다Mein langer Lauf zu mir selbst, 1999』에서 어려울 때마다 달리기를 시작했던 자신의 삶을 소개한다. 그는 자신에게 어려운 일이 생길 때, 자신이 넘어지게 될 때, 어김없이 달리기를 시작했다고 한다. 중요한 것은, 피셔 장관은 달릴 때마다 구체적으로 계획하고, 중간과정을 항상 정확하게 점검했다는 데 있다. 얼마를 뛰고, 어떻게 계획하고, 또한 뛰면서 자신의 몸이 어떻게 변화되는지를 항상 체크했다는 것이다. 내 몸을 체크할 때, 그리고 내 몸이 내가 계획했던 내 몸으로 되어 감을 확인할 때 나 자신에 대한 자존감이 생겨난다.

그런데 이후 피셔 전 장관은 다시 몸이 부풀어 올랐다고 한다. 그가 다시 몸이 불어난 이후 어떻게 사는지는 나도 듣지 못했다. 책을 쓸 때의 그 마음은 어디로 갔을까? 역시 자기의 몸을 기대하고 다스리는 일은 쉽지만은 않은 일인가 보다. 언젠가는 그분이 자신의 책을 쓰던 마음으로 다시 돌아갈 것을 기대해 본다.

우리가 무언가를 기대할 때, 모든 기대에는 내 몸에 대한 기대가 포함되어야 한다. 무엇 무엇을 기대하여 계획하고 실행할 때, 항상 그때 내 몸은 어떠한 상태에 있어야 하는가를 생각하는 것이 좋다. 나의 기대를 향해 나아감에 있어 나는 '내 몸을 어떻게 유지하고 관리해야 하는가?'를 함께 생각해야 한다.

내 몸에 대한 기대는 사실 나의 정신을 강화시켜 준다. 내 몸을 보살피다 보면 나의 정신도 건강하게 되는 것이다. 어떠한 기대를 하고 그 기대를 실천해 가면서 나의 몸을 더 건강하게, 건전하게 지키게 되면, 그 기대하는 바에 도달할 수 있는 동력도 더 강해진다.

어떤 기대를 하고 그 기대를 실행에 옮기는 과정에서 때로는 아주 큰 노력을 힘들게 해야 하는 일이 생긴다 해도, 그 노력으로 인해 내 몸이 상하는 일은 절대로 없어야 한다. 어쩌다 며칠 정도는 내 몸이 무리할 수 있겠으나, 내 몸의 리듬이 근본적으로 상하게 되는 지속적인 무리는 결코 하지 않아야 한다. 그 어떤 기대라 해도 항상 내 몸과 함께 갈 수 있고 조화를 이룰 수 있도록 계획하고 실행해야 한다.

그리고 다른 일과 상관없이 항상 내 몸을 기대해 보라. 그리고 내 몸이 나의 노력에 따라 바뀌어가는 모습을 체크해 보라. 그 변화가 나의 마음을 더 강하게 만들어준다. 내 몸의 변화는 비록 내가 돈이 없고 권력이 없다 해도 나를 편안하게 만들어주고, 나 자신을 자랑스러운 존재라고 생각하게 해줄 것이다. 내 몸에 대한 기대는 내가 가지는 다른 모든 기대들이 잘 실천될 수 있는 힘과 밑거름이 되어줄 것이다.

인간은 관계의 존재이다. 관계에는 두 가지 종류가 있다. 하나는 나 자신과의 관계, 다른 하나는 나와 다른 사람과의 관계이다. 나 자신과의 관계가 잘 정립되는 사람이 다른 사람과의 관계도 잘할 수 있지 않을까? 나 자신과의 관계의 첫걸음이 바로 내 몸과의 대화이다. 내가 내 몸을 돌보고, 내 몸을 위해 나의 삶을 잘 조절할 때마다 내 몸은 나에게 긍정적인 반응을 해준다. 내 몸이 나에게 보내주는 반응을 느끼게 될 때마다 나는 나 자신을 신뢰하게 되고, 자신감을 느끼게 될 것이다.

정력에 좋다는 음식, 보양에 좋다는 음식을 즐겨 찾는 것으로는 내 몸과 대화를 이끌어내지 못한다. 내가 먹고 마시는 나의 삶을 조절하고, 나의 시간을 조절해서 짬을 내어 운동하고, 그리고 내 몸을 단련하는 것이 진정 내 몸과 대화를 나눌 수 있는 길이 되는 것이다.

스님들은 수행하는 것을 '공부'라고 말한다. 진정한 공부란 수행하고, 참선하고, 경을 배우면서도 자신의 몸을 단련하는 것을 함께 일컫는 것이다. 스님들이 무술을 하는 소림사는 참으로 시사하는 바가 크다. 소림사는 단순한 무술영화의 주제가 아닌 것이다. 소림사의 소림무술은 육체와 정신이 함께 건강한 것이 진정한 공부임을 가르친다. 또한 공부工夫, 혹은 功扶를 중국어로 발음하면 '꽁푸gong-fu' 혹은 '쿵푸kung-fu'가 된다고 한다. 무술도 공부라는 말이다. 이렇듯 진정한 공부란 몸과 마음이 함께 성장해가는 것을 말한다.

사서삼경 중에 보통 제일 먼저 공부하게 되는 『대학大學』은 아주 짧지만 '수신, 제가, 치국, 평천하修身, 齊家, 治國, 平天下'라는 이상적 존재의 황금률黃金律, golden rule을 우리에게 가르쳐 준다. 우리가 배웠듯이 자기 자신의 몸을 다듬고, 가정을 잘 이끌고, 나라를 잘 다스림으로써 천하에 평화를 도모한다는 이야기이다. 물론 이 덕목들이 꼭 순서에 맞게 진행되어야 한다는 것은 아니다. 그러나 중요한 것은 이 모든 덕목들의 기본이 바로 수신修身, 修身에서부터 시작한다는 것이다. 바로 자기 자신의 몸을 닦는 일이 모든 좋은 일의 기본이라는 것이다.

동양사상은 몸과 정신을 이분법적으로 나누지 않는다. 여기서 몸을 닦는다 함은 자신의 몸과 정신을 함께 닦는 것이다. 주희朱熹, 1130-1200는 이 『대학』을 주석한 『대학장구大學章句』에서 수신을 설명하면서

"몸을 닦음이란 그 마음을 바르게 함에 있는 것이다. 修身在正其心"

라고 설명한다. 즉 몸을 잘 다듬는다는 것은 자신의 몸을 건강하고 건전하게 다듬는 것이요, 마음을 잘 다듬는 것이며, 자기 자신을 소중하게 다듬는 것이며, 결국 자신의 존재와 자신의 삶을 잘 다듬는 것을 말하는 것이다. 진정 참된 삶은 참된 몸에서 시작된다는 것을 느낄 수 있다.

기대하며 실행하고 성취하는 우리 삶의 여정을 산다면, 내 몸에 대한 작은 기대 몇 가지도 우리의 여정에 동참시켜 주는 것이 어떨까? 하루의 일정 중에 푸시 업 몇 개, 윗몸일으키기 몇 개, 혹은 계단 오르기나 산책하기 등을 포함시켜 보자. 내 몸과의 대화가 시작될 것이다. 내가 먹는 음식을 조금만 교정해도 내 몸은 반드시 나에게 반응을 보여 줄 것이다. 내 몸에 대한 기대와 성취는 내가 다른 것들을 기대하고 성취하는 데 큰 도움과 힘이 될 것이다. 무엇보다 내 몸에 대한 작은 기대와 성취가 나의 마음을 더욱 강하고 자신감 넘치는 자아가 되게 해 줄 것이다.

12

기대와 적절한 스트레스,
I am still hungry

한국인이라면 2002년 FIFA 한일 월드컵을 결코 잊을 수가 없을 것이다. 2002년 이전까지 한국은 월드컵에 여러 번 연속으로 진출했지만, 단 한번도 16강 진출을 못 했고, 게다가 월드컵 경기에서 단 한 경기도 승리를 해 보지 못했다. 그러나 2002년은 달랐다. 2002년 한국은 최고의 선수들을 가지고 있었고, 최고의 외국인 명감독 히딩크Guus Hiddink, 1946-가 있었다. 수십 년 동안 단 한 번도 못 해보았던 전 국민이 바라던 월드컵 첫 승을 첫 게임 때부터 따냈을 뿐 아니라, 조별리그 2승 1무 조 1위로 16강에 진출했다. 그때 나를 비롯해 대한민국은 역사상 온 국민이 기쁨과 환호로 가장 들떴던 시간 속에 있었다. 대형 TV가 있는 가게는 함께 축구를 보는 사람들로 가득 찼다. 동네 호프집은 축제의 작은 아고라agora 모임, 광장가 되었다.

한국이 그토록 그리던 첫 승을 따냈기에 히딩크 감독은 그것만으로도 한국축구의 역사에 훌륭한 감독으로 당연히 기록될 수 있었다. 그런데 그 첫 승뿐 아니라 다시 1승을 보태어 16강 진출이라는 놀라운 결과를 이루어낸 것이다. 한국은 히딩크 감독에 더욱 열광했고, 16강 진출만으로도 이미 히딩크는 한국축구 역사상 최고의 감독이 되었다. 16강 상대는 당시 세계 최강이었던 이탈리아였으니, 이탈리아를 이기긴 현실적으로 어렵고 최선을 다해 경기하면 된다. 이제는 져도 원한이 없다. 다들 너무 수고했고 자랑스럽다. 뭐 이런 분위기였다.

그런데 히딩크는 당시 세계 최강이었던 이탈리아와의 16강전을 준비하면서 'I am still hungry나는 여전히 승리에 배가 고프다'라고 말한다. 이 말로 히딩크는 16강 진출을 기뻐하던 선수단과 온 국민을 다시 승리를 향한 긴장으로 빠져들게 했다. 이후 한국은 기적적으로 16강뿐 아니라 8강에서도 승리를 거두는 기염氣焰을 토했고 2002년은 한국축구의 영원한 기념비적 해가 되었다.

보통 중학생들에게 영어의 still여전히이라는 부사를 가르칠 때, 가장 많이 쓰던 예문은 독일의 5인조 헤비메탈 그룹 스콜피온즈Scorpions의 〈Still loving you여전히 너를 사랑해〉라는 노래 제목이었다. 그러나 이제는 히딩크 감독이 한국에 남긴 'I am still hungry나는 여전히 무엇무엇에 배가 고프다'라는 문장이 더 많이 애용되고 있다.

사람은 무언가에 대한 배고픔을 가지게 되면, 그것을 이루기 위해 어느 정도 긴장strain하게 되고, 이 긴장은 사실 스트레스stress가 된다.

스트레스는 다 나쁜 것이 아니다. 스트레스로 인해 오히려 우리에게 유익한 결과를 불러주는 유스트레스eustress가 있고, 스트레스로 인해 우리의 몸과 마음이 파괴되는 디스트레스distress가 있다. 유스트레스는 부담은 되지만 사람으로 하여금 그것으로 인해 적절하게 긴장하게 하고, 도전의식을 갖게 해주고, 책임의식을 갖게 해준다. 나에게 뱃살이 좀 있다 할 때, '어이구 운동 좀 해야겠네! 더 이상 이러면 안 돼! 내일부터 좀 뛰자….' 하면 유스트레스이고, '아이구 이제 나 어쩌지? 가뜩이나 인물도 처지는데 뱃살까지 나오네. 이제 나에게 건강까지 뒷받침이 안 되는구나!' 라고 생각하면 디스트레스가 되는 것이다. 유스트레스는 적절한 긴장으로 우리를 항상 깨어있으며 노력하게 만들어주는 것이요, 디스트레스는 과다한 긴장으로 나의 마음과 몸을 파괴하는 아주 무서운 병인 것이다.

무언가에 배고파하면 그것은 유스트레스가 되어 나를 적절하게 긴장시켜 주고, 나를 깨어있게 하고, 나를 노력하게 만든다.

나는 두 가지로 유익한 스트레스를 삼는다. 하나는 내 책상 한편에 새로 사놓은 신간新刊 서적들을 쌓아놓는 일이다. 너무 많이 쌓아놓으면 부담이 되고 디스트레스로 변하게 되니 적절하게 10-20권 정도 쌓아놓는다. 가까이에 있기에 그걸 읽어야 한다는 선의의 압박을 받는다. 다른 하나는 일일 일과점검표이다. 이 책의 뒷부분 〈부록〉에서 말하게 될 '기대에 대한 체크리스트'와 같은 것이다. 새로운 달이 시작될 때 그달에 하루 하루 해야 할 항목을 만든다. 그리고 달력처럼 매일매일 그것을 했을 때 체크하는 것이다. 예를 들자면 푸시 업 100회도 있고, 일기쓰기, 5분 동안 발차기훈련 및 태권도형 해보기, 자전거 타기, 외국신문 기사 한 편 읽기 등등이 있다. 내가 실천한 항목을 그날그날 체크한다. 하루에 모든 항목을 한 번씩 다

할 필요는 없다. 할 수 있는 것을 하고 편안한 마음으로 체크하는 것이다. 그러나 그날그날 내가 실천했던 항목을 체크하면, 무얼 하지 않았는지, 어떤 항목의 체크가 부실한지 보인다. 그 체크표를 보면 체크가 부실한 항목이 보이고, 그것들을 해야 한다는 약간의 부담감과 의무가 생긴다. 이것이 일종의 유스트레스인 것이다.

무언가에 여전히 배가 고픈 자는 그것을 위해 계속 노력해야 하고, 실천해야 한다. 과연 그 무엇에 대해서 배가 고픈가? 그것은 내가 정하는 것이다. 대단히 크고 위대한 것을 위해서 배가 고플 수도 있고, 일상의 작은 일을 위해서 배가 고플 수도 있다. 바로 이러한 배고픔을 나는 이 책에서 '기대'라고 말한다. 기대하는 이는 무언가에 배고픈 자이다. 그 기대가 적절한 스트레스가 되어 나의 몸과 나의 마음을 자극해준다. 나의 몸이 사용되고, 나의 머리가 사용되고, 나의 전체가 그 기대를 위해 움직이고 반응하고 또 생각하게 된다.

이코노미클래스 증후군economy class syndrome이라는 것이 있다. 비행기의 이코노미클래스 좌석은 좀 좁다는 느낌이 든다. 나 같은 작은 체격의 사람에게는 큰 문제가 없는데, 체격이 큰 신세대나 서양인에게는 좀 불편할 것 같다. 그래서 이코노미클래스 증후군이라는 말이 생긴 것 같다. 이 좌석에 오래 앉아 있게 되면 다리가 붓거나 혈류가 불량해진다. 이 증상으로 승객이 갑자기 사망한 사례도 있다. 이러한 증상으로부터 해방되려면 자주 움직여 주고, 충분한 수분을 공급해 주어야 한다. 꼭 이코노미클래스가 아니라도 마찬가지다. 더 좋은 좌석이라 하더라도 긴 시간 앉아 있어야 할 때는 주기적으로 일어나 몸을 움직여야 한다.

오래전 나도 브라질의 상파울로에서 일본의 동경까지 24시간이 넘는 비행시간 동안 좌우로 꽉 찬 좌석에 앉아 있어야 했다. 나보다 안쪽 좌석에 브라질 축구선수가 있었다. 일본 프로팀 2부 리그에 소속되어 있다고 했다. 그 친구가 가끔 몸을 움직이고 화장실을 가기 위해 "Excuse me!" 하며 일어설 때, 나도 웃으며 덩달아 함께 일어났다. 그리고 그 친구와 함께 화장실도 가고 복도를 천천히 걷기도 했던 기억이 난다. 덕분에 긴 시간의 여정을 잘 버틸 수 있었다.

우리는 자기도 모르게 긴 시간 동안 움직이지 않고 지내는 경우가 많다. 비록 장거리 비행기여행을 하는 것은 아니라 하더라도, 나도 모르게 긴 시간을 움직이지 않고 지내는 일이 많다. 사무업무나 시험공부에 집중하다 그럴 수도 있고, 장거리 트럭운전을 하다 보면 10시간이 넘게 운전대만 잡고 전방만 주시하게 되는 경우도 있고, 컴퓨터게임에 열중하느라 며칠을 그 자리에서 움직이지 않고 보낼 수도 있는 것이다. 현명한 사람은 그렇게 집중하면서도 순간순간 몸을 움직인다. 잠시라도 목을 돌리고, 사방을 살펴본다. 잠깐 일어나서 허리를 돌리고, 화장실을 다녀오고 손도 씻는다.

우리의 정신과 삶도 이코노미클래스 증후군에 시달릴 때가 있다. 정지되어 있고, 무언가 활동하지 않는 상태에 있는 경우가 있는 것이다. 큰일을 겪고, 좌절을 겪게 되면 그 어느 일을 할 의욕이나 동기를 상실하기도 한다. 우리의 정신세계에도 수많은 고속도로 노선과 철도, 그리고 다양한 항로와 해로들이 깔려 있는데, 이것들이 너무 무리하지 않는 한도 내에서 항상 분주하게 소통하고 제 기능을 할 때 우리의 정신과 삶도 건강한 것이다.

이러한 소통을 위해서 우리에게는 적절한 자극이 필요하다. 적절한 스트레스, 즉 유스트레스가 필요한 것이다. 거창하고, 위대한 그 어떤 것을 기대하지 않는다 해도, 항상 내 상황에 맞는 적절한 목표와 기대치를 세우고 그것을 꼭 해야 한다고 다짐하면, 약간의 스트레스가 생기게 되고, 그것을 해결하기 위해 나는 움직이고, 노력하고, 그것을 성취하고 실천하기 위한 부담을 갖게 된다.

우리 몸은 정기적으로 허기를 느끼게 되어 있고, 허기를 채웠더라도 시간이 지나면 또 허기를 느낀다. 정기적으로 허기를 느끼기에 그 허기를 해결해야 하고, 늘 입력과 출력이 진행되는, 다시 말하자면 신진대사가 이루어지는 것이다. 적절한 신진대사는 우리 몸을 건강하게 만들어준다. 마찬가지로 일상의 삶에서도 무언가 기대를 하고 성취하고, 다시 무언가를 갈망하여 기대하고 또 그 기대를 이루기 위해 노력하고 성취하는 삶은, 적절한 스트레스가 되어 우리의 삶과 우리의 정신의 신진대사를 원활하게 만들어준다.

Here and now. 자, 지금 당장 나를 긍정적으로 배고프게 만드는 것이 무엇인가? 그것부터 기대해보자. 그것을 위해서 행동해보자. 바로 그것이 나를 살아있는 존재요, 행동하는 존재가 되게 해줄 것이다.

13

기대, 활동하는 기다림

기대는 결코 단순한 기다림이 아니다. 혹 이 책을 여기까지 읽으면서도 기대한다expect는 것의 의미를 아직도 기다림waiting이라고 생각하면서 읽는 분들이 있을지도 모르겠다. 나는 앞에서 기대를 정의하면서 기대는 단순한 기다림과 다르다고 말했다.

기다림은 지금 내가 기다리는 대상에게 그 주도권이 있다. 쉽게 말하자면 내가 승강장에서 버스를 기다리고 있을 때, 버스가 주체이고 버스가 주도권을 가지고 있다. 사정이 생겨서 버스가 제 시간에 못 올 수도 있고, 그때 내가 할 수 있는 일이 없다. 나는 버스가 오는 시간에 맞춰서 그 버스를 수동적으로 기다리고 있는 것이다.

낚시는 다르다. 낚시는 내가 계획한다. 내가 준비하고 내가 행한다. 어떤 고기가 잡힐지 그날 낚시를 기대하는 것이다. 내가 고기가 올 만한 목을 잡고, 고기가 걸릴 수 있는 여건이나 장치를 준비한다. 고기가 잡히지 않으면 자리를 바꾸어 본다든지, 미끼를 다시 단다든지 하는 조치를 내가 취한다. 혹 운이 나빠 그날 고기를 한 마리도 잡지 못했다 하더라도 그는 그날 '오늘 나는 낚시를 했다'라고 일기장에 쓸 수 있게 되는 것이다.

기대를 기다림이라는 단어를 활용하여 바꿔 쓰기를 한다면 '활동하는 기다림'이 아닐까 생각한다. 기다림의 주체가 나 자신이 될 때 그 기다림은 기대함으로 바뀔 수 있는 것이다.

우리의 일상은 수많은 기다림으로 구성되어 있다. 물론 친구와 약속시간을 정해서 친구를 기다리는 것은 기다리고 있지만 나 자신이 주체가 되는 일이다. 그러나 대부분의 기다림은 내가 주체가 되지 못한다. 레스토랑에서 일하는 웨이터waiter나 웨이트레스waitress를 생각하면 될 것이다. 웨이터는 손님의 호출을 기다리는 존재가 아닌가? 웨이터에게는 직업 특성상 수동적으로 손님을 기다리는 것이 자신이 해야 할 일인 것이다.

그런데 실력이 있는 웨이터는 무언가 다르다. 단순하게 손님의 호출만 기다리는 것이 아니다. 수시로 손님이 부담스럽지 않은 상황에 다가가 손님을 편하게 만들어주고, 손님이 '그날 내가 그곳에서 중요한 존재로 대우받았다'는 느낌을 갖게 해준다. 비록 오늘 처음 만난 얼굴이지만, 식당에 머무르는 짧은 시간 동안 손님으로 하여금 웨이터 자신과 그 식당을 신뢰하게 만들고 좋아하게 만든다. 정말로 웨이터야말로 마냥 고객의 음성을 기다리기만 하는 수동적인 존재가 아니라, 자기의 일을 창조적으로 이끌어가는 가장 능동적인 직업인 것이다. 이 직업은 아주 좋은 직업이고, 의미 있는 직업이고, 실력이 있어야 할 수 있는 직업이라고 생각된다. 웨이터라는 직업 자체가 활동하는 기다림의 상징이 되지 않을까 생각된다.

내가 이 책에서 말하는 기대함은 구체적인 제목을 정해놓고 체계적으로 준비하고 직접 실천하여 그 기대하는 바를 성취하는 것을 말한다. 그 기대하는 것이 성취되기를 기다리지만, 그 기다림은 활동하는 기다림이다. 구체적인 기대를 정하기에 그 기대하는 바가 큰 것도 있고, 작고 사소한 것도 있다. 큰 기대함이나 작은 기대함이나 모두가 다 중요하다. 어떤 기대함이건 그 기대함을 해내고 이루어냈을 때 우리 인생의 성취항목이 기록되는 노트는 점점 두꺼워져 간다.

또한 우리가 무언가를 기다리면서도 그 기다림이 수동적인 자세가 아니라 능동적인 자세가 된다면, 나는 그런 기다림도 기대하는 삶이라고 말한다. 나무 앞에서 마냥 토끼가 달려와 부딪혀 죽길 기다리는 송나라 사람의 태도가 아니라, 무언가를 기다리면서도 항상 자신을 다듬고, 노력하며 발전하는 그런 기다림 말이다.

우리들의 학창시절에 교과서에 나왔던 너새니얼 호손Nathanier Hawthorne, 1804-1854의 『큰 바위 얼굴Great Stone Face, 1850』이 생각난다.

한 마을이 있다. 계곡이 있고 아름다운 산이 있는 마을이다. 이 마을의 산에는 사람 형상과 비슷한 큰 바위 얼굴이 마을을 내려다보고 있다. 사람들은 이 계곡 마을 출신 중에서 저 큰 바위 얼굴과 똑같이 생긴 위대한 인물이 언젠가 나타날 것이라는 전설을 가지고 있다.

주인공은 어니스트라는 한 소년이다. 이 소년은 어려서부터 이런 전설을 들었고, 언젠가 저 큰 바위 얼굴과 닮은 위대한 사람을 보게 될 것이라는 희망 속에서 성장한다. 여러 후보들이 나타나지만 그들은 진정 큰 바위 얼굴이 아니었다. 그런 가운데 소년은 늘 큰 바위 얼굴을 바라보며 큰 바위 얼굴에서 힘을 얻고, 큰 바위 얼굴을 바라보면서 자신을 다듬으며 성장한다.

이 소년의 성장은 단순한 성장이 아니다. 보이지는 않지만 무언가가 계속 진행되는 과정을 거치는 성장이다. 큰 바위 얼굴을 바라보며 누군가를 기다린다. 자연의 커다란 가르침을 몸소 체험하며 순리적으로 살아야 함을 깨달으며 그러면서 큰 바위 얼굴을 기다리는 것이다. 그러나 그 기다림은 송나라 사람이 그루터기 앞에서 턱을 괴고 토끼를 기다리는 모습이 아니라, 내면적으로 꾸준히 노력하고 다듬고 발전하는 삶이 동반되는 그런 활동하는 기다림인 것이다. 세월이 지난다. 어느 날 누군가가 외친다. "바로 저 사람어니스트이 큰 바위 얼굴을 닮은 사람이네요!" 활동하는 기다림이 소년을 위대한 사람으로 변화시킨 것이다. 그러나 정작 어니스트는 여전히 위대한 인물을 기다리며 그가 걸어왔던 삶의 일정에 박차를 가한다. 큰 바위 얼굴의 어니스트는 그의 기다림 자체가 활동하는 기다림이었던 것이다.

자기 자신이 위대하거나 유명해지지 않고, 자기의 영향을 받은 제자가 이 세상에서 훌륭한 일들을 감당하게 되는 그런 스승을 나는 존경한다. 나도 그렇게 되고 싶은 사람 중에 하나이다. 나는 결코 꿈도 못 꾸지만 사실 공자孔子도 그런 사람이었다. 자신의 영향을 받았던 이들이 사회 각 분야에서 좋은 활동을 하게 됨으로 공자라는 존재가 알려진 것이다.

독일의 크리스토프 불름하르트Christoph Blumhardt, 1842-1919라는 신학자가 바로 그런 사람이다. 그는 생전에 그리 유명한 사람이 아니었다. 그러나 그의 제자 중에 칼 바르트Karl Barth, 1886-1968라는 20세기에 가장 유명한 신학자가 있었다. 불름하르트는 『Action in Waiting기다림 가운데의 행동』이라는 그의 책으로 자신의 존재와 사상을 남겼다. 이 책은 보통 기독교인들이 기다림이라는 말을 많이 하지만, 대부분 말에만 그치고 실제적인 삶에 대한 태도가 소극적인 점을 지적한다. 그는 예수님이 다시 오신다는 말이나 하나님의 나라가 이 땅에 임하기를 기다린다고 말만 하는 모습은 아무 의미가 없다는 것을 강조한다. 그런 말만 하지 말고 활동하며, 현재적인 신앙의 삶에 충실해야 하며, 현재에 최선을 다하면서 기다리라는 것이다. 결국 자신의 삶의 페이스pace 속에서 자신이 가고자 하는 길way에 충실한 자세의 기다림이야말로 진정한 기다림이라는 것을 그는 강조했던 것이고, 그런 강한 가르침에서 칼 바르트 같은 훌륭한 제자가 나온 것이다.

기대하는 삶은 바로 활동하는 기다림을 말한다.

"바쁘게 살거나, 아니면 죽는 데 바쁘거나"
Get busy living, or get busy dying

영화 〈쇼생크 탈출1994〉의 명대사이다. 종신형을 사는 죄수에게는 무언가 기대할 수 있는 것이 없다. 그들의 미래는 정해져 있기 때문이다. 영화는 말한다. 그럼에도 불구하고 무언가를 기대하는 자는 다르다. 무언가를 기대하는 자의 미래는 그렇지 않은 자와 분명히 다르다. 기대하는 자는 활동한다. 단순히 기다리는 것 같아도, 그 기다림 속에서 활동하는 사람이 바로 기대하는 사람인 것이다. 나이가 들어 늙어버린 이에게 미래는 어떠한가? 평생을 감옥에서 보내다

늙은이 되어 감옥을 나서는 주인공 레드는 비록 늙었지만 친구를 만나러 먼 길을 떠날 것을 결심한다. 그때 그가 내뱉는 대사가 바로 이 말이었다. 평생을 감옥에서 수동적으로 무의미한 시간만 보내왔지만, 앞으로는, 비록 내가 늙은이라 하더라도, 사는 동안 나만의 삶을 기대하고 꾸려나가며 행동하는 현재적인 삶을 살겠다는 주인공의 마음이 이 짧은 대사에 표현되고 있다.

활동하는 기다림은 정지된 듯 하지만 언제든지 반응할 수 있는 존재이다. 다시 낚시 이야기로 돌아가 보자. 내가 주도적으로 계획하고 준비하여 진행하고 있는 일이다. 멀리서 보면 낚시꾼이 가만히 앉아 있는 듯 보인다. 그러나 그의 몸과 정신은 언제든지 고기가 미끼를 무는 순간에 반응할 준비가 되어 있지 않은가? 바로 그것이 활동하는 기다림의 모습이요, 바로 그것이 기대하는 이의 모습인 것이다.

베테랑 낚시꾼은 활동하며 기다렸기에 고기가 미끼를 무는 그 미세한 순간을 결코 놓치지 않는다. 밤새 기다렸어도 한순간에 다가오는 그 고기를 결코 놓치지 않는 것이다. 왜 그럴까? 활동하며 기다려왔기에 온몸의 신경과, 자극반응S-R 체계와, 근육과 힘줄이 늘 준비상태에 있었기에 가능한 것이 아닐까? 헤밍웨이의 『노인과 바다 The Old Man and the Sea』에서 주인공 산티아고는 84일 동안 한 마리의 고기도 잡지 못했지만, 85일 만에 그의 미끼를 문 거대한 청새치를 결코 놓치지 않는다. 바로 이것이 활동하며 기다리는 이의 모습이 아닐까? 물론 한 번 그것을 잡은 것으로 인생의 이야기가 다 끝나는 것은 아니며, 우리는 우리의 삶이 다하는 날까지 늘 활동하며 기다리고 낚아챌 수 있는 삶을 살아야 할 것이다.

14

기대하는 모습,
진행형적 존재

영어에는 진행형progressive이라는 시제가 따로 있다. 그러나 우리 말은 '…하는 중이다'라는 표현만 붙이면 아주 간단하게 진행형이 된다. 우리말이 훨씬 더 편하다.

나는 진행형적인 존재라는 표현을 자주 사용한다. 나는 '진행형'이라는 말을 생각할 때마다 물고기의 지느러미를 생각한다. 육상동물은 팔다리나 날개로 움직인다. 그러나 물고기의 몸에는 지느러미가 있다.

가끔 어항 속의 물고기를 유심히 본다. 어항 속의 물고기를 가만히 보면 물고기의 지느러미가 어떻게 움직이고 어떻게 작동하는지를 알 수 있다. 가장 큰 힘은 역시 꼬리지느러미이다. 빨리 달릴 때 꼬리지느러미로 강력한 추진력을 만들어낸다. 등지느러미를 통해 물살을 가르고, 가슴 옆에 난 두 개의 가슴지느러미는 좌우 균형을 잡아준다. 웃긴 건 배에 붙은 배지느러미가 사람의 손처럼 돌을 밀어내거나 알을 한쪽으로 모아놓는 등 어떤 일?을 한다는 것이다.

물속에서는 끊임없이 활동해야 한다. 물이라는 거대한 존재 속에 있기 위해서는 압력을 견뎌내야 하고, 물살에 버틸 수 있어야 하기 때문이다. 아무리 물고기가 정지해 있는 듯해도 물고기의 지느러미를 자세히 보면 조금씩 움직이고 있다. 나는 물고기의 지느러미를 볼 때마다 진행형이라는 단어를 생각한다.

사실 살아있는 모든 존재는 지금 현재 활동하고 무언가를 진행하고 있는 것이다. 간혹 우리의 눈에는 정지해 있는 듯, 죽은 듯 보이지만 활동하고 있다. 그것이 지금 존재하고 있다면 말이다. 가만히 있는 것 같으나 우리 몸속의 각 기관은 활발히 일을 하고 있다. 바로 그것이 살아있다는 증거가 되는 것이다.

장예모 감독의 작품으로 무협영화이면서도 서정적인 감동을 불러일으켰던 이연걸 주연의 〈영웅2002〉은 견자단이라는 또 다른 무술스타를 세계에 알리게 된다. 극 중 무명이연걸 분과 장천견자단 분의 대결장면은 역동적이면서도 부드럽게, 그리고 아주 철학적이며 심미적으로 표현된다. 무명은 칼의 고수이고, 장천은 창의 고수이다. 둘의 칼과 창은 쇠로 된 것이나 때로는 고무처럼 탄력적이다. 긴 시간 대결을 벌이다가 둘은 잠시 서로를 노려보기만 한 채로 한 노인의 칠현금七絃琴 연주를 듣는다. 주룩주룩 내리는 장대비는 두 사람의 몸과, 두 사람의 칼과 창과, 그리고 두 사람의 대결이 벌어지는 그 장소를 말없이 적시고 있다. 그때 대사가 흐른다.

"비록 둘이 정지해 있던 듯하나 마음속에서는 서로의 수를 계획하고 결투하고 있었다."

정지해 있는 듯하나 실제로는 엄청난 무언가가 진행되고 있는 존재. 무협영화에서는 비록 과장되게 표현했지만, 나는 이런 존재를 좋아한다.

겨울잠을 자는 동물을 생각해보자. 굴이나 나무 속에 들어가 몸을 웅크리고 겨울잠을 자는 곰이나 다람쥐의 모습은 참으로 경이로운 자연을 느끼게 해준다. 물가에서 그대로 얼어붙은 채 얼음처럼 존재하다가, 봄이 되자 얼어있는 그 모습에서 서서히 녹아 다시 움직이는 개구리의 영상을 본 기억이 있다. 얼어있을 때는 체온도 내려가고 심장박동이나 호흡도 거의 없는 듯하다. 그런데 살아 있기에, 죽어서 얼음덩어리가 된 듯하나, 얼음 덩어리 안에서도 개구리의 그 무언가는 아주 미세하게 진행되고 있는 것이다. 그 미세한 진행이 그 생명체를 살아있게 하며, 혹독한 겨울을 견딜 수 있게 해주는 것이다.

나는 이렇게 말하고 싶다.

1. 존재란 진행이다.
2. 진행이란 무언가의 존재를 말한다.
3. 그리고 진정한 존재란 눈에 보이든 안 보이든 무언가 활발한 진행을 이루고 있는 어떤 모습을 말하는 것이다.

진행형이라는 말의 영어 표현은 프로그레시브progressive이다. 프로그레시브라는 말은 진행형이라는 뜻도 있고, 앞서간다는 뜻도 있고,

진보적이라는 뜻도 있다. 우리가 TV에서 쉽게 보는 소위 진보논객이나 보수논객, 진보당이나 보수당이라는 말들은 원래의 진정한 진보, 진정한 보수의 의미와는 거리가 멀다는 것을 결코 놓쳐서는 안 된다. 어쨌든 그런 신경 쓰이는 말을 제쳐놓자. 프로그레시브라는 단어만 생각해 보겠다.

프로그레시브라는 말을 진보적이라고 할 때는 나의 조상들과 선배들이 지금까지 해왔고, 터득하고, 배워왔던 것들을 내가 배우고, 여기에 더욱 새로운 나의 경험이나 배움, 그리고 나만의 생각을 추가하는 것을 말한다. 즉 진행형이라는 말 안에는 이미 이전까지 해왔던 경험이나 배움을 잘 소화하고, 새로운 것을 터득하고 덧붙이는 모습이라는 의미가 들어있는 것이다.

우리가 무언가를 기대할 때, 각자 기대하는 것의 내용들이 천차만별일 것이다. 그러나 중요한 것은 내가 이전부터 기대하고 성취해왔던 것들을 항상 되새기고, 거기에 더욱 새로운 나의 기대가 덧붙여지면, 그 기대가 우리로 하여금 항상 새로운 경험과 성취로 다시 나아가게 하며 진행형적인 존재가 되게 해준다는 것이다.

물이 부족한 나라에서 물을 관리하여 댐을 만들고, 보를 만드는 것은 참으로 중요한 일일 것이다. 그러나 물이 댐에 갇히면 그 물은 정체되면서 서서히 썩어간다. 물이 썩으면 물이 있는 주변 환경의 생태계도 영향을 받게 된다. 흐르지 못하는 물은 썩는다. 활동하지 않는 인간도 마찬가지이다. 물고기가 가만히 있는 듯해도 그 지느러미가 미세하게 움직이고 있는 것처럼, 존재하는 것은 움직이고 진행하는 중에 있어야 최소한 썩지 않는 존재가 되는 것이다. 그렇다. 썩지 않기 위해 흐르는 것이다. 존재하기에 무언가를 진행하는 것이다.

진행형적 존재를 말하다 보니 갑자기 또 한 가지 생각이 나의 뇌리를 스친다. 영어에서는 현재진행형이 미래를 뜻하기도 한다는 것이다. 다음 쉬운 문장 몇 개를 보자

I am going to Korea. 나 한국으로 갈 거야

I am buying a car. 나는 차를 살 거야

I am going to be a doctor. 나는 의사가 될 거야

위의 문장들의 형태는 모두 현재진행형이다. 그런데 그 의미는 현재 진행을 포함할 뿐 아니라 미래를 뜻하게 되는데, 그 미래는 단순한 미래가 아니라 구체적인 미래, 준비되어 있는 미래를 뜻한다는 것이다. 이것은 단순하게 '뭐뭐 했으면 좋겠어'가 아니라 '반드시 하게 되는 어떤 일'을 말하는 것이다. 이미 구체적으로 준비했고, 지금 진행 중이기 때문에 이 일은 곧바로 미래의 확실한 일이 되는 것이다.

여기서 "차를 살 거야" 라는 말은 그냥 차를 사고 싶다는 바람이 아니라 이미 차 살 돈까지 거의 다 모아가고 있음을 의미하는 것이다. '의사가 될 거야'라는 말은 단순한 꿈이 아니라 의사가 되기 위한 준비과정을 해내고 있음을 의미하는 것이다. 그러기에 현재진행은 반드시 미래와 연결된다. 그래서 현재진행형 자체로 미래를 표현하는 것이다. 즉 무언가를 진행하는 중이라면 미래에 반드시 그것으로 인한 어떤 결과가 나오는 것이다.

무언가를 지금 진행하고 있다면 그 일은 미래를 위한 것이며, 미

래에 확실한 결과가 나오는 일이며, 사실 현재 진행되는 것 그 자체가 미래 일이라는 것이다. 다시 표현하자면 진행형적인 존재는 그 존재 자체가 바로 미래적인 존재라는 것이다.

독자들에게 생생한 나의 간절한 마음을 전달하기 위해 좀 극단적인 표현을 사용해 보고자 한다. 소금에 절여놓은 고등어와 활어로 팔딱팔딱 뛰고 있는 고등어의 가치와 가격을 생각해 보라. 지진으로 인해 수많은 사람들이 죽었다는 뉴스가 며칠 동안 일상적으로 반복되다가 어느 날 갑자기 생존자 한 사람이 구출되면 모든 뉴스는 생존자에게 집중되며, 그 장면을 실시간으로 시청하는 온 세계 사람들은 감동의 눈물을 흘린다. 살아있는 존재와 죽은 존재의 막대한 차이이다.

사람은 생명이 있어서 존재한다고 말하지만, 사람은 무언가 기대하고 그 기대 속에서 진행되는 것이 있는 존재를 진정 살아있는 존재라 말한다. 살아있으나 기대하는 바가 없이 정지되어 있는 모습은 생물학적인 존재는 될지언정 진정한 존재는 되지 못한다. 동물은 목숨이 붙어있는 것을 살아있다고 말하지만, 사람은 생명만 있다고 살아있는 존재라고 생각하지 않는다. 사람은 미래를 내 앞에 놓고, 이 순간에 무언가를 기대하고 그 기대하는 바를 성취하기 위해서 지금 여기here and right now에서 활동하고 노력하는 그 모습으로 '나는 존재한다'라고 말할 수 있는 것이다.

그렇다고 지금 활발하게 무언가를 하는 존재만 진행형적인 존재라고 말하는 것은 아니다. 〈영웅〉에서 무명과 장천이 장대비 속에서 노인의 칠현금 연주 소리를 들으며 상대를 응시하는 그 모습은 더욱

더 예리하게 무언가가 진행되는 순간 아닌가? 영화 속 그들의 모습
이야말로 기대하는 진행형적 존재의 최고 경지의 모습을 보여준 것
이라 생각된다.

15

기대를 가진 존재,
되어가는 존재,
과정적인 존재

　전통적으로 서양의 철학은 변하는 것과 변하지 않는 것을 구분한다. 이것을 이원론二元論이라고 부른다. 변하는 것을 '되어가는 존재becoming'라고 부르고, 변하지 않는 존재를 '된 존재being'라고 부른다. 플라톤은 된 존재란 고정된 영구불변의 존재로서 참진리, 이데이의 세계, 절대자神, 이성의 세계, 추상적인 개념의 세계 등을 말하며, 이런 존재들은 이미 된 존재이기에 영원불변이라고 생각했다. 그러나 사람을 비롯한 눈에 보이는 온 세상 만물은 늘 변하고 노력해야 하는 되어가는 존재라고 생각했다.

　그런데 동양사상은 일원론적이다. 변하는 것과 변하지 않는 것을 구분하지 않고 모든 존재는 다 변한다고 생각한다. 동양사상의 핵심 단어 중에 역易이라는 말이 있다. 역이라는 말에는 변화라는 의미가 들어있다. 역易이라는 글자 자체에는 몸 색깔이 수시로 변하는 도마뱀의 모습이, 혹은 한 달을 주기로 그 모습이 끊임없이 변하는 달月의 모습이 들어 있다고 한다. 끊임없이 변하고 생성하는 우주와 삼

라만상의 모습을 바라보며 모든 존재는 항상 자신을 점검해야 한다. 동양적인 표현을 하자면, 모든 존재는 변하기에 존재인 것이다. 그러기에 동양사상은 모든 존재를 '되어가는 존재'라고 부른다.

19세기에서 20세기로 넘어가면서 서양 철학자 화이트헤드Alfred Whitehead, 1861-1947가 등장한다. 그는 철학자이기 이전에 수학자요 과학자였다. 긴 시간 과학을 공부했기에 사변적 태도, 추상적인 용어보다는 구체적인 것을 중시했다. 그는 그의 책『과정과 실재Process and Reality, 1929』에서 온 우주의 모든 것들이 서로 유기적으로 관계를 주고받는 역동적인 과정process이야말로 진정한 존재이며, 절대자신를 포함한 모든 존재들은 이러한 역동적인 과정 속에 있다고 말한다. 그는 변화하고 나아가는 실체적인 존재actual existence야말로 참 존재라고 역설한다. 그야말로 서양 철학자가 동양사상의 핵심을 서양적인 용어로 정리했다고나 할까?

이 책에서 우리는 철학 이야기를 하려는 것이 아니다. 과정, 과정적인 존재라는 말의 중요성을 이야기하려는 것이다. '과정적인 존재'란 늘 발전하고 변화하고 나아가는 진행형적인 존재이며 되어가는 존재이다.

앞에서 우리는 기대하는 이는 진행형적인 존재라는 이야기를 이미 나누었다. 과정적인 존재나 진행형적인 존재나 비슷한 개념이다. 그렇지만 과정적이라는 용어가 심오한 철학적 용어이기에 과정적인 존재라는 말로써 다시 한 번 기대한다는 모습을 이야기해보고자 한다.

우리는 밤하늘에 반짝이는 북극성을 본다. 그런데 우리가 보는 그

북극성의 반짝임은 몇백만 년 전에 북극성을 출발한 빛이다. 우주가 너무 커서 그렇다. 빛이 아무리 빨리 달려도 초당 30만 km밖에 못 가니 그렇다. 망원경으로 볼 수 있는 더 멀리 있는 별빛은 몇 십 억 년 전에 출발한 빛도 있는데 우리가 그 빛을 보게 될 때 이미 그 별은 소멸되고 없을 수도 있다고 한다. 이렇듯 우리가 보는 모든 실체는 고정된 것이 아니라 과정의 모습이요, 진행의 모습인 것이다.

기대하는 존재란 변화하는 존재이다. 그러기에 고정된 모습이 아니라, 항상 무언가를 이루고 추구하고 성취하는 과정 중에 있는 존재인 것이다. 무언가를 기대하게 되면 그것을 성취하기 위해 노력하기에 항상 변화 속에 있는 모습일 수밖에 없는 것이다.

시골에 계신 어르신을 정기적으로 찾아뵙는다고 생각해보자. 어느 어르신은 뵈러 갈 때마다 똑같다. 갈 때마다 마루에 앉아서 바깥을 보고 계시는 어르신의 모습을 볼 수 있다. 집안 모습, 마루의 모습, 마루에 걸린 사진들, 부엌의 모습도 항상 몇 십 년 전 모습 그대로이다. 물론 이런 고정된 모습이 바쁜 사회에서 찌든 우리들에게 마음에 편안함을 주기도 한다. 그런데 어떤 어르신은 뵈러 갈 때마다 중점적으로 하시는 일이 다르게 보인다. 사람은 그대로인데 늘 갈 때마다 집안 모습이나 가구 배치나 마당의 모습도 달라 보인다. 벽에 걸어놓는 사진도 갈 때마다 새로운 것들이다. 나누는 이야기도 갈 때마다 새로운 이야기들이다. 관심사도 변한다. 새롭게 변한 관심사에 대하여 열띤 자세로 설명하신다. 만날 때마다 새로운 과정 속에 있는 이의 모습은 그야말로 생동감 그 자체가 된다.

무언가 과정에 있을 때 그 존재는 빛이 난다. 다이어트 계획을 세우고 그것을 실천하면서 자기를 이겨나가는 과정에 있는 사람에게서는 평상시 느꼈던 그 사람의 이미지와는 무언가 다른 느낌이 들게 된다. 우리가 무언가를 기대하고 그것을 이루기 위해 노력하는 그 모습이야말로 과정적인 존재의 모습인 것이다. 나이가 들었어도 새로운 것을 알아가고 배워가는 과정 중에 있는 사람의 모습은 홍안소년의 얼굴이 된다.

기대하는 것을 이루어가는 과정 중에 있는 젊은이는 그 모습이 지금은 좀 힘들어 보일지라도 세상 모든 것을 가졌다고 생각하는 자보다 더욱 숭고崇高해 보인다.

인간관계도 그렇다. 이제 막 서로에게 호감을 가지고 서로를 알아가는 과정 중에 있는 젊은 남녀의 모습만큼 강렬한 이미지는 없을 것이다. 그런 남녀 간의 관계뿐 아니라, 오랫동안 알고 있는 사람이라도, 그 사람이 어떤 새로운 과정 속에 있게 될 때, 그는 신선하게 이제껏 알고 지냈던 사람과 다른 전혀 새로운 모습으로 나에게 다가온다. 가장 가까운 가족이라도, 혹 부부간이라도 과정 중에 있는 식구는 다른 식구들에게 영향을 준다.

새로운 생명을 이 땅에 내기 위해 고통 속에서 해산하고 있는 여인의 모습은 가장 위대한 과정 중에 있는 것이다. 자기가 기대하고 있는 목표를 위해서 노력하다가 잘 안 되는 좌절의 경험 속에서 우는 이의 모습은 위대하다. 그리고 그는 반드시 그 울음을 그치고 자기의 기대하는 바를 위해 다시 활동할 것이다. 무언가 과정 중에 있는 식구나 친구를 바라볼 때 우리의 마음도 덩달아 새로움과 도전의

식을 느끼게 된다.

　과정적 존재의 특징은 다른 존재에게 영향을 미친다는 것이다. 이것을 유기적 관계organic relationship라고 한다. 모든 만물은 유기적인 관계로 서로 연관되어 있다. 물이 썩으면 주변 환경도 썩게 되고, 물이 흐르면 주변 생태계도 살아난다. 마찬가지로 누군가가 과정 중에 있게 되면 주변 사람들에게도 좋은 느낌의 영향을 미치게 된다.

　'모든 만물이 서로 유기적인 영향을 미친다'라고 말할 때, 우리는 너무 큰 영향만 생각해서는 안 된다. 위대한 사상가나 스승으로서 제자들에게 큰 영향을 미치는 분도 있다. 빌게이츠 부부처럼 큰 돈을 벌어서 많은 이들에게 도움을 주는 아름답고 웅장한 영향도 있다. 링컨 대통령처럼 큰 정치 업적을 남겨 많은 이에게 영향을 끼친 이도 있다. 그러나 그런 큰 영향만 영향이 아님을 잊지 말아야 한다. 과정 중에 있게 되는 것 또한 우리 주변에 의미 있는 영향이 될 수 있는 것이다.

　남극의 겨울은 평균 온도가 영하 50도 이하라고 한다. 이렇게 추운 곳에 펭귄 떼가 무리를 지어 존재한다. 춥지만 펭귄들이 무리를 지어 함께 서있기만 해도 추위를 극복하는 능력이 나온다. 내 곁에 다른 펭귄들이 함께 서있기에 영하 50도로 달려드는 남극의 칼바람을 견뎌낼 수 있는 것이다. 누군가 대단한 업적을 이루지 않아도 자기의 자리를 지키며 존재하는 모습만으로도 서로에게 영향을 끼친다. 자기의 삶에서 기대하고 성취하는 이들은 그 성취가 크든 작든 그런 존재방식의 모습만으로도 다른 이에게 영향을 주며 사는 것이다. 나의 식구나 친구가 기대하고 성취하며 사는 모습은 나에게도 신선한 도전과 깨달음의 원천이 될 것이다. 기대를 성취하기 위해 노력하는 과정 중에 있는 존재는 아름다우며, 그 하나하나 기대하는 과정 속에서 자신도 강해져 늘 한걸음씩 더 나아가 발전하는 존재가 될 것이며, 다른 존재에게도 영향을 주게 될 것이다.

16

기대, 열린 **미래**

시간이란 과거, 현재, 미래라는 흐름을 가진다. 우리는 엄청난 과거의 역사를 가지고 있고, 또한 엄청난 미래의 시간이 우리 앞에 있다. 지구의 나이 몇십억 년이라는 시간을 생각해보라. 그리고 앞으로 지구에게 남은 또 다른 몇십억 년의 미래를 생각해 보라. 우리가 사는 현재라는 것은 그러한 장구長久함 속에 찰나처럼 존재하고 있는 것이다.

백 몇십억 년 동안 이 우주는 끊임없는 변화와 과정을 겪으며 존재하고 있다. 백 몇십억 년이라는 우주의 생성과 변화의 역사에 비하면 인간이 이 세상에 존재해온 기껏해야 몇백만 년 혹은 몇십만 년 되는 시간은 정말 찰나에 불과한 것이다. 거기에다 우리가 이 세상에 살게 되는 기껏해야 백 년 남짓한 시간은 정말로 어마어마하게 작은 아주 짧은 순간인 것이다.

어마어마한 규모 속에 존재하는 아주 작은 존재는 어마어마한 존재가 움직이고 변하고 있음을 느끼지 못한다. 큰 배 안에 있는 카페에 앉아 차를 마신다면, 이 배가 움직인다는 생각을 하지 못한다. 창밖에 보이는 바다는 그저 경치로 생각된다. 배가 이 정도인데, 이런 배보다도 어마어마하게 더 큰 지구는 자기가 하루에 한 바퀴씩 돌면서 또한 태양 주위를 돌며 거대한 움직임을 이루지만, 이 지구상에 사는 우리들은 지구의 움직임을 전혀 느끼지 못하고 사는 것이다. 그저 해가 뜨고 지며, 계절이 변하는 모습만 우리에게 느껴질 뿐이다. 백 몇십억 년이라는 시간의 덩어리 속에서 사실 엄청난 변화와 생성과 소멸의 과정을 거듭하고 있는 우주는 밤하늘 별자리로, 공중에 떠있는 큰 투명 쟁반으로, 고요하게 하나의 경치가 되어 우리에게 다가오는 것이다.

우주는 어마어마한 변화의 과정을 겪고 있지만, 우리가 이 세상에 사는 시간은 아주 작은 찰나이기에 우주를 알 때나, 우주를 잘 몰랐을 때나 인간은 결정론적인 생각을 갖게 되었다. 결정론決定論 determinism이란 모든 일이 이미 결정되어 있다는 생각이다. 이미 하루라는 시간이 결정되어 있고, 사계절이라는 자연현상이 결정되어 있지 않은가? 우주의 엄청난 크기와 변화, 그리고 생성과 소멸이라는 과정에 우리가 참여할 수 있는 것이 무엇인가? 우주라는 엄청난 크기와 시간과 법칙 속에서 인간은 너무나 나약한 존재요, 큰소리치지 못하는 겸손한 존재여야 했다. 종교인만 결정론적으로 생각하는 것이 아니었다. 뉴턴 같은 과학자들이 오히려 더 결정론적인 생각을 했던 것이다.

우주라는 거대한 존재를 바라보게 되면, 인간이라는 존재는 너무 미약하다. 내가 살아있는 존재라고 말할 자격도 없어 보인다. 그러기에 인간은 그 어마어마한 우주의 섭리에 순종하고, 자연의 이치에 순종하고, 자신에게 주어진 운명에 순종하며 살아야 한다고 생각하는 결정론적인 생각을 하게 되는 것이다. 그러나 그게 아니다. 생각의 차이인 것이다.

동양사상에서는 천지인天地人이라는 표현을 쓴다. 이것을 삼재三才라 부른다. 어마어마한 온 우주와 지구라고 하는 이 땅이 있다. 그리고 이 지구에 사는 우리 인간이 우주와 이 땅을 연결하는 매개체라는 의미이다. 이 지구만 해도 우주에서는 먼지 같은 존재인데, 이 지구에 사는 인간이 우주와 이 땅을 중재하여 연결하는 존재라고 생각하는 것이다. 동양사상에서 인간은 천天과 지地의 사이에 위치한다. 하늘과 땅을 연결하는 존재인 것이다.

거대한 우주만 생각하면 인간은 그 존재를 말하기에 너무나 미약한 존재이다. 그러나 역설적으로 그 미약한 존재인 인간 스스로가 인간 자신을 온 우주의 중심이요 주체라고 생각하게 될 때, 그 인간은 정말로 온 우주의 진정한 주인이 되는 것이다.

인간이 온 우주의 미약한 존재라고 생각할 때 인간의 주체적인 미래는 없는 것이다. 결정론으로 가는 것이다. 그러나 인간이야말로 온 우주에서 가장 귀한 존재요, 주체라고 생각하게 될 때는 달라진다. 이런 생각을 하면 모든 인간의 미래는 인간 자신이 개척해 나갈 수 있으며, 매 순간을 내가 개척하고 창조해 나갈 수 있다고 생각하게 된다.

서양사상에서는 2천여 년 동안 결정론決定論 Determinism적인 생각이 주를 이루고 있었다. 그것은 기독교의 영향이었다. 그런데 그것은 성경을 잘못 이해한 데서 출발한 것이다. 성경의 다니엘서나 요한계시록 같은 지극히 일부분에 결정론적인 사상이 들어있는 것은 사실이다. 그러나 그런 본문이 생겨난 아주 특별한 이유가 되는 배경이 있다. 그 상세한 배경을 여기서 다 말할 수는 없다. 그러나 분명한 것은 성경의 대부분이 미래를 결정론적으로 보지 않고 열린 것으로 본다는 사실이다.

성경은 인간이 어떻게 하느냐에 따라 그 미래가 달라진다고 말한다. 그럼에도 기독교는 성경을 잘못 이해하여 인간을 천명에 순종만 하는 존재, 예정된 운명 속에 살아야 하는 존재로만 제한해서 생각해온 것이다. 사실 성경의 많은 부분에서 인간을 무한한 가능성을 가진 존재, 미래를 열어갈 수 있는 존재로 표현하는데도, 기독교인들은 2천 년 동안 성경의 극히 일부분을 강조해서 인간의 존엄성을 약화시켜 온 것이다.

동양사상은 3천 년 전부터 천지인天地人이라는 사상 속에서 인간이야말로 온 우주의 주체적인 존재라고 생각해왔다. 『주역周易』에서 인간은 하늘과 땅의 중재자로 위치한다. 역사란 천지인 삼재의 상호화합으로 인해 이루어지며, 특별히 중재자인 인간의 역할로 더 낫게 발전할 수 있다고 말한다.

우리나라의 동학사상에서의 인내천人乃天, '사람이 곧 하늘이다'라는 말도 같은 맥락에서 인간을 우주에서 가장 중요한 존재로 바라본다. 어느 교수님의 책을 읽어보니 이런 말이 나온다. 인내천이라는 문장을 생각해 볼 때, 특히 내乃, 이에 내 자에는 강조하고자 하는 강한 감정이 포함되어 있다고 한다. 단순하게 '○○이다'라고 말하는 것이 아니라, '바로 그 ○○란 말이야!'라고 힘주어 감정적으로 강조하는 의미라는 것이다. 한국사상의 인내천은 단순하게 '사람이 곧 하늘이야'라고 말하는 것이 아니라, '사람이 바로 저 하늘이란 말이야!'라는 식의 강한 강조의 감정적인 의도가 들어있다는 것이다. 그만큼 한국사상에서의 인내천은 다른 사상보다도 아주 더 강하게 사람이 하늘과 똑같이 귀중한 존재임을 설파하고 있는 것이다.

파스칼은 그의 저서 『팡세』에서 인간을 생각하는 갈대라고 지칭했다. 갈대란 나약하고 보잘것없는 존재를 말한다. 갈대는 산들바람만 불어도 바람의 힘에 맥을 못 추고 이리저리 흔들리는 나약한 존재이다. 그런데 그 나약한 존재인 인간은 생각이라는 것을 한다. 생각하기 시작할 때, 즉 사유思惟하기 시작할 때, 그 갈대 같은 존재인 인간은 온 우주가 함부로 감당하기 어려운 가장 존귀한 존재, 가장 강한 존재로 바뀐다. 그 크고 웅장한 우주도 생각하는 인간 앞에서는 무릎을 꿇게 되는 것이다. 그러기에 우주는 몇십억 년, 몇백억 년 동안에 일어날 일정이 정해져 있어 정해진 그대로 갈지라도, 백년도 못 사는 인간은 우주를 넘어서는 사유를 즐길 수 있고, 끊임없이 변화하며 자기의 시간을 개척하며 발전시키고, 또한 자신의 미래를 자신이 꾸려갈 수 있는 존재인 것이다.

과학이 발전하게 되면서 사람의 일부 성격이나 지능이 유전적인 것으로 태어날 때부터 결정된다는 사실을 알게 되었다. 유전자는 거짓말을 안 한다. 이미 과학적으로 증명이 된 일들이다. 결정론적으로 생각해 본다면 인간의 성격이 태어날 때부터 이미 굳어져 버린 것이기에 더 이상 변하기 어렵다고 말할 수도 있다.

인간의 성격은 선천적인 것이 있고, 일부 후천적인 것도 있다. 후천적인 것은 교정하기 쉽지만, 선천적인 것은 교정하는 데 큰 노력과 공을 들여야 한다. 사실 타고난 인간의 성격은 바꾸기가 힘들다.

그러나 인간은 생각하는 존재이다. 생각할 수 있는 존재이다. 그는 생각을 통해 자신의 성격을 파악할 수 있고, 자신이 어떤 존재인가를 이해할 수 있다.

현명하고 열린 사람은 남을 이해하려 노력한다. 아주 중요한 일이요, 성숙한 사람들이 할 수 있는 일이다. 남을 이해하면 그가 어느 때 어떻게 행동하는지를 알기에 미리 준비하고, 조치할 수도 있게 된다. 아주 쉬운 예를 들어본다. 만약에 '우리 사장님은 날씨가 더워지면 짜증을 내곤 하더라'는 데이터를 내가 가지고 있다면, 날씨가 더워질 때 사장님이 혹 짜증을 낼 수도 있음을 미리 예측할 수 있고, 미리 마음의 준비를 하거나 혹 내가 그 짜증의 희생양이 되지 않도록 미리 준비할 수 있게 되지 않는가? 이렇듯 남을 이해한다는 것은 아주 중요한 일이다.

그런데 만약에 누군가가 자기 자신을 이해할 수만 있다면, 그는 정말로 소중한 자산을 가지게 된 것이라 말할 수 있는 것이다. 자기 자신을 이해할 수 있다는 것은 엄청난 일이다. 자기 자신을 이해한다는 것은 자기 자신을 객관적으로 볼 수 있게 되는 것이다. 이것은 아주 중요한 일이요, 그야말로 진정으로 성숙한 사람이라야 할 수 있는 일이다.

예를 들어 보겠다. 천식이 있는 사람이라면 나에게 언제 기침이 나는지를 알고 있다. 내 몸을 알고 있는 것이다. 어떤 경우에 나에게 기침이 심하게 난다는 것을 알기에, 일찌감치 그런 상황에 노출되지 않게 조심하면 천식의 피해를 줄일 수 있게 될 것이다. 내 몸을 이해하게 되면 인간은 조치를 취할 수 있게 된다.

만약에 내 몸을 알듯 내 성격을 이해할 수 있게 된다면 내가 살면서 내 성격 때문에 잃게 되는 엄청난 손실을 줄일 수 있게 된다.

나는 날씨가 더워지고 땀이 나게 되면 나도 모르게 짜증이 난다는 사실을 남이 알기에 앞서서 나 자신이 안다면 어떻게 될까? 내가 미리 준비하고 조치하게 된다. 더워지면 선풍기를 튼다든지, 주변 환경을 미리미리 덥지 않게 조정할 수 있게 된다. 그러면 나도 모르게 더워지면 짜증을 내어 남을 어리둥절하게 만들거나 역겹게 만드는 행동을 하게 되는 부끄러움을 줄일 수 있게 될 것이다. 나를 알게 된다는 것은 그야말로 나에게 치명적?으로 중요한 일인 것이다.

내 몸을 알고 내 성격을 내가 이해하고 있다면, 비록 내 몸을 완전히 바꾸거나 내 성격을 완전히 바꿀 수는 없지만, 나를 알기에 조절할 수 있고, 조정해 볼 수 있고, 미리 앞서서 나의 행동에 내가 대처할 수 있게 되는 것이다. 또한 자신을 이해할 수 있는 사람은 자신의 성격을 바꾸기가 비록 어렵지만, 또한 자신의 노력으로 자신의 성격이나 지능을 완전히 변하게 만들 수 없을지 몰라도, 자기를 알기에, 자기를 조절하고, 자기를 이끌 수 있게 되고, 변하기 어려운 자기의 몸과 자기의 성격을 서서히 변화의 강물로 이끌 수도 있게 되는 것이다.

결정론은 인간의 운명이 예정되어 있다고 생각한다. 간혹 우리는 예정론豫定論 predestination을 내 운명과 견주어 생각한다. '내 운명은 여기까지야', '나는 안 돼', '나는 원래 그런 건 못 해'라는 생각이 들 때가 있다. 그러나 인간은 자신의 미래를 열린 것으로 생각하고, 미래를 바라보고, 그 바라본 미래를 위해서 노력하며, 미래의 기대하는 바를 꾸려나갈 수 있는 존재임을 우리는 잊지 말아야 할 것이다.

더 나아가서 인간 개개인이 노력하고, 변하고, 발전하면 이 세상도 발전하며, 역사도 발전하며, 더 나아가 이 우주도 발전할 것이라는 믿음을 우리는 가져야 한다.

항공권에는 그 가격에 따라 일정을 마음대로 바꾸거나changeable 환불refund할 수 있는 것이 있고, 가격은 싸지만 한번 사면 절대로 바꿀 수 없고, 그 비행기를 놓치면 물거품이 되어 버리는 것이 있다. 싼 티켓을 사면 바꾸거나 교환할 수 없지만, 사람의 인생은 그 생명이 있는 한 항상 교환, 환불, 심지어는 반품까지 가능한 것이다. 인생은 열려 있기 때문이다.

우리의 미래가 열려 있기에 우리는 우리의 미래를 기대할 수 있다. 아무리 힘든 상태 속에 있게 되더라도, 다시 미래를 바라보고, 자신의 미래를 구체적으로 기대하게 될 때, 그 사람의 미래는 닫힌 것이 아니라 열린 미래가 되어 다가올 것이다. 열린 미래를 생각하게 되면 '이미 다 끝난 것처럼 보이는 자신'이 '할 일이 너무나 많은 자신'으로 바뀌게 된다. 열린 미래를 생각하면 희망의 여지조차 없어 보이던 자신이 무한한 가능성을 지닌 자신임을 느낄 수 있게 된다.

나에게 다가올 미래를 항상 열린 미래라고 생각할 수 있게 된다면, 우리는 어떠한 여건 속에서도 자신의 미래를 위한 구체적인 기대를 하나씩 둘씩 세울 수 있을 것이고, 그것을 나 자신의 현실로 성취할 수 있는 존재가 될 것이다. 만약 우리가 우리의 열린 미래를 볼 수 있게 된다면, 우리 모두는 이 땅에 사는 날 동안 항상 새롭게 기대하며, 성취하며 살 수 있을 것이다.

17

기대하는 **자,**
자신을 **사랑**하는 **자**

가장 중요한 일이라고 생각하면서도, 가장 당연하다고 생각하면서도 잘 하지 못하는 일이 있다. 그게 무엇일까? 바로 나 자신을 사랑하는 것이다. 이 말에 바로 반론이 제기될 것이다. 이 세상에 자신을 사랑하지 않는 사람이 어디 있을까? '이 세상이 온통 자기를 사랑하는 사람으로 꽉 차있는데 무슨 소리입니까?'라고 말하는 소리가 들린다. 세상이 온통 자기 배를 불리려는 사람, 자기의 행복을 위해 남에게 해를 가하는 일을 서슴지 않는 이들 때문에 늘 골치가 아픈데 무슨 소리냐고 반문하는 소리가 들린다. 그러나 다시 생각해 보라.

이스라엘의 젊은 역사학자 유발 하라리Yuval Noah Harari의 최근 책 『사피엔스Sapiens: A Brief History of Humankind, 2011』가 요즘 많은 이들에게 관심을 받고 있다. 이 책에 의하면 이 지구상에는 여러 가지 종種의 초기 인간이 있었다는 것이다. 여기서 말하는 초기 인간은 침팬지나 고릴라 같은 유인원이 아니라 진짜 인간, 즉 호모종homo種을 말한다. 그러나 초기에 존재했던 여러 인간 종들은 멸종하고, 호모 사피엔스가 이 세상의 주인이 된다. 초기 인간 종들과 호모 사피엔스의 가장 중요한 차이는 '더 깊은 생각'이었다. 여기서 말하는 더 깊은 생각이란 단순하게 먹고 살고 생존하는 동물적인 차원, 본능적인 차원의 생각에서 벗어나서 보이지 않는 것을 상상할 수 있는 생각의 능력, 그리고 그런 것들을 표현하고 정리할 수 있는 언어와 문자를 말하는 것이다. 즉 전통, 이데올로기, 종교 같은 것을 생각할 수 있는 문화 능력을 말한다. 이것을 유발 하라리는 사피엔스라는 용어로 간단하게 표현하고 있다.

인간과 동물을 구분 짓는 가장 중요한 요소는 바로 '호모 사피엔스Homo sapiens' 즉 생각함이다. 이것은 동물적인 본능과 다른 중요한 것이다.

동물적인 본능이 무엇인가? 바로 자기 몸, 자기 식구들을 보호하고 챙기는 것이다. 때로는 자기 자신이나 자기 식구들을 위해 몸을 바쳐 싸우기도 하고, 식구를 위해 자신이 희생되기도 한다. 숭고한 모습이다. 그렇지만 리차드 도킨스의 말을 빌리자면, 이런 숭고한 희생 역시 자기 자신의 씨를 보존하고 전달하고자 하는 DNA의 지령에서 나온 것이다. 다시 한 번 생각해 보라. 동물도 이런 것을 잘한다. 가시고기나 사마귀처럼 새끼를 위해 그 아버지가 죽는 동물도 많다. 정말로 아름답다. 그리고 숭고한 일이요, 소중하고 의미 있는 모습들이다. 그렇지만 이것은 동물적인 본능과 연관된 모습이다. 동물 대부분이 어떠한 형태로든 행해왔고, 지금도 행하고 있는 모습인 것이다. 이러한 동물적인 본능은 모든 생명 있는 존재들이 공유하고 물려주는 소중한 자산이다.

다시 처음으로 돌아가서, 사람은 모두가 자기를 사랑한다고 생각한다. 그런데 자기를 동물적으로 사랑하는 사람이 많은 것이다. 이기주의利己主義가 바로 이런 모습이다. 진정한 사피엔스로서 자기를 사랑한다는 것은, 자기가 먹고, 입고, 살고, 생존하는 것에 머무르는 것이 아니라 자기 자신, 자기의 존재, 자기의 삶을 사랑하는 것을 말하는 것이다. 자신의 존재와 자신의 삶을 사랑하는 자로서 자신의 몸과 생존을 사랑하는 것은 또한 당연한 일이다.

자신의 존재와 삶을 사랑하는 일은 쉽지가 않다. 왜냐하면 대부분의 사람들이 눈에 보이는 자신의 몸을 사랑하는 행위에 몰두하느라 눈에는 보이지 않는 자신의 존재와 자신의 삶이라는 더 귀한 것을 생각하지 못하기 때문이다. 그러나 자기의 존재와 자기의 삶을 사랑하지 못하는 이들은 몇십만 년 전에 살다가 멸종해 버렸던 여러 다른 인간 종들과 크게 구분되지 않는 존재임을 생각해야 한다.

나 자신의 존재를 사랑하고 나의 삶을 사랑한다는 것은 동물적인 내 몸을 포함하여 나의 삶의 모든 주변 여건과, 내가 이 세상에서 많은 다른 이들과 이루는 관계와, 내가 살아왔던 여정과, 내가 지금 살고 있는 나의 현재라는 시간과, 나에게 다가올 미래의 시간과, 그리고 내가 비록 이 세상을 떠나더라도 내가 떠난 이 세상과 나의 이 세상에서의 삶 이후를 생각하고 사랑하는 것을 말하는 것이다.

사피엔스는 이 세상 동물 중에서 가장 약한 존재로 태어난다. 코브라는 알에서 깨어나자마자 기본적인 독을 가지고 있으며 본능적으로 사냥한다. 그렇지 못하다 해도 대다수의 동물은 태어난 지 얼마 안 되는 시기에 이미 스스로 생존할 수 있는 존재로 변한다. 그러나 인간은 몸도 약하고 뇌도 완전하지 못한 채로 태어나서 특정 기간 동안 부모의 보호와 양육을 받아야 한다. 이때는 아무 걱정 없는 천진난만의 시대이다. 나이가 좀 들면 청춘의 시대를 맞는다. 다가올 자신의 미래가 화사하게 꿈으로 다가온다. 그러나 이때까지이다. 나이가 들면서 그 어느 누구나 비극과 좌절이라는 것을 경험하기 시작한다. 이때부터가 인생인 것이다.

사실 어려움과 고통이 기쁨과 평화와 공존하는 것이 바로 삶이다. 기쁨과 평화는 늘 존재하지 못한다. 오히려 때때로 다가오는 고통과 좌절의 제목들이 우리네 인생의 도화지를 더욱 선명하게 색칠한다. 그러나 삶을 사랑하기에, 나 자신의 존재를 귀하게 여기기에, 우리는 어려움을 견뎌내야 하고, 때때로 일어서야 한다. 왜냐하면 나 자신을 사랑하기 때문이다.

그러므로 나 자신을 사랑한다는 것은 이 세상에서 가장 아름답고 가치 있는 일이다. 나 자신을 진정으로 사랑해야 그는 진정 남도 사랑할 수 있게 되는 것이다. 다른 사람을 사랑한다고 하면서 자기 자신을 사랑하지 못하는 사람은 지금 거짓된 사랑, 불완전한 사랑을 하고 있는 것이다. 진정한 사랑을 남에게 행하는 사람은 그 이전에 자신을 가장 진정으로 사랑하는 사람인 것이다.

우리 모두가 청춘을 그리워하고, 고통의 제목이 없는 그 청춘을 부러워한다. 그러나 청춘의 시대는 짧다. 청춘은 눈 깜짝할 새에 지나가 버린다. 우리는 절대로 청춘을 잡을 수 없다. 단지 간간이 자신의 청춘의 시대를 추억만 할 수 있을 뿐이다.

그러나 평생을 청춘처럼 살 수 있는 방법이 하나 있다. 그것은 바로 자기 자신의 존재와 자기 자신의 삶을 사랑하는 것이다. 자기 자신을 진정으로 사랑한다면 그는 능히 평생을 청춘처럼 살 수 있게 되는 것이다. 왜냐하면 자기 자신을 사랑하기에 때때로 자기에게 다가오는 고통의 제목들을 견디며, 고통 속에서도 자신을 사랑할 수 있기 때문이다. 자기를 사랑하는 자는 그 나이에 관계없이 청춘의 시대 속에 있는 사람이다. 자기의 삶의 의미를 가장 귀하게 생각하는 사람은 죽는 그 순간까지도 청춘인 것이다.

그렇다면 나 자신을 가장 사랑해야 할 때는 언제일까? 바로 나의 청춘을 앗아가는 고통이 다가올 때, 나에게 좌절과 실패가 다가왔을 때, 나의 가장 귀한 것을 잃어버렸을 때, 그리고 나의 몸과 마음이 약해지려 할 바로 그때… 그때가 바로 내가 나를, 나의 존재를, 나의 삶을 가장 사랑해야 할 때인 것이다.

톨스토이1828-1910는 그의 책 『전쟁과 평화』에서 이렇게 말한다.

"자신의 삶을 사랑한다는 것은 신을 사랑하는 것이다. 이유 없이 찾아오는 자신의 고통 속에서도 자신의 삶을 사랑하는 그 모습이야말로 이 세상 모든 것보다 더 귀하며, 축복받은 이의 모습인 것이다."

To love life is to love God. Harder and more blessed than all else is to love this life in one's sufferings, in undeserved sufferings.

톨스토이의 이 말을 나는 사랑하고 존중한다. 대학에서 강의할 때마다 나는 이 문구를 학생들과 함께 나누고 대화하곤 한다. 그렇다. 정말 그렇다. 가장 자신을 사랑해야 할 때는 바로 내가 넘어졌을 때인 것이다. 나에게 고통이 다가와 나를 아프게 할 때가 바로 내가 나를 더욱 사랑해야 할 때인 것이다. 그리고 바로 이때 우리는 현재를 견뎌내며, 나의 미래를 기대할 수 있어야 하는 것이다. 내가 넘어졌을 때가 바로 내가 다시 무언가를 기대할 때이다. 어려울 때 오히려 자신의 미래를 바라보고 자신의 삶에 새로운 무언가를 기대하는 사람, 바로 그가 정말로 자기 자신을 사랑하는 사람이다.

험난한 여건에서도, 내가 큰 불행을 만나 모든 것을 잃었다 해도, 내가 실수하여 넘어지고 또 넘어져 절망이 나에게 다가오는 순간에도, 심지어 내 주변에 그 어떤 도움의 손길이 없다 해도, 무언가를 새롭게 기대하고 그 기대하는 바를 성취하기 위해 구체적으로 노력하는 자신을 바라볼 수 있다면, 그가 바로 자기 자신을 사랑하는 사람인 것이다.

18

기대가 나를 **건강**하게 한다

어느 노인이 있었다. 늘 잔병치레가 끊이지 않던 사람이었다. 계절이 바뀔 때마다 감기에 걸렸고, 감기가 오면 긴 시간 시달리곤 했다. 무엇보다 그 노인은 정신력이 약했다. 늙었으니 이제 남은 건 죽는 일밖에 없다는 생각이 자주 일었다. 그러던 어느 날 하나밖에 없는 아들이 죽었다. 며느리는 이제 막 이유식을 먹기 시작한 어린 아이를 남긴 채 어느 날 집을 나갔다. 노인은 자신의 유일한 혈육인 어린아이와 함께 이 땅에 버려졌다. 천하에 가장 불쌍한 존재들 중 하나가 된 것이다.

그런데 자신이 버려진 존재라고 생각하기 이전에, 노인은 자신의 곁에 있는 아이를 본다. 노인은 아이를 돌볼 사람이 자기밖에 없다는 것을 깨닫게 된다. 그때부터 노인이 변한다. 이 아이가 다른 사람의 도움이 필요 없을 때까지 내가 꼭 키워내야겠다고 결심한다. 늘 끙끙 앓던 노인이 변한다. 알아줄 사람이 없으니 아파도 말할 곳이 없었다. 이를 악물고 참기 시작한다. 아이를 위해 활동하기 시작한다.

노인은 이제 아이와 함께 버려진 존재가 아니었다.

아이가 조금씩 변하는 모습에 아이를 잘 키워야 한다는 노인의 정신도 조금씩 더 강해진다. 아이는 점점 더 자라나고, 노인은 점점 더 강해진다.

아이가 성장하자 노인의 기대가 수정된다. 자기가 목숨을 걸고 길렀던 손자가 결혼해서 아이를 낳는 것을 꼭 보고 죽겠다는 기대를 갖게 된 것이다. 세월이 더 흐른다. 노인은 기다리던 증손자를 품에 안고 행복한 마음으로 그의 생을 되돌아볼 수 있고 정리할 수 있게 된다. 이제는 더 살아도 되고, 그만 살아도 된다. 남은 생과 관계없이 이미 노인의 삶은 행복하다.

똑같지는 않지만 이와 비슷한 이야기들을 우리는 이미 잘 알고 있다. 우리 주변에서 쉽게 볼 수 있는 이야기이기도 하고, 나도 보았다.

자기가 아프다고 하면 남이 관심을 가져 줄 것을 기대하던 한 노인의 삶의 방식이 어느 날 큰 위기를 맞는다. 자기에게 관심을 가져줄 사람이 이 세상에 하나도 남지 않은 것이다. 노인은 절망에 처한 자신을 바라본다. 노인에게 남은 것은 자신을 이제 완전히 포기하는 일이다. 그런데 아기가 있다. 자신을 포기하는 것은 쉬운 일이다. 그러나 노인은 이 세상에 홀로 남겨진 손자를 바라보면서 강한 책임감, 그의 목숨을 걸어도 될 책임감을 느끼게 된다. 바로 이 강한 정신이 오늘 내일 하며 겨우 생존해오던 노인의 몸을 한순간에 바꾸어 버린 것이다.

보통 몸이 약해지면 정신도 약해진다. 건강한 정신sound mind은 건강한 몸sound body에서 나온다. 이것은 아주 과학적인 말이다. 그런데 반대 현상도 있다. 정신에 아주 강한 어떤 바람이 불어오면 몸 또한 그 강한 정신의 영향을 받게 된다. 간혹 신앙생활 속에서 건강을 얻게 되는 기적을 체험하는 일들도 신앙을 통해서 정신에 놀라운 에너지가 들어감으로 생겨나는 과학적인 현상이라 말할 수 있다. 이런 현상은 신앙생활 이외에서도 얼마든지 나타날 수 있다. 정신에 강한 에너지를 느끼게 되면 그 정신의 에너지가 몸에도 놀라운 영향을 끼치는 것이다.

그 반대도 있다. 건강한 몸이 정신적인 충격에 의해, 정신적인 좌절이나 혹은 정신적인 디프레스depress로 인해 순식간에 약해질 수도 있다. 잘 다듬어져 온 몸이라도 정신이 피폐疲弊해지면 한순간에 무너질 수 있는 것이다.

요즘 정신세계에 대한 관념이 크게 바뀌고 있다. 옛날에는 우리에게 마음이라는 것이 따로 있다고 생각했다. 데카르트Rene Decates, 1596-1650 같은 철학자가 그 대표적인 사람이다. 우리의 가슴이나 우리의 머리 안에 정신의 세계, 마음의 세계가 따로 있다고 생각했던 것이다. 최근 몇십 년 사이에 물리학이 발전하면서 MRImagnetic resonance imaging 자기공명단층촬영법 같은 첨단 기술이 생겨나 사람의 뇌를 상세히 들여다볼 수 있게 되면서 뇌 과학이 아주 빨리 발전하고 있다. 뇌를 알게 되면서 인간의 여러 가지 정신현상들이 뇌의 움직임과 연결된다는 것을 알게 되었다. 그동안 이해하지 못했던 인간의 여러 가지 정신병적 증상들이 뇌의 상태와 관련되어 있음도 알게 되었다. 뇌는 신기한 기관이지만, 분명히 신체기관이고, 우리 몸의 한 부분인 것이다. 뇌가 한다면 사실은 몸이 하는 것이다.

또한 인공지능 등을 연구하기 위해 의사뿐 아니라 과학자들도 뇌의 세계에 능통하게 되어 인지과학認知科學, cognitive science은 심리학이나 철학이나 의학의 영역에서 벗어나 모든 과학자들의 영역으로 확대되어 버렸다. 오랜 시간 동안 철학적으로만, 심리학적으로만, 그리고 의학적으로만 고려되었던 인간의 정신세계와 생각의 세계를 더 많은 사람들이 연구하게 된 것이다.

이 책을 통해 내가 반복해서 강조하고 싶은 말은 몸과 마음이 하나라는 것이다. 마음과 몸이 예전 철학자들의 생각처럼 분리되어 있는 것이 아니라는 것이다. 몸은 마음 안에 있고, 마음은 몸 안에 있다. 서로가 하나로 되어 있는 것이다. 몸은 마음에 영향을 주고, 마음은 몸에 영향을 준다. 인간은 전체적holistic인 존재이다. 그래서 몸만의 건강, 마음만의 건강 같은 한쪽만의 건강이란 없다. 건강이란 마음과 몸이 함께 좋을 때, 마음과 몸이 함께 좋은 모습으로 조화를 이룰 때 우리를 찾아오는 것이다.

앞에서 언급했듯이 몸이 우리 마음에 연료를 공급한다The body fuels the mind. 또한 건강한 마음은 건강한 몸 안에 있다The sound mind is in the sound body. 그러면서도 마음이 강해야 몸도 강해진다. 마음이 나약해지면 몸도 병든다.

우리가 무언가를 기대한다는 것은 먼저 우리의 마음의 작용이라고 말할 수 있다. 그리고 우리가 가지게 되는 기대를 이루기 위해서 실천하고 노력하는 모든 과정은 우리의 몸이 동참하는 과정이 된다.

기대를 하고 기대를 성취하는 것은 몸과 마음이 함께 작용하여 이루는 것이다.

불교 대승경전의 최고로 손꼽히는 것이 바로 『금강경金剛經』이다. 그런데 사실 금강金剛이라는 말은 산스크리트어 바즈라Vajra에서 나왔다고 하며, 바즈라의 뜻은 '벼락'이라고 한다. 갑자기 벼락이 치는 것이다. 어느 순간에 어마어마한 깨달음이 나를 찾아오는 것이다. 내 마음 속에 벼락을 맞는 것이다. 불교에서는 이런 벼락을 맞게 될 때 잘못된 자아인 아상我想이 깨어지게 되고, 우리의 마음이 공空으로 가게 된다고 말한다.

마음에 벼락을 맞는다는 것은 정신 차리게 되는 어떤 계기를 경험하게 되거나, 커다란 깨달음을 얻게 되는 것을 말할 것이다. 그렇다. 그리고 정신에 커다란 깨달음을 얻게 되면 우리의 몸도 함께 변하게 된다.

손주를 키우게 되는 노인의 기대는 극한의 상황이다. 극한의 상황 속에서 노인의 정신에 번개 같은 강한 에너지가 작용했고, 그 강한 깨달음의 정신이 노인의 몸까지 바꾸어 버린 것이다. 우리 모두에게 노인에게 일어난 일 같은 극적인 기대, 벼락 맞는 기회는 없을지 모르지만, 분명한 것은 무언가를 기대하고, 그것을 이루려 노력하며 나아갈 때, 우리의 마음과 몸은 함께 강强해진다는 것이다.

노인이 장수하는 비결 중에 하나는 여러 번 언급했듯이 무언가를 기대하는 일이다. 기대할 만한 일들을 기대하고 실천하는 일이다. 간혹 웅장한 철학과 함께 웅장한 기대를 할 수도 있다. 기대하는 바가 크든 작든 관계없다. 작은 것 하나라도 기대하는 바를 계획하고 실행하면서 노인은 더 건강해지고 장수하게 된다.

늘 새로운 것을 기대하고 성취하려는 노인에게는 건강과 장수가 덤으로 따라온다.

나이 든 사람들이 공통적으로 하는 말 중에 '시간이 너무 빨리 가요'라는 말이 있다. 그런데 아이들에게는 시간이 천천히 간다. 노인에게는 시간이 너무 빨리 간다. 어디서 이런 차이가 나오는 것일까? 바로 기대함에 있다. 아이들은 빨리 크고 싶다. 빨리 학기가 끝나고 방학이 왔으면 하는 마음뿐이다. 빨리 어른이 되고 싶어서 지금 못 하는 것을 다 해 보고 싶은 것이다. 미래를 고대하고 기대하고 기다리면 시간이 천천히 흐른다. 그러나 기대할 게 없는 이에게 시간은 눈 뜨면 하루요, 다시 눈 뜰 때마다 한 해가 휙휙 지나가버리는 것이다.

똑같은 시간이지만 분명히 그 길이가 다른 것이다. 기대하고 계획하고 실천하는 사람의 시간은 훨씬 더 알차게 소비된다. 똑같은 돈이지만 어머니의 주머니에 들어있는 돈은 그 가치가 다르다. 꼭 필요하고 의미 있는 곳에 가치 있게 사용된다. 똑같은 돈이지만 방탕한 아들의 주머니에 있는 돈은 그 가치도 인식할 틈이 없이 사라져 버린다. 똑같은 재벌의 돈이라도 어떤 돈은 사회에 환원되고 의미 있는 봉사에 사용되지만, 어떤 재벌의 돈은 자식들 간에 벌어지는 타락과 방종과 끔찍한 전쟁의 대상으로 전락해 버리는 추악한 존재가 되기도 한다. 시간도 마찬가지다. 시간이야말로 이 세상 모든 이들이 똑같이 부여받는 귀중한 자산이다. 그런데 이 시간을 사용하고 보내는 모습에 따라 시간도 그 가치가 달라진다. 기대하는 이의 시간은 그 가치가 다르다.

시간을 좀 더 가치 있게 쓰고, 돈을 좀 더 가치 있게 쓸 수 있는 비결도 기대에 있지 않을까? 무언가를 기대할 때마다 우리는 건강해지기에 우리의 생활도 건강해지며, 우리가 쓰는 시간과 돈도 훨씬 더 가치 있게 사용될 것이다. 가치 있는 존재, 가지고 있는 모든 것을 더욱 가치 있게 사용하는 존재, 바로 이런 것들이 건강한 이의 모습이 아닐까? 기대가 자연스럽게 우리의 마음과 몸에, 그리고 우리의 삶에 건강을 주는 것이다.

19

최고의 기대,
겸선천하(兼善天下)

무엇이든 자주 하면 더 잘하게 된다. 특히 몸으로 하는 일은 더욱 그렇다. 새로운 기기를 사게 되어 그것이 택배로 우리 집에 온다. 포장지 박스를 뜯고 물건을 보면 정말로 낯설다. 요즘은 그런 일이 더욱 많다. 일상에 필요한 필수품인데도 새로운 제품들이 많이 출시되기 때문이다. 그러나 사용설명서를 읽고 조금씩 조금씩 사용하다 보면 그 기기에 내가 익숙해지고 그것을 사용하는 모습이 점점 세련되어진다.

요리사는 그 칼 솜씨가 세련될 수밖에 없다. 나 자신도 도축장에서 근무하게 되었을 때 생전 처음으로 도축용 칼을 잡았다. 오른손으로 잡아야 했다. 나는 왼손잡이다. 칼도 처음, 칼을 오른손으로 잡는 일도 생전 처음이었다. 그 칼로 하루에 천오백 번의 단순동작을 해야 했다. 누구든지 자의든 타의든 무언가를 반복하게 되면 결국 세련되어진다.

'세련洗練/洗鍊되다'라는 말은 사람의 외모를 표현할 때만 사용하는 단어가 아니다. 우리의 인생 전체를 아우르는 말이다. 자주 반복하게 되면 세련되어진다. 익숙해지고, 부드러워지고, 몸에 밴 듯 자연스럽고 여유롭게 할 수 있게 된다. 같은 작업을 해도 세련된 사람이 있고, 전문적인 일이라도 그 일을 하는 사람들 중에는 다른 이보다 훨씬 더 세련되게 그 일을 하는 사람이 있다.

도축장에서 내가 직접 체험해본 것처럼, 과학적으로도 새로운 것들을 배우고, 학습하고, 숙달하는 사이에 우리의 뇌가 젊어진다는 것이 입증된다고 한다. 새로운 것들을 배우고 연습하게 될 때, 그것이 몸으로 하는 것이든, 마음으로 하는 것이든, 우리 뇌 속에서 신경전달물질neural transmitter이 새롭게 만들어진다고 한다. 새로운 신경회로neural circuits가 생기는 것이다. 이런 신경회로는 마치 근육 같아서, 우리가 그 분야에 점점 더 익숙해지고, 단련되고, 그리고 고수가 되어갈수록 더 커지고 강해진다고 한다. 또한 이러한 새로운 신경회로가 만들어질 때마다 그것이 기존 뇌세포의 다른 망網들과 함께 작용하여 우리의 뇌가 더욱 종합적이고 합리적으로 작동하는 데 큰 도움이 된다고 한다.

'세련되다'라는 말은 작업이나 도구를 사용하는 일만을 말하는 것이 아니다. 인간의 삶의 태도나 방식에도 그대로 적용된다. 삶의 방식도 연습하면 할수록 세련되어진다. 그리고 기대하는 삶도 반복하면 할수록 세련될 수밖에 없다. 기대하는 삶은 어떻게 세련될까? 먼저, 기대하는 삶에 익숙해진 사람은 그 기대하고 계획을 세우고 실행에 옮기고 성취하는 모든 모습이 세련될 수밖에 없게 된다. 그리고 기대하는 삶에 익숙해진 사람은 그 기대하는 내용도 점점 세련되어 간다.

그렇다면 가장 가치 있는 기대는 무엇일까? 내가 생각하기에 가장 세련되고 가치 있는 기대는 무엇보다도 겸선兼善으로 가게 하는 기대이다. 겸선은 나도 잘되고 남에게도 도움을 끼치는 것을 말한다. 무언가를 기대하고 성취하는 그 모든 과정과 결과가 나에게도 좋고 남에게도 좋은 기대, 그런 기대가 가장 위대한 기대, 가장 세련된 기대, 그리고 가장 가치 있는 기대라 생각한다. 대표적인 것이 사업을 잘해서 성공하는 일이다. 사업에 성공하면 나도 좋고, 나와 함께하는 직원들, 나와 거래하는 협력업체들에게도 좋다. 그 많은 돈으로 사회사업이나 좋은 일도 할 수 있다. 빌 게이츠 같은 존재를 말한다.

나는 가끔 학생들에게 이런 말을 하곤 한다. 여러분들이 졸업해서 사회인이 되면 꼭 빌 게이츠 같은 존재가 되지는 않는다 해도 가능하면 사업을 하는 것이 좋을 것 같다. 졸업 후 많은 자격을 갖추어 좋은 곳에서 높은 연봉을 받는 것도 좋을 것이다. 내가 어딘가에 가서 좋은 대우를 받고 안정된 보수를 받는 것은 모든 이들이 꿈꾸는 일 중 하나일 것이다. 그러나 사업을 해서 직원을 거느리게 되면 그 사업이 작은 일이라 하더라도 참 의미 있는 일이라 생각한다. 내가 하는 일을 통해서 나와 내 직원들이 먹고산다고 생각해보라. 내가 하는 일을 통해서 나와 나의 가족이 살고, 내 밑에 있는 직원과 그 직원의 가족들이 먹고산다고 생각해보라.

식당일을 한 달 경영하여 모든 원가와 직원들 급여를 다 제하고 나에게 한 달에 500만 원이 남았다 치자. 어떤 사람은 그냥 안정적인 직장에 소속되어 한 달에 500만 원을 월급으로 받는다. 각각 가지게 된 그 500만 원은 그 가치가 분명코 다르다고 본다. 남을 다 먹여 살리고 나에게 남은 그 500만 원이 훨씬 더 귀한 것이다. 남들은 너무 바쁜 일이라고, 아직 안정이 되지 않았다고 말할 수도 있을 것이다. 그렇지만 개인사업이라는 일의 의미는 이런 식으로 바라볼 필요가 있는 것이다. 창업은 소중하고 위대한 것이며, 미래를 계획하는 대다수 젊은이들은 이쪽을 바라보는 것이 정상이요, 가야 할 길이라고 생각한다.

기대함의 최종목표는 우선 그 기대가 성취됨으로써 더 잘되는 나 자신이요, 또한 더 잘되는 나 자신을 통해 다른 존재와 이 세상에 귀중한 역할과 도움이 되는 향기가 퍼져나가는 것이다.

초보운전자는 결코 남을 배려할 수가 없다. 초보운전자는 오히려 다른 이들의 배려를 받아야 한다. 그 누구든 인간은 처음부터 남을 배려할 수가 없다. 태어나면서부터 인간은 다른 동물과 달리 미숙아로 태어난다. 반드시 누군가가 도와줘야 한다. 뇌가 훨씬 더 자라나야 하고, 배워야 할 것도 많다. 다른 동물들은 사람보다 훨씬 더 유리하다. 태어나는 순간부터 걸을 수 있고 심지어는 최소한의 사냥도 할 수 있는 것이다.

그러나 인간은 긴 시간 동안 자라나야 하고, 서서히 숙련되는 가운데, 어느 순간에 세련된 존재가 된다. 초보운전자도 언젠가는 세련된 운전자가 된다. 그때부터는 남을 배려하며 운전할 수 있는 운전자가 된다. 초보 때는 다른 차 운전자가 보호해 준다. 보행자들에게까지 배려 받아야 하기도 한다. 그러나 어느 날 세련된 운전자가 되면 도로 위에서도 남에게 베풀며 운전할 수 있게 된다. 남에게 베푼다는 것이 돈이나 빵을 나누어주는 일에만 있다면 얼마나 인생이 재미없고 무력할까? 도로 위에서도 남을 배려하고 베풀 수가 있는 것이다. 하루 종일 운전하는 사람은 하루 종일 남에게 여러 가지 베풂을 행하고 집에 돌아오는 것이다. 이것도 기부인 것이다.

하루 종일 운전하면서 나는 얼마나 많은 기부를 했는가? 놀라운 기부를 했다. 조는 사람이 사고 내려 하는 그 순간에 내가 도움이 되어 사고를 막았다. 초보운전으로 위험에 처할 뻔한 사람을 배려해 주었다. 도로를 아슬아슬하게 건너는 노인을 배려하고 다른 운전자들에게 알려서 안전을 도모했다. 앞만 보고 골목에서 뛰어 나오는 아이들을 한 템포 앞서 예상하여 속도를 줄이고 아이들이 지나간 뒤 출발하는 세련된 운전으로 다른 사람이 저지를 수 있는 큰일을 막는다. 블랙박스에 함부로 난폭운전 하는 이의 모습이 담기게 되면 구별하여 관계기관에 보내고, 그 사람은 벌금으로 정신 차리게 될 것이고 이후에 그런 행동을 하지 않게 될 것이다. 내 차에는 아직 블랙박스가 설치되지 않아서 아쉽다.

세련되었으나 그 세련됨으로 남을 힘들게 하고, 자기 혼자만 그 세련됨을 과시하는 운전자도 많다. 난폭운전을 하고 곡예운전을 하고, 평상시 생활에도 자기만 생각하고 타인에 대한 배려가 전혀 없는 안하무인眼下無人으로 생활할 뿐 아니라, 도로 위에서조차 안하무인으로 혹은 이기주의로 운전하는 이들을 본다.

기대하는 일에 세련되다 보면 겸선이라는 덕목이 뒤따르게 된다. 좋은 기대를 하면 그것을 성취하게 될 때 다른 이들에게도 좋은 일이 생기게 된다. 겸선兼善이란 무언가를 성취함으로써 자기 자신도 잘되고 다른 사람도 잘되게 하는 것이다.

맹자는 『맹자孟子』 「진심상편盡心上篇」에서, 곤궁하게 되면 홀로 자신을 수양하고, 영달하게 되면, 즉 잘되면 천하 모든 이들에게 선을 베풀라고 말한다君子 窮則獨善其身 達則兼善天下.

현명한 이들에게 궁할 때, 힘들 때, 잘 안 풀릴 때는 자신을 수양할 시간이 된다. 어려울 때 슬퍼하거나 패배자로서 쓴맛만 다시는 것이 아니라 자신을 다듬는 것이다. 힘든 시기에는 자신을 돌아보는 일이 우선이다. 자신의 마음과 몸을 돌아보아야 한다.

뒤에서 다시 한 번 더 길게 언급하겠지만, 자신을 돌아볼 수 있게 되면 아무리 큰 상처라도 서서히 아물게 된다. 그렇게 큰 상처가 아니라도 살다보면 곤궁해질 때가 생긴다. 곤궁해지면 자신을 다듬고, 좀 더 건강한 자기를 만들고, 좀 더 배우면서, 그리고는 서서히 새로운 일을 기대해야 한다. 작은 일부터 하나씩 둘씩 기대하고 실천하여 성취하면서, 기대에 점점 더 세련된 존재가 되어야 한다. 기대하고 성취하는 가운데, 나도 모르게 기대하는 삶에 세련된 존재가 되어감을 느끼게 되면, 나의 그 기대하는 바가 성취될 때 다른 이들에게도 이로운 일들이 일어나게 됨을 분명코 볼 수 있게 될 것이다.

진정 가치 있는 기대는 그 기대의 이룸을 통해서 나에게도 큰 유익이 되고, 다른 이에게도 유익한 일이 생기며, 더 나아가 이 세상에 큰 이득과 도움이 되는 바로 그런 기대를 말하는 것이다. 우리가 무언가를 기대할 때 그 기대의 결과가 나에게, 그리고 다른 이들에게와 이 사회에 도움이 될 수 있는 기대, 그런 기대를 나는 겸선천하의 기대라고 부르고 싶다.

20

강태공의 **기대**

강태공은 기원전 1000년경 타락한 상나라은나라를 멸망시키고 주周 나라가 건국되던 시기에 사師로서 주나라의 문왕과 무왕을 섬겼던 병법가요, 정치가이다. 또한 세운 공로를 인정받아 제후로 임명되어 제齊, 지금의 신동성나라의 시조가 되기도 하였다. 워낙 3천 년 전이라는 오래 전 시대의 사람이라 이 사람에 대해서는 정확한 이야기보다는 전설적인 이야기가 많다. 설說이 많다는 것은 그만큼 그 사람의 영향력이나 인물됨이 거대했다는 증거일 것이다. 전설은 다양하나 그가 행한 정책이나 업적은 분명하고 상세하게 각종 사료에 등장한다.

나는 여기에서 강태공에 대한 무슨 객관적이고 학술적인 역사를 논하고자 하는 것이 아니니 강태공에 대해서 내가 중요하게 생각한 부분만 언급하고자 한다.

우선 강태공은 그 나이가 팔십여 세가 될 때까지 그의 실력이 활짝 피울 만한 때를 만나지 못한 삶을 살았다는 것이다. 물론 정확한 숫자는 믿을 수가 없지만, 20세기가 될 때까지도 인류의 평균수명이

40-50대를 들락거렸다는 점을 생각해보면, 너무나 놀라운 이야기가 아닐 수 없다. 팔십여 세라! 과연 믿지 못할 숫자이다. 그는 몰락한 가문 출신이라 비천한 모습이었고, 아내도 그를 떠났다 한다. 중간에 잘될 수 있는 기회도 있었으나 그 기회들이 무산된 것 같다.

중요한 것은 여건이 어떠하든지, 그는 평생 늘 실력을 갖추고 있던 인재였다는 사실이다. 나이가 들어감에도 그는 시대를 읽을 줄 알았고, 나이가 들었음에도 자기의 때를 기다렸다. 그는 위수渭水에서 낚싯줄을 드리우며 10여 년 동안 자신의 때를 기다렸다 하며 그의 낚시 바늘은 곧게 펴져 있었다 한다. 즉 낚싯대를 드리웠으나 고기 잡는 것이 그 목적은 아니었다는 말이다. 마침내 팔순에 낚시하던 그곳에서 주나라 문왕을 만나 문왕의 스승이 되었으며, 그의 때가 도래하였고, 그의 실력이 활짝 핀 것이다.

그는 미신적인 사람이 아니라 이성적인 사람이었다. 이 말은 당연한 상식으로 생각될 수 있겠으나 당시의 상황에서 볼 때는 대단히 혁신적인 사람이었다. 은나라殷나라 시대까지 중국역사는 복술卜術이 판을 치던 샤머니즘적인 세상이었다. 무슨 일을 하든 점을 치고 그 점괘에 좌우되었지, 상황을 생각한다거나 객관적인 여건 등을 고려하는 사색이 부족했던 미신적인 시대였던 것이다. 그러한 분위기에서 강태공은 이성적인 판단으로 그가 해야 할 일을 진행하였다 한다. 그는 인간이야말로 진정 자신의 삶의 주체임을 확립하였고, 인간의 판단과 이성을 미신으로부터 해방시킨 것이다.

그는 그의 생애 마지막에 그의 존재를 완성한 사람이다. 또한 그의 존재와 그의 사상은 당시 천하를 통치하던 주나라의 문왕과 무왕을 통해서 이어진다. 바로 이 시대가 우리 동아시아 문명권에 사는 사람들이 항상 선망하며 영원한 이상으로 생각하는 시대이다. 만약 그가 젊어서부터 잘되었다면 오늘날 우리가 생각하는 강태공은 없었을 것이다.

보통 누구든지 일찍부터 잘되기를 바란다. 일찍부터 궤도에 오르기를 원한다. 최연소로 무언가를 달성하기를 원한다. 무엇에든 일찍 올라가는 것을 좋아한다. 그러나 자세히 들여다보면 강태공처럼 때를 채우고, 늦게 일어서는 경우에서 아주 위대한 결과가 나왔음을 느끼게 된다.

칸트Immanuel Kant, 1724-1804도 그의 명저 『순수이성비판』을 그의 나이 57세에 저술했다. 그의 3대 명저 『순수이성비판57세』, 『실천이성비판64세』, 『판단력 비판66세』은 그의 전 생애에 걸친 사색과 연구를 통한 결과물인 것이다. 젊은 시절부터 그는 교수였으나, 젊은 시간 동안 칸트는 가르치는 가운데 오히려 자기 자신의 내면의 치열한 사색이 있었고, 한없이 공부하였던 것이다.

『주역』에서도 '일찍 잘되는 것'을 경계한다. 주역 제1괘인 건위천乾爲天 괘를 설명하면서 항용유회 영불가구야亢龍有悔 盈不可久也라고 말한다. 항용이란 하늘 끝까지 올라간 용을 말한다. 끝까지 올라갔으니 더 이상 갈 데가 없다. 갈 때까지 가면 어려움悔을 겪게 된다. 고로 꽉 차면 오래가지 못하는 것이다. 그러므로 잠룡물용潛龍勿用이라고 했다. 잠룡이란 가능성을 품고 있는 존재, 미래를 가진 재능 있는 존재를 말한다. 잠룡은 지금 바로 드러나기보다는 좀 더 수양하고 준비하여 때가 찰 때 활동해야 한다.

일찍 차기를 좋아하지 말라. 일찍 차면 회悔, 후회가 따르는 법이다. 최인호의 『상도』에서도 계영배戒盈杯가 강조된다. 계영배는 술을 가득 채우면 잔 속의 술이 빠져나가 버리는 구조로 되어 있다. 꽉 채우려 하다가 다 잃게 되는 것이다. 이미 옛 시절부터 성현들은 인생은 일찌 감치 채우는 것이 아님을 우리들에게 가르치며 경계해왔던 것이다.

나는 강태공의 이야기를 되새길 때마다 그의 생애와 역사야말로 기대하는 삶이 무엇인가를 가장 잘 나타낸다는 생각이 든다. 그는 나이가 들었음에도 서두르지 않고 자신의 때를 기대하였다. 시대를 읽을 줄 알았기에 자신의 때가 올 것을 기대하였다. 단순한 미신적 인 마음으로 막연하게 자기가 잘되기를 바라던 것이 아니었다.

시대를 읽을 줄 알게 되면, 자신의 때를 기대할 수 있게 된다. 시 대를 읽을 줄 알게 되면 자신의 때를 구상할 수 있게 된다. 사업으로 성공한 신화들을 보라. 그 성공 이전에는 시대를 읽을 수 있는 안목 이 있었고, 시대를 예측할 수 있는 철학이 있었다. 기대란 이성적인 것이다. 기대란 요행을 바라거나, 자신의 신세를 한탄하며 '언젠가 는 무언가가 오겠지!' 하며 막연한 희망의 생각만 남발하는 행위가 결코 아니다. 기대에는 이성적 사고가 있다. 차원 높은 기대에는 세 상을 바라볼 수 있는 시각과 미래를 예측할 수 있는 능력을 배양해 줄 수 있는 공부가 선행되어야 하는 것이다.

유능한 점쟁이는 '일이 이리 될 것이다, 저리 될 것이다'라고 말하 는 이가 아니라, 자기의 고객이 무슨 일을 앞두고 자기 자신과 주변

상황을 깊이 생각할 수 있게 하여 스스로 자신의 갈 길을 결정하고 진행할 수 있게 만들어주는 사람이다. 제대로 된 신앙인이라면 단순히 요행이 자기에게 오기만을 바라는 기도를 무슨 주문처럼 하는 사람이 아니라, 기도하는 가운데 힘을 얻어 스스로 이 세상을 올바로 바라보고 세상을 읽으며, 이 세상에서 자기가 무엇을 할 수 있을 것인가를 사색할 줄 알아야 한다.

사실 나는 낚시를 잘 모른다. 그러나 내가 생각하건대 강태공의 낚시는 무료하여 시간을 때우는 일이 아니었다. 정중동靜中動이라고 나 할까? 고요한 듯하나 그 속은 뜨겁게 타오르고, 세상의 정세를 냉철하게 분석하고, 자신이 할 수 있는 일을 가늠해보고, 이제 자신에게 다가올 일을 예측하며, 그 모든 일을 기대하는 과정 과정이 상징적으로 강태공의 낚시하는 모습으로 표현되었을 것이라 생각해본다.

강태공의 긴 낚시는 그 자신의 운명을 바꾸고, 더 나아가 이 세상을 바꿀 수 있는 결정적인 만남을 위한 것이었다. 우연을 기다리는 것이 아니요, 요행수를 바라는 것도 아니요, 잘못되어 가던 그 시대를 바꿀 수 있는 치밀하게 구상된 그의 기대가 실현될 때를 위한 활동이었던 것이다.

그러나 나라를 바꾸고 시대를 바꾼다는 그런 거대담론巨大談論들은 옛 이야기를 나누다가 어쩌다 등장하는 소재에 불과한 것임을 우리는 잊지 말아야 한다. 지금 이 시대는 그럴 일이 없다. 이제는 무슨 격랑의 시대가 아니다. 이제는 한두 사람의 영웅에 의해 이 세상이 좌지우지되는 그런 시대도 아니다. 이 시대는 모두가 다 영웅이요, 지식인이요, 이 시대의 참주인이다.

이 시대는 옛날처럼 몇 명 왕이나 영웅의 시대가 아니고 모든 사람이 주인인 시대이다. 술자리에서 시대를 들먹이며 떠들고, 앉으면 이 나라의 정치인이나 세태를 비판하면서 정작 자기 자신은 현재 노력하는 것이 없으며, 정작 자신의 내면에는 아무것도 없는 이들은 이 시대에 가장 하층에 소속되는 부류라고 보아야 할 것이다. 옛날에는 이런 흉내라도 내면 좀 괜찮은 사람일 거라고 봐주거나 속은 적도 있었다. 그러나 지금은 모든 이가 다 전문가요, 식견인이요, 클릭만 하면 모든 정보가 다 나오는 세상이다. 지금은 이 세상을 잘 보고, 나 자신이 서있는 자리를 잘 보고, 그리고 내가 할 수 있는 의미 있는 일, 내가 남들을 위해 할 수 있는 의미 있는 일들을 생각해 보고, 그 일을 기대하는 것이 가장 아름답고 소중한 일이다. 이제는 작은 일이 곧 큰일이다. 이제는 작은 기대라도 성취하는 일이 가장 위대한 승리이며, 이전부터 전해져 내려왔던 거대담론들 역시 나 자신을 성찰하는 도움에 사용할 뿐 그 이야기 내용들이 나의 구체적인 목적이 되어서는 안 된다는 것을 잊지 말아야 할 것이다.

21

기대하는 노인

지금 세계는 너무나 놀라운 변화를 겪고 있다. 변화는 원래 서서히 일어나는 것이다. 원래 급격한 변화는 없다. 급격한 변화는 변화라는 단어보다는 혁명, 혁신, 새 시대 같은 말로 표현한다. 지금까지 이 우주와 지구와 모든 생물과 인간은 긴 시간 동안 아주 서서히, 아주 조금씩 변해온 존재들이다. 그런데 지금 우리는 모든 것이 너무나 빨리 변하고 바뀌는 세상 속에서 눈이 휘둥그레지며 급격한 변화들을 맞이하기에 정신이 없다. 옛날에는 변화가 느껴지지 않았는데, 이제는 변화가 느껴진다. 오히려 정신 바짝 차리고 노력하지 않으면 변화하는 이 세상을 따라잡지 못할 수도 있다. 매일매일 새로 출고되는 생활필수품들이 너무 많아 젊은 사람들도 그것들을 다 다루지 못한다.

진정으로 엄청난 변화는 바로 인간 자체라고 말할 수 있다. 우리 인간들이 아주 오랜 기간 동안 살아왔고, 오랜 기간 동안 해야 했고, 오랜 기간 동안 먹어왔고, 오랜 기간 동안 생각해왔던 그 무수한 것들이 이제는 아주 짧은 순간 사이에 급격하게 변하고 있는 것이다.

무엇보다도 크고 급격한 변화는 인간이 이전 세대보다 훨씬 더 장수하게 되었다는 사실이다. 초창기 인류시대엔 30대, 백여 년 전만해도 평균수명이 50대에 불과했던 인간이 이제는 평균수명 100세 시대를 눈앞에 두고 있다. 예전에는 60세가 되면 환갑還甲이라 하며 축하해 주었고, 60이 넘은 사람은 마을의 어르신이 되어 존경받는 노인으로서 존재했는데, 이제는 60대, 혹은 70대인데도 헬멧에 고글을 쓴 스포티한 복장으로 자전거를 타고, 헬스클럽을 출입하는 분들을 쉽게 볼 수 있다.

보통 사람들은 인간이 장수하게 되었다는 사실에만 만족한다. 좀더 살게 되었다는 사실에만 흡족해져서 다른 생각을 하지 못하는 것이다. 이제 막 장수하기 시작했기에 아직 다른 생각을 할 여유가 없는 것이 현실이다. 그렇지만 분명히 생각할 수 있어야 한다. 우리가 예전 인간보다 더 장수하게 되었다면, 우리가 긴 세월 동안 생각해 왔던 인생 전체에 대한 생각도 바뀌어야 한다.

인생을 나누는 가장 간단한 단계가 있다. 바로 유아기, 청소년기, 장년기, 노년기가 아닌가? 70세를 산다면 70세 안에서 인생의 기승전결起承轉結을 생각하고 살고, 100세를 산다면 100세 안에서 내 인생의 기승전결을 생각할 줄 알아야 한다.

물론 예기치 못한 일로 비운의 삶을 마감할 수도 있다. 그러나 인생은 매 순간 항상 무언가 앞을 내다보고 진행하는 최선을 다하는 삶을 살아야 하며, 항상 무언가를 기대하는 삶 속에서 그것의 성취를 위해 현재에 최선을 다해야 하는 것이다.

장수를 덤이라고 생각하면 안 된다. 덤으로 무언가를 받으면 그것은 핵심이 아닌 것이다. 덤으로 무언가를 받게 되면 그 덤으로 받은 것을 알뜰하게 사용하지 못한다. 이제는 내가 덤으로 장수하는 것이라고 생각하지 말고, 원래 인생은 100세를 사는 것이라고 생각해야 한다. 다시 말하자면 우리네 인생의 시간표가 조정되어야 하는 것이다.

일본의 유명한 장수인이며 의사인 히노하라 시게아키ひのはらしげあき, 日野原重明, 1911-씨는 100세가 넘은 지금도 진행형의 삶을 살고 있다. 진료를 하는 일, 그리고 강연과 저술활동이 지금도 그의 일상인 것이다. 이분이 100세가 넘었다는 것이 중요한 것이 아니다. 지금도 진행형의 삶을 살고 있다는 것이다. 자기의 생업에 임하고 있으며, 남을 돕는 일을 할 수 있는 활동을 100세가 지났는데도 하고 계시다는 것이 중요한 것이다. 이 분이 저서나 강연에서 자주 사용하는 말이 있다. 올드old라는 생각보다는 엘더elder라는 생각을 더 우선하라는 것이다. 올드는 몸과 마음이 이미 늙은 것이다. 오래되어서 교체해야 하는 부품이나 폐차할 때가 다 된 자동차를 생각하게 한다. 엘더는 늙었지만 많은 세월과 경험을 했기에 신세대들에게 남겨주고 가르쳐줄 것이 많아 이 사회에 꼭 필요한 존재이면서, 또한 자신의 다양한 연륜과 경험에 또 다른 새로운 경험을 접목하고 자기 자신을 더 발전시킬 수 있는 존재를 의미한다.

지금처럼 장수시대가 아니라도, 40-50대면 대부분이 인생을 마무리하고 말았던 옛날에도 80-90대까지, 심지어는 100세를 넘어 장수했다는 사람들이 많이 있다. 그들의 공통점은 늘 마음이 진행형이 었다는 것이다. 그들은 마무리하는 노년이 아니라 무언가 할 일이 많은 진행형적인 존재였다. 더 나아가 미래를 바라보고, 그 미래를 기대하고 생각할 수 있는 사람들이었던 것이다.

장수시대로 접어들면서 가장 시급한 것이 노인들의 마음가짐이다. 절대로 장수는 덤이 아니다. 노년시대는 결코 평생을 돌아보고 가만히 앉아서 나의 마지막 시간을 기다리며 나의 삶을 마무리하는 시간이 아니다. 노인이라고 노인의 삶을 살려 한다면, 몇십 년 내로 이 세상은 커다란 혼란에 빠지게 될 것이다. 노인의 수가 젊은이의 수보다 더 많아지기 때문이다. 훨씬 더 많은 노인들이 자신이 노인이라고 생각하며 덤으로 받은 장수를 누리려 한다면 이 땅이 어찌 될까?

지금 같은 장수 시대가 아닌 아주 오래 전부터 이 세상에는 '꿈꾸는 노인'이라는 용어가 있었다. '나무 심는 노인'이라는 말도 있었다.

꿈꾸는 노인은 도저히 있을 수 없는 놀라운 일이 벌어지는 궁극의 신세계를 묘사할 때 나오는 말이었다. 놀라운 신세계가 펼쳐지는데 그 신세계의 특징은 그 땅의 모든 사람들이, 노인을 포함하여, 모두 다 미래를 향한 삶, 활기찬 삶을 살더라는 것이다.

나무 심는 노인이라는 말은 이 땅의 노인들이 자신의 삶을 마무리하는 노인이 아니라, 늘 나이에 연연하지 않고 미래를 바라보고 살며 나무를 심게 됨을 표현한다. 나무를 심는다는 말은 우리로 하여금 미래를 생각하게 한다. 나무를 심고 언젠가 자신이 그 열매를 먹을 수도 있다고 생각한다. 혹 그렇지 못하게 되더라도 자신의 후손이 그 나무의 열매를 먹기를 바라는 마음으로 그 나무를 잘 관리한다. 이런 미래적인 노인의 모습을 사람들은 이미 오래전부터 나무 심는 노인이라는 말로 표현하곤 했던 것이다.

인간은 기대하는 존재이다. 인간의 기대하는 그 모습이야말로 인간의 여러 가지 모습 중 가장 고상한 모습이 아닐까? 동물도 조금씩 기대하며 살 것이라고 생각된다. 영장류는 그 기대하는 모습이 다른 동물보다 훨씬 더 다를 것이다. 나는 인간만 이 세상의 주인이 아니라고 생각하는 사람이다. 나는 온갖 자연과 식물이나 동물들을 훨씬 더 존중하고 귀하게 생각하는 사람 중 하나이다. 그렇지만 동물들이 할 수 있는 기대는 인간의 그것과 엄청난 차이가 난다. 동물의 기대는 그들이 먹고 살아야 하는 본능과 관련되어 있을 것이다. 먹고 사는 일은 인간에게도 중요한 근본적인 일이다. 그러나 인간은 먹고 사는 부분만 기대할 뿐 아니라 수없이 많은 다른 기대들을 할 수 있다는 점에서 도저히 다른 동물들과는 비교가 안 되는 존재이다.

노인도 기대한다면 이 세상의 모습과 역사는 정말로 많이 달라질 것이다. 내가 아는 몇몇 현명한 노인들은 내년이나 가까운 미래의 시간을 기대하며 성취한다. 정말로 현명하고 아름다운 모습이다. 연세가 들었기에 어찌될지 모르는 앞일이니 단시간 동안에 할 수 있는 일들을 기대하고 그것을 이루기 위해 노인이라도 노력하는 것이다. 정말로 고귀한 모습이며 감동적인 모습이다. 기대하며 살수록 노인의 한 해, 한 해는 훨씬 더 고귀해지고 중요해질 것이다.

그러나 노인이라도 간혹 큰일, 긴 시간 동안 해내야 할 일을 기대할 수도 있다고 생각한다. 꽃을 심으며 꽃이 피어나기를 기대하는 노인도 위대하고, 나무를 심어 언젠가 자신이 가꾼 나무가 숲을 이루고 또한 그 나무에 열매가 열리길 기대하는 노인도 위대하다.

노인일수록 주변에 노인 친구가 있으면 좋다. 노인 친구들이 함께 모여 자신들이 지금 기대하고 이루기 위해 노력하는 제목들을 서로 이야기해주고, 서로 공유하고 관심을 갖는 것은 노인들을 더욱 미래적 존재가 되게 해주는 원동력이 될 것이다.

2015년에 개봉된 로버트 드니로와 앤 해서웨이가 주연한 〈인턴The Intern〉이라는 영화가 참 의미 있게 다가온다. 70세가 넘어 유력한 회사에서 중역으로 은퇴한 뒤 다시 새로운 회사의 인턴으로 입사한 노인과 젊은 여사장 사이의 교감과 조화를 재미있게 표현했다. 우리나라는 장유유서長幼有序라는 사상으로 노인과 젊은이를 구분해 버린다.

서로 교감하기에 어려운 환경인 것이다. 어린아이에게는 한없이 사랑을 표현하면서도 어른에게는 그렇지 못한 서구문화는 장유유서를 배워야 할 것이다. 물론 어른에게는 관대하면서도 아이는 어리석은 이로 치부해 버리려 하는 동양도 서양의 어린이 존중사상을 배워야 한다.

그런데 장유유서 사상은 사실 우리 문화의 장점이지만 단점이기도 하다. 미래에는 노인이 젊은이와 교감할 수 있는 사회, 노인을 존경하면서도 함께 일하는 동료가 될 수 있는 사회가 필요하다. 그것이 앞으로 장수사회를 살리는 열쇠가 될 것이다. 노인은 젊은이의 보호와 보필을 받기만 해야 하는 존재가 아니다. 노인도 젊은이와 어울릴 수 있는 건강과 시대를 따라가는 정신을 가져야 한다.

노인과 젊은이가 함께 기대할 수 있는 일이 생긴다면, 이들이 함께하고 함께 나누는 기대로 인하여 더욱 기쁘고 의미 있는 일들이 생겨날 것을 희망해 본다.

22

나오미의 **기대**

인류의 유산 중에 가장 잔잔한 감동을 주는 이야기 중 하나인 「룻기」는 룻Ruth이라는 여주인공의 이야기이다. 그녀는 요즘 말하는 다문화 가정의 원조격인 이주민이었다. 타국 여자로 이주해서 자리 잡고, 이민 간 나라 왕의 족보에 그 이름을 올렸다. 룻은 새터민, 이주민, 다문화 가정의 상징으로서의 입지전적立志傳的 인물의 대명사라 할 수 있다. 그녀는 효부孝婦였다. 남편이 아이도 생산하지 못하고 죽었지만, 시어머니 나오미를 버리지 않았다. 그녀는 시어머니 나오미와 함께 시어머니의 고향인 유대지역에서 이주자로서의 새 삶을 시작했고, 마침내 자리를 잡고 이민 간 나라 왕의 증조할머니가 된 것이다. 그래서 대부분의 사람들은 「룻기」의 주인공을 룻이라고 생각한다.

그러나 이야기의 깊은 의미를 생각할 줄 아는 사람들은 「룻기」의 진정한 주인공이 며느리 룻이 아니라 시어머니 나오미라고 생각한다. 나오미 하면 영국 출신의 흑인 슈퍼모델이요, 흑인 모델로는 최초로

패션 전문 잡지인 보그Vogue의 여러 나라 판에서 표지모델이 되었던 흑진주 나오미 캠벨Naomi Campbell이 생각날 것이다. 같은 이름이다.

나오미의 이름에는 기쁨이라는 의미가 있다. 그런데 룻의 시어머니 나오미의 실제 인생은 '기쁨'이 아니라 '괴로움마라, Mara'이었다.

나오미는 젊은 시절 남편과 함께 다른 나라로 이민을 간다. 현재 사는 곳에서 잘되는 사람은 이민 갈 필요가 없다. 그녀는 이민이라는 것을 통해 조금이라도 더 나은 삶이 되기를 희망하였을 것이다. 우리의 삶에서 모든 일이 희망하는 대로 다 이루어진다면 얼마나 좋을까? 나오미의 삶은 희망했던 것과는 완전히 정반대였다. 이민 간지 얼마 안 되어 남편이 죽는다. 그래도 열심히 버텼다. 두 아들이 결혼을 하여 두 며느리도 생겼다. 그러나 십여 년 사이에 두 아들마저 죽는다. 손주도 없었다. 십여 년의 세월 동안에 어찌 손주도 하나 없었을까? 남은 사람은 늙은 시어머니와 두 며느리뿐이었다.

안될 때는 철저하게 안 된다. 불행은 결코 혼자 오지 않는다One misfortune rides upon another's back. 총체적 어려움을 겪는 나오미! 남편도 죽고, 희망이었던 두 아들도 죽었다. 옛 시절 여인이 가질 수 있는 힘과 희망이 다 증발해 버렸다. 여인으로서 이미 늙어 아이를 생산할 수도 없고, 장성한 자녀도 없다.

그러나 나오미는 거기서 그냥 주저앉지 않았다. 여기서부터 나오미의 이야기는 더욱 가치가 있고 빛을 발하게 된다.

나오미는 자기의 고향 나라가 경제적으로 호황상황으로 상승하고 있다는 시대의 흐름을 듣는다. 그리고 결심한다. 수주대토守株待兎의 송나라 사람처럼 마냥 수동적으로 '그 어느 잘될 날'을 기다릴 것을 결심한 것이 아니다. 두 며느리를 다 보내고 자신은 고향으로 돌아가서 새로운 제2의 인생을 살겠다는 결심이었다. 고향을 버리고 이민을 갔다가 쫄딱 망하여 다시 고향으로 돌아간다는 결심은 예나 지금이나 쉬운 일이 아니다. 그런데 플러스알파가 있었다. 두 며느리 중에 한 명인 룻이 시어머니와 함께하겠다고 다짐하며 동행한 것이다. 젊고 생산이 가능한 며느리 룻과 이미 생산의 가능성이 끊긴 늙은 여인 나오미! 여기에서 독자는 무언가 실마리를 예감하게 된다.

고향으로 돌아간 처음 순간은 창피했다. 자신의 이름값나오미-기쁨과 전혀 반대방향의 삶마라-괴로움을 살다 다시 고향으로 돌아온 늙은 여인! 그리고 때는 보리를 추수할 때였다. 나오미는 때를 맞춘 것이다. 지금 고향 땅은 보리를 추수할 때이다. 그렇다면 지금 돌아간다면 당분간 굶어죽지는 않을 것이다. 당시에는 추수할 때 어려운 이들을 위해서 이삭을 남겨놓는 관습이 있었다. 그것을 주워 당분간 끼니를 해결할 수 있다.

일차 시간을 확보하면, 그 시간 동안 가장 급한 것을 해결할 수 있게 되면, 그 다음 시간을 계획할 수 있을 것이다. 우선 시간을 벌었으니 차근차근 상황에 맞는 2차 계획을 세워야 한다. 비록 전반부 인생은 잘 풀리지 않았지만 나오미의 모습은 계획이 있어 보인다. 나름대로 1차 계획의 단계, 그리고 거기에 따른 2차 계획을 가지고 있는 것이다. 이야기는 아직 나오미가 무엇을 기대하고 있는지를 말해주지는 않는다.

며느리 룻이 보리이삭을 주우러 나간다. 보아스라는 한 부유하고 신실한 남자의 밭이었다. 풍족하게 이삭을 주워 집으로 돌아온 며느리. 며느리와 하루 일을 나누던 중에 며느리 룻이 그날 일했던 밭이 보아스라는 사람의 밭이었음을 알게 된 나오미는 무릎을 친다. 보아스는 나오미 집안과 아주 가깝지는 않지만 친척 사이였던 것이다.

당시에는 고엘Goel이라는 사회제도가 있었다. 어느 집안에 남자가 죽거나 망해서 땅을 빼앗기거나, 그 집안의 아이나 여인이 종으로 팔려가거나, 남자들이 다 죽어 아이나 여자가 의지할 데가 없을 때, 제일 가까운 촌수의 능력 있는 친척남자가 원수를 갚아주거나, 빚을 갚아주거나, 어려움을 해결해주거나, 과부를 취해서 대를 잇게 해주는 의무를 갖게 된다. 서열이 제일 가까운 사람이 그 의무나 권리를 행하게 되고, 할 의사나 능력이 없으면 다음 서열 사람으로 넘어가게 된다.

나오미는 룻에게 현명하게 행동할 수 있도록 차근차근 알려준다. 급하지 않게, 그러면서도 서서히 보아스가 룻이라는 존재를 알 수 있게 하고, 법적으로도 책임이 있음을 깨닫게 한다. 사실 보아스보다 서열이 한 단계 더 가까운 사람이 있기 때문에 신중하게 행동해야 했는데, 그 모든 과정에 나오미가 주도적으로 룻을 인도한다.

결국 보아스는 합법적으로 나오미 집안을 담당하는 사람이 되고, 무너진 나오미의 집안을 수습하게 되며, 룻을 아내로 취하여 가문의 대를 잇게 된다. 그 룻이 바로 다윗 왕의 증조할머니가 되었던 것이다. 그런데 「룻기」의 마지막에 이 이야기의 핵심이 룻보다는 나오미라는 것을 밝혀준다. '사람들은 룻이 낳은 아이를 나오미가 낳은 아들이라고 기쁘게 말하곤 했다' 라고 하며 이야기의 끝을 맺기 때문이다.

「룻기」이야기의 주연 배우는 룻이요, 감독은 바로 나오미였다. 영화를 볼 줄 아는 사람은 주연배우보다도 그 영화를 만든 감독에게 더 초점을 두지 않는가? 그래서 우리는 「룻기」의 진정한 주인공을 나오미라고 말하는 것이다. 이야기의 표면은 과부 룻이 회복되는 이야기이다. 그러나 룻의 회복은 진정 나오미의 회복도 되었다. 젊은 룻이나 늙은 나오미나 모두 좌절을 겪고 새 출발을 했고 그 새 출발에서 새로운 행복을 찾았지만, 사람들은 늙은 나오미를 더 중요하게 생각한다. 우리 모두에게 앞으로 남은 것이 바로 '나이 드는 일'이기 때문이다.

다시 시작하는 자 나오미. 인생의 전반전을 실패로 보냈지만, 그대로 주저앉지 않고, 다시 스스로 자신의 인생을 일으키고, 자신의 새로운 인생을 기대하면서 능동적으로 살고자 했던 나오미가 빛을 보게 된 것이다.

나오미의 위대함은 '다시 기대하는 자'라는 점이다. 우리에게 남은 생이 길든 짧든, 우리가 살아 있다면, 우리는 다시 우리의 그 생을 기대해야 한다.

이제 65세 이상의 노인인구가 젊은 사람보다 더 많아지는 시대가 도래하고 있다. 노인이라 해도 자신의 앞길을 계획하고, 기대하지 않으면 앞으로의 세상에서 살아남기 어려워질 것이다.

세상에는 두 가지의 삶이 있다. 하나는 잘 살아왔는데 마지막에 어영부영하다가 평생 잘 살아온 것을 다 깎아 먹어 버리는 삶이고, 다른 하나는 평생 아쉽고 부족하게 살아왔지만 마지막에 꽃피고 향기를 발하는 삶이다. 나오미는 후자의 삶을 통해서 우리에게 당당한 존재로 다가온다. 다시 일어서고, 다시 기대했던 나오미! 비록 걸어온 생의 대부분이 좌절이었다 해도 오늘 다시 일어서고, 오늘 다시 기대하고, 오늘 다시 그것을 실천에 옮기는 나오미의 눈은 지금 우리가 확인하지 않더라도 빛나는 눈이었을 것이다.

23

청춘은 **꿈**을, 어른은 **기대**를, 그러나 어려서부터 **기대**를

어린 시절부터 꿈을 가지고 성장하는 것은 참으로 당연하고 좋은 일이다. 어린 시절은 아직 인생을 살아보지 않았기에 단순하게 '이 담에 커서 무엇무엇이 되겠다'고 생각한다. 굳건하게 한 가지 꿈을 가지고 자라는 사람도 있고, 중간중간에 장래희망이 바뀌는 사람도 있다. 또한 한국적인 상황에서 고등학교를 졸업하게 되면 대부분 대학진학이라는 과제수행과 함께 어린 시절부터 꿈꾸어왔던 장래희망이 그대로 옮겨지기도 하고, 대폭 수정되기도 한다.

어린 시절에 갖게 되는 미래희망은 '내가 크면 무엇무엇이 되겠다'와 '나의 인생을 어떻게 어떻게 살겠다'와 관계되는 것이다. 이것은 아주 중요한 것이다. 그 사람의 인생의 방향이 결정될 수도 있고, 평생 동안 자신의 인생이라는 것을 살게 될 그 사람의 삶의 자세가 형성되는 하드웨어를 갖추게 되는 것이다.

어린 시절의 꿈은 참으로 소중하다. 또한 그 어린 시절 주변 여건과 주변에 어떤 사람이 있는가에 따라 그 사람이라는 인격체가 결정되는 중요한 요소가 된다. 그러나 인생은 청소년기의 시간을 벗어나면서부터 더 중요해지고, 더 할 것이 많아진다.

희망은 인생에 있어서 롱 샷long shot이다. 멀리서 바라보는 경치遠景이다. 어지간한 경치는 멀리서 보면 다 아름답다. 인생의 구도를 잡을 때 우리는 희망을 가지고 삶을 바라본다. 희망이 우리를 살게 하며 존재하게 한다. 그러나 그러한 희망을 우리는 기대할 수 있어야 한다. 우리는 우리의 희망을 막연히 보이는 롱 샷이 아니고 내 눈앞에서 선명히 보이는 클로즈업 샷close-up shot이 되어 지금 내 눈앞에 다가온 실재實在가 되게 해야 한다.

어려서부터 대통령이 되고자 하는 꿈을 가지고 살아왔다면, 어른이 되어서는 구체적으로 그 희망이 실현되도록 하나하나 계단을 밟고 올라가야 대통령이라는 자리로 다가갈 수 있다. 대통령이 되겠다고 생각하는 어릴 적 꿈은 희망이요, 어른이 되어 대통령이 되고자 계획하고 단계를 밟아 차근차근 나아가는 과정이 바로 기대하고 실행하는 것이다.

우리는 어른이 되어서도 앞으로 어찌어찌 살아야겠다고 자신의 인생을 다지고 조망하는 일을 꿈꾼다. 어른이 되어서도 희망은 여전히 중요하고 필요한 것이다. 그런데 어른은 희망을 갖는다고 말하고, 그 꿈을 이루기 위해 현실적인 준비와 과정을 밟으며 그 꿈이 성취되기를 바란다. 바로 기대하는 삶인 것이다.

어려서는 꿈이 많다. 그러나 고등학교 졸업 무렵, 대부분의 사람들은 좌절을 맛본다. 꿈꾸어왔던 이상과 지금 자신이 처한 현실 사이의 차이를 체감하게 된다. 멀리서 롱 샷으로만 조망해왔던 인생의 클로즈업 샷을 접하면서 우리는 현실을 겪는다. 사실 삶이란 어려움이 더 많다. 삶 속에는 비극적인 요소들이 더 많고, 그러기에 예부터 모든 문학작품이나 예술작품에서도 희극喜劇보다는 비극悲劇이 더 유명하고 비극의 메시지가 항상 더욱 의미심장하게 다가온다. 역사상 가장 위대한 희극배우였던 찰리 채플린Charles Spencer Chaplin, 1889-1977 역시 인생의 내면을 비극이라 표현하지 않았는가? 채플린의 말처럼 인생은 '가까이서 보면 비극이요, 멀리서 보면 희극'인 것이다Life is a tragedy when seen in close-up, but a comedy in long-shot.

태어난 이후 시간이 지나가면서 인생은 하나씩 둘씩 자기에게 다가오는 비극을 만난다.

화이트헤드Alfred North Whitehead, 1861-1947는 인생의 비극을 아직 모르는 단계까지가 '청춘youth'이라고 표현한다. 그는 그의 책『Adventures of Ideas1933』에서 진정한 청춘의 의미를 '아직 비극을 맛보지 못한 삶'이라고 표현한다The deepest definition of youth is life as yet untouched by tragedy. 다시 말하자면 삶 속에서의 고통과 슬픔을 느끼게 되면서 인간은 비로소 어른의 모습, 참 인간의 모습으로 들어서게 된다는 것이다.

역설적으로 표현하자면, 비록 어리지만 삶의 질곡桎梏을 맛보며 자라야 하는 청춘은 이미 인생의 길, 어른의 길에 들어선 것이다. 어려서부터 부모의 이혼으로 힘들게 자라야 했던 삶은 이미 청춘이라기보다는 인생을 살아왔던 것이다. 어려서부터 소년가장으로 살아야 했던 사람은 이미 어른의 인생을 일찍부터 살아온 것이다. 반대로,

나이가 들어서도 아직 삶의 쓴맛을 모르고 살아온 사람, 아직도 부모에게 손을 벌리며 마마보이의 모습으로 존재하는 이가 있다면, 비록 그의 나이가 성인의 숫자라 하더라도 그는 아직 미성년자의 시대에 있다고 표현할 수도 있을 것이다.

청춘의 시대가 가면서, 다시 말해 좌절을 경험하게 되고 인생의 고통의 바람을 쐬게 되면서, 우리 모두에게 어른의 시대가 도래한다. 본격적인 인생이 시작되는 것이다. 청춘의 시대는 희망의 시대이다. 물론 어른도 희망 속에서 산다. 그러나 어른의 시대는 희망이라는 큰 틀을 가지고 살면서, 구체적인 기대를 가지고 삶을 살아야 한다. 청춘은 꿈만 먹으면서도 살 수 있지만, 어른은 꿈을 꾸면서 그 꿈을 실제로 이룰 수 있게 기대를 하고, 그 기대를 실천하며 살아야 한다.

기대는, 클로즈업 샷으로 볼 때, 비극이 더 많은 우리의 인생을 개척해나가는 자세요, 방법이요, 과정이다. 희망은 우리를 일어서게 만들고, 희망은 우리를 긍정적인 존재가 되게 한다. 그리고 기대는 우리를 가능성 있는 존재, 자신감 있는 존재, 실제적인 존재가 되게 한다.

기대하는 삶도 연습이라고 했다. 비록 아이라도 기대를 연습시킬 수만 있다면 그는 더욱 유리한 존재로 성장하게 될 것이다. 우선 단기간에 해낼 수 있는 기대를 세워 실행하고 성취하는 경험을 하게 되는 것이 가장 중요하다. 몇 번의 성취 경험이 있으면 아이도 변한다. 아이일수록 아이가 성취한 것에 대해 주변에서 기뻐하고 칭찬하고 격려해주면, 아이는 기대하고 성취하는 것에 오히려 더욱 신명나게 될 것이다. 점점 더 아이로 하여금 단기간 혹은 장기간의 목표나 계획을 세우게 하고, 그것을 이루기 위해 단계별로 노력할 수 있게 해주면 된다. 아이가 실제로 그것을 이루게 되면, 아이의 마음에 더욱 큰 자신감이 서게 되고, 앞으로도 삶에서도 희망을 기대로 전환시키며 살 수 있게 될 것이다.

승자효과Winner Effect라는 용어가 있다. 이안 로버트슨Ian Robertson은 그의 책 『승자효과The Winner effect』에서 비록 아이 시절의 사소한 기억이라도 승리하고, 이기고, 해냈을 때, 그 사람은 더 큰 일에도 자신감을 갖게 된다고 말한다. 앞에서 언급한 양치기 소년 다윗이 아주 작고 보잘것없는 목동의 일을 하면서 얻었던 자신감으로 거인 골리앗을 이긴 이야기와 맥락을 같이하는 것이다.

희망을 구체적으로 기대하고 성취하는 일이 어린 시절부터 생활화된다면 그 사람의 평생은 항상 자신감 속에서 진행될 것이다. 학생의 때도 마찬가지이다. 이럴 때 보통 부모는 꼭 자기 아이가 공부와 연관된 기대를 세우기를 원한다. 그러나 시작은 가능하면 공부가 아닌 다른 것으로 해보는 것이 좋을 것 같다. 꼭 공부뿐 아니라 일상의 삶에서 작은 일이라도 내가 그것을 기대하고, 실천하여, 성취하는 경험은 그 아이의 남은 삶도 기대하며 사는 인생으로 이끌 것이다. 이후에 공부에도 그 기대가 적용될 수 있다면 그 아이의 삶은 금상첨화錦上添花가 될 것이다.

중요한 것이 있다. 아이에게 혹시 공부하는 것에 대해서는 기대하는 모습이 잘 적용되지 않는다 해도, 그 아이의 기대하는 삶 자체를 포기해서는 안 된다는 것이다. 공부는 삶에서 여러 가지 방법으로 하는 것이다. 학교에서 하는 공부만이 인생의 전부는 아니지 않는가? 아이가 해야 할 가장 중요한 공부는 책을 읽는 것이다. 아이에게 기대를 연습시킬 때, 가장 우선적인 것은, 학교공부나 성적보다는, 아이가 책 읽는 것과 관련된 기대에 익숙해지는 것이 가장 바람직하다고 생각한다. 아이가 책 읽은 것을 요약해서 어른에게 들려줄 수 있다면, 그것이야말로 가장 크고 가치 있는 기대라고 볼 수 있을 것이다. 사실 이것은 아이나 어른이나 똑같이 중요한 기대라고 본다. 어른에게도 가장 기본적인 기대연습은 책 읽는 것에서 시작하는 일이라고 생각한다.

기대하는 것에는 아이나 어른의 구분이 없다. 아이 때부터 기대할 수 있다면 그 아이의 미래야말로 모두에게 기대되는 미래가 될 것이다.

그러나 나이 든 성인이 되어 어린 시절의 바람과 꿈들을 다 잃어버렸다 해도, 우리… 지금부터 기대하면 된다.

24

영원한 **청년**, 기대하는 자

남다른 능력으로 남들이 가져보지 못한 모든 것을 소유하게 된 천하의 권력자나 갑부가 있다면 그가 부러운 것은 단 하나일 것이다. 바로 젊음이다. 젊음은 한시적이다. 아무리 가진 자라 해도, 그리고 아무리 강한 자라도 젊음이 떠나버리면 결코 그것을 되찾아 올 수가 없는 것이다. 젊은 시절 온 세상이 흠모하는 미모나 잘생김으로 시대를 풍미했던 이들도 세월의 흐름 앞에 서게 되면 그 좋았던 외모도 평균적 노년의 모습으로 변한다.

누구나 젊은 시절을 한 번은 거친다는 점에서 인간은 평등한 존재이다. 또한 누구에게나 그 젊음이 다 지나가 버린다는 점에서 인간은 정말로 평등한 존재이다. 인간이 불평등하다고 평상시에 불평하던 사람은 이제는 그 생각을 교정해 보길 충고하고 싶다.

청년의 가치는 비단 외모와 젊은 몸에만 있는 것이 결코 아니다. 그들의 앞에 미래가 놓여 있다는 것이다. 앞서간 사람들이 수없이 많은 시행착오를 거치며 살았던 그 삶의 길, 결코 우리가 돌이킬 수 없는 그 길인데… 그 길이 지금 청년 앞에 놓여 있는 것이다.

그런데 청년도 마찬가지이다. 인생은 단 한 번의 시간을 사는 것. 한번 돌이킨 시간은 결코 다시 돌아오지 않는다. 먼저 산 사람들은 자신이 삶의 선택의 기로에서 실수했던 일들을 평생 돌이키며 후회하지만 인생은 비디오처럼, 타임머신처럼 되돌릴 수가 없다.

사람은 자신이 중요한 순간에 저질러 정말로 많은 손해를 보게 되었던 실수를 젊은이들에게 알려주고자 한다. 현명한 젊은이는 먼저 갔던 사람의 충고를 소중하게 받아들일 줄 아는 사람이다. 또한 청년시절 주변에 좋은 충고를 해 줄 수 있는 부모, 형제, 선배, 친구를 만날 수 있는 사람은 정말로 혜택 받은 사람이다. 공자가 자기보다 500년 이전에 살았던 주나라 문왕이나 주공을 진정 자기의 스승으로 삼았던 것처럼, 주변에 정신적으로 나에게 도움이 될 이들이 없을지라도, 일찌감치 독서를 통해서 더 현명한 선배들을 만날 수 있는 청년이라면 그는 진정 최고의 행운아일 것이다.

청년의 시기는 한정되어 있기에 청년의 시간은 금방 흘러간다. 또한 젊은 나이라 할지라도 입시준비에 전념하고, 취업을 위해 노력하고, 일에 전념하고, 결혼을 하고, 자녀를 키우고… 하루하루 삶이 나에게 내려주는 과제들을 수행하다 보면, 내가 청년임을 생각하고 누릴 여유도 없이 청년의 시간은 그새 저 바다로 흘러가 버린다. 그리고 자신의 몸과 자신의 삶이 변해감을 느끼게 되는 것이다.

또한 나를 포함한 대부분의 사람들은 정작 청년 때에는 '내가 얼마나 가진 것이 많고, 내가 지금 무엇이든 다 도전할 수 있는 얼마나 행복한 시기에 있는지?'를 생각하지 못한 채 청년의 시기를 지낸다.

청년 때는 눈앞에 닥친 통과의례通過儀禮, Les Rites de Passa를 허겁지겁 감당하다 그 청년의 시간을 다 보내기 일쑤이다. 말이 청년이지 이 땅의 청년들은 너무 바쁘게 살아야 하고, 갖추어야 할 것들과 통과해야 할 과정들의 압박을 받는 시간 속에 있는 게 현실이다. 그러다가 어느 날 나이가 좀 들고, 삶을 생각할 만한 나이가 되면 그제야 청년의 시기를 그리워한다. 나이가 좀 들어야 청년의 시절, 청년의 정신, 청년의 몸, 그리고 청년의 건강을 그리워하게 되는 것이다. 그래서 청년이라는 말은 지금 청년인 어떤 이들을 지칭하는 말이 아니라, 모든 사람들이 동경하는 그냥 '이상적인 청년의 시대'가 되어 버리고 있는 것이다.

그래도 우리는 청년을 보면 격려하고, 그들이 가진 청년의 때를 부러워한다. 청년을 부러워하는 이유는 청년은 젊고, 청년에게는 미래가 있기 때문이다.

그리스 로마 신화에서 헤베Hebe는 청춘의 여신이다. 작고하신 신화전문가 이윤기 선생이 그의 책『그리스 로마 신화』에서 잘 설명하고 있다. 헤베는 제우스와 헤라의 딸로 영원히 늙지 않는 청춘, 불사不死의 여신, 그리고 회춘回春의 상징이다. 이 헤베의 로마식 이름이 유벤타Juventa이며 영어의 juvenile, juvenility이고 청년, 청년의 활기찬 모습을 뜻한다. 영어에서 '젊다'라고 할 때의 young, 이탈리아 축구 클럽 유벤투스Juventus도 같은 어원의 말이다. 고대 로마인은 이 유벤타 신에게 제물을 바치며 젊은이들은 자신의 젊음이 지속되길, 그리고 나이 든 이들은 회춘이 자신을 찾아오길 기도했다고 한다. 청춘의 상징인 헤베나 유벤타라는 용어에는 시대를 막론하고 젊음을 유지하거나 되찾고자 하는 마음, 회춘回春을 동경하는 마음이 녹아있는 것이다.

그러나 우리는 육체의 젊음, 육체의 회춘에 대한 미련을 버려야 한다. 몸의 메커니즘으로 볼 때 몸은 적절히 쇠퇴하고, 적절히 기능이 떨어져야 한다. 젊은 몸은 신진대사가 왕성하기 때문에 많이 소비하고 많이 내보낸다. 젊은 몸은 많은 에너지가 필요하고, 많은 에너지를 쓰고, 많이 배출해야 한다. 신진대사가 왕성한 것은 좋으나, 신진대사가 너무 왕성하면 신체 각 기관이 일을 많이 해야 하기 때문에, 신체 각 부품?들이 더 닳게 되고, 그 수명이 점점 더 떨어지게 되어 있다. 중고차 시장을 생각하면 간단하게 이해될 것이다. 중고차를 사러 간 고객 앞에 똑같은 제품, 똑같은 연식인 10년 된 중고차가 있다고 하자. 아무리 차의 외모가 좀 덜 상했다 해도, 주행거리가 많으면 그 중고차는 멀리해야 한다. 한두 군데 스크래치가 있어도 주행거리가 적은 중고차가 유리한 것이다. 몸도 마찬가지이다. 평생 청년이라면, 평생을 강하고 세게 산다면, 그 사람의 수명은 더 짧아지게 될 것이다.

불타는 젊음의 몸은 아니지만 일찍부터 적절하게 운동하고, 적절하게 먹고, 적절하게 배출한 사람은 나이 들었을 때 그 적절한 유지의 덕을 보게 된다. 육체가 젊다 해도 그 젊음을 누릴 수 있는 시간은 20여 년 정도에 불과하다. 내가 40세일 때 보았던 20대 청년을 40년 후에 본다면, 나는 80세, 그는 60세가 된다. 서로 동료가 될 수도 혹은 친구가 될 수도 있다. 요즘엔 80대인데 60대보다 건강한 사람들이 꽤 많다. 육신의 젊음이라는 것도 잠시일 뿐, 결국 모든 젊음은 흘러가 버리는 것이다.

그러기에 진정한 젊음은 결국 그 정신에서 판가름 되는 것이다. 신진대사가 필요 이상으로 많이 이루어지면 건강을 해치게 되지만, 반대로 신진대사가 너무 적어져도 우리 몸은 노쇠하게 된다. 정신이 살아 있으면 적절한 신진대사가 항상 이루어지기 때문에 몸도 덩달아 활동하게 되어 건강을 유지하게 된다.

정신이라는 용어 말고 우리의 뇌라는 용어를 써보자. 우리의 정신 활동은 뇌를 활발하게 움직인다. 뇌는 탄수화물을 에너지로 사용하는데 그 사용량이 제법 된다고 한다. 뇌 활동이 많으면 당뇨나 탄수화물 중독의 걱정을 덜어낼 수 있는 것이다.

우리가 말하는 정신은 뇌 활동만을 의미하지는 않는다. 뇌 활동과 보이지 않는 또 다른 정신의 세계를 말하는 것이다. 나는 운동하는 것도 정신활동이라고 생각한다. 어려서는 운동을 놀이라고 생각하지만, 나이 든 사람의 운동은 정신활동의 일부인 것이다. 우리는 운동을 몸으로 한다고, 근육으로 한다고 생각하지만, 그것은 잘못된 생각이다. 운동은 한 사람의 몸과 마음 전체가 하는 것이다. 몸과 마음이 함께 어우러져 운동을 한다. 그래서 훌륭한 운동선수는 그의 몸과 함께 그의 정신이 다른 선수보다 앞선다. 훌륭한 운동선수 치고 머리가 나쁜 사람은 없다. 인간의 정신활동은 분명히 우리의 건강과 신진대사에 핵심적인 요소인 것이다.

내가 존경하는 한 분이 있다. 나의 아버지뻘 연세가 되시는 유명한 분이다. 그분은 내가 청년일 때도 나보다 앞서가셨던 분이다. 내가 청년일 때도 그분의 책은 항상 최첨단 지식과 인생관을 제시해주었고, 지금도 여전히 그분의 글이나 강의는 우리를 배우게 해준다. 나는 그분이 몇 살까지 사실지 참 궁금하기도 하다. 큰 이변이 없는 한 분명코 장수하실 것으로 생각된다. 왜냐하면 그분의 정신이 항상 활동하고 앞서가시기 때문이다.

몸이 청년이길 바라는 이만큼 어리석은 자는 없다고 생각한다. 청년이라는 단어야말로 아주 유한有限한 단어이다. 잠시 있다가 있는 줄도 모르는 사이에 우리를 떠나 버리는 것이 바로 청년이라는 단어이다. 그러나 우리의 정신이 청년일 때, 우리의 정신이 살아서 활동할 때 그는 진정 영원한 청년이 될 수 있을 것이다.

정신이 구체적으로 살아있다는 가장 큰 증거는 바로 기대하는 삶의 모습이다. 플라나리아Planaria는 몸이 아무리 잘려도 새 몸으로 다시 재생된다. 한 마리를 열 토막으로 자르면 새로운 열 마리가 되는 것이다. 어찌 이런 신비한 일이 있을 수 있을까? 플라나리아는 영생하는 생물인 셈이다. 와! 부러운가? 그러나 그 플라나리아에게는 정신이 없다. 그는 몸으로만 존재할 뿐이다. 그는 그냥 세포일 뿐이다. 플라나리아는 그저 몸으로 있을 뿐이요, 장수 연구자의 실험대상일 뿐이다. 우리의 몸은 유한하지만 그래도 내 몸을 잘 다듬고, 나에게 주어진 생을 좀 더 젊게 살 수 있고, 의미를 생각하며 의미를 나눌 수 있는 그런 삶의 존재가 바로 기대하는 자의 모습인 것이다.

각각 한 번씩 우리에게 주어진 삶을 살 때 우리가 청년이라는 말을 들을 수 있는 시간은 사실 십여 년 남짓일 뿐이다. 그러나 큰일이든 작은 일이든 무언가를 기대하고, 그것을 하나씩 실천하여 성취할 수 있는 삶의 모습이 있다면, 그야말로 진정한 청년의 모습이요, 청년 같은 삶을 사는 사람인 것이다. 그러기에 기대하는 이는 영원한 청년이다. 또한 나를 위해서 기대할 뿐만 아니라 남을 위한 나를 기대할 수 있는 사람은 비록 그가 나이 들었다 해도 광채 나는 청년으로 보일 것이다.

오늘 하루를 기대하고, 내일을 기대하고, 내년을 기대하고, 또한 나의 죽음 이후도 기대할 수 있는 사람은 그야말로 항상 홍안소년紅顔少年인 것이다. 홍안소년이라는 말은 몸의 상태를 설명하는 것이 아니라 마음의 상태, 삶의 모습을 일컫는 말이라고 생각해 본다.

절세의 미인도, 경국지색의 미인도, 역발산의 기세도 결국 세월을 이기지는 못한다. 그러나 기대하는 그 정신은 우리가 이 세상을 사는 날 동안 항상 우리로 하여금 청년의 마음을 갖게 해줄 것이며, 우리가 이 세상에 존재하는 그날까지 우리 자신이 아주 자랑스러운 존재라고 자부할 수 있는 자신감을 갖게 해 줄 것이다.

25

이어지는 **기대,**
무덤이 그 **종착역**이 아니다

    태어나면 언젠가는 죽는다. 제대로 된 모양을 갖춘 생명체는 그
것이 나무든, 꽃이든, 동물이든, 오래 살든, 짧게 살든 언젠가는 죽
는 것이다. 허무주의자들은 이런 것을 강조한다. 언젠가는 모두 죽
게 된다는 것이다. 물론 욕심에 사로잡혀 끝없이 소유하려는 사람,
사소한 인간의 정에 얽매여 더 큰 것을 보지 못하는 사람들에게는
우리 모두가 언젠가는 죽는다는 전제를 가르쳐 주는 것이 좋다고 본
다. 그러나 모든 존재는 죽는 것이 그 존재의 끝이 아니다. 모든 존
재는 이어지고 이어지고, 반복되고 반복되는 것이기 때문이다.

    나무는 자기와 같은 다른 나무들을 만들어내고 죽는다. 동물은 자
기와 똑같은 동물을 만들어내고 죽는다. DNA라는 것이 전달되는
것이다. 모든 존재는 이 세상에서 자기의 수명 동안 죽지 않고 생존
해야 한다는 본능을 가지고 있고, 한편으로는 자기와 똑같은 후손을
이 세상에 남겨 놓고 죽어야 한다는 본능을 똑같이 가지고 있다. 이
러한 본능은 아주 긴 시간 동안 전해지고 또 다듬어지고, 조금씩 변

한다.

인간도 나무나 꽃과 같은 생명체다. 인간도 동물이다. 그래서 우리에게도 생명체의 본능, 동물적인 본능이 있다. 생존해야 한다는 본능, 그리고 자식을 낳고 키워서 후세를 남기고자 하는 본능 말이다. 나는 기회가 있을 때마다 내셔널 지오그래픽National Geographic 방송 보기를 좋아한다. 타 존재의 본능을 보는 일은 참으로 흥미롭고, 경이롭고, 때로는 신기하다. 이 지구에서 우리만 존재가 아닌 것이다. 또한 타 존재의 모습을 들여다보게 되면 자기도 모르게 점점 나 자신을 알고 깨닫게 된다. 동물을 알게 되면 사람을 알게 되고, 나를 알게 된다. 천하만물을 생각하는 마음의 문이 열리게 된다면 그만큼 나 자신을 생각하는 마음도 열리는 것이다.

동물의 세계에서는 자기의 존재와 자기 후손의 존재를 위해서 남을 잡아먹어야 한다. 다른 존재를 먹지 않고서는 내가 살 수 없는 것이다.

군함조軍艦鳥 frigate bird라는 새는 바다에 살면서도 자신의 깃털이 방수가 잘 안 되다 보니 물고기 사냥을 제대로 못한다고 한다. 그런데 이 새는 자신의 생존방식이 이상하다. 군함조는 자신이 사냥하면서 사는 대다수 바닷새들의 생존방식을 버리고 대신에 다른 새가 방금 사냥한 것을 빼앗아 먹음으로써 사는 것이다. 이 새의 물고기 잡는 실력은 다른 새보다 못하지만, 비행능력과 남의 것을 빼앗는 능력과 힘은 탁월하다고 한다. 인간의 눈으로 볼 때는 참으로 죄질이 나쁜 생존모습이다. 내가 날 수만 있다면 이놈들을 쫓아가서 혼을 내주고 싶다. 어찌 그렇게 치사하게 사냐? 그러나 이것도 군함조라는 새의 한 생존방식이니 어쩌겠는가?

어떤 말벌은 덩치 좋고 건강한 바퀴벌레 한 마리를 물색하여 고른 후 자신의 그 무시무시한 침으로 일단 바퀴벌레가 죽지 않을 정도의 강도로 쏜다. 그것을 조절하는 능력이 탁월하다. 죽으면 안 된다. 죽으면 바퀴벌레가 썩는다. 독을 주입하는데 죽지 않을 정도의 강도로 조절한다는 것이 신비스럽다. 그리고 말벌은 그 죽은 듯하나 죽지 않은 바퀴벌레의 몸 안에 자기의 알을 낳는다. 말벌의 알은 바퀴벌레의 몸속에서 몇 주 후 부화하여 애벌레가 되고, 갓 깨어난 애벌레들은 아직 썩지 않은 바퀴벌레의 몸을 먹으며 가장 중요한 시기를 보내어 이후 성체로 살아남게 된다는 것이다.

동물의 생존세계를 보면 인간보다 훨씬 더 우수하고, 열정적이고, 때로는 인간보다 훨씬 더 비열?하고, 때로는 눈물 날 정도로 숭고한 경우가 많다. 생존과 번식으로만 본다면 인간은 다른 생명체보다 결코 우수하다고 말할 수가 없을 것이다.

앞에서도 언급한 대로 리처드 도킨스Richard Dawkins, 1941-같은 생물학자의 눈으로 보면, 그가 그의 책『이기적 유전자The Selfish Gene』에서 설명하듯이, 남을 위하고, 남을 위해 희생하는 이타적인 행동조차도 생존과 번식을 위해서 저절로 몸에 밴 행동이라고 설명된다. 분명 동물에게도 이타적인 행동이 있고 인간보다 훨씬 더 고귀한 희생이 많다는 것이다. 그런데 이러한 동물들의 이타적 행동이야말로 꼭 살아남아 자신을 포함한 자기 종種의 DNA를 남기겠다는 극단적 이기주의에서 나온 것이라는 말이다. 이타적인 행동이 사실은 이기주의적 상황에서 나왔다는 것이다. 참으로 찜찜한 이야기가 아닐 수 없다.

그러나 분명하고 엄청난 차이가 있다. 동물은 후세대에 자신의 몸만 남기지만, 인간은 후세대에 자신의 몸을 남길 뿐 아니라 정신을 남기고, 문화를 남기고, 사상을 남기고, 가르침을 남긴다.

인간이 그동안 가져왔던 오만함과 천하제일의 존재라는 편견에 경종을 울리고, 이 세상 모든 존재를 존중해야 한다는 의미에서 볼 때, 도킨스의 견해를 우리 모두 충분히 공감하고 이해할 수 있다. 그러나 그래도 인간은 다른 생명과 너무 다르지 않는가?

동물은 자기 새끼에게 몸과 생존에 관련된 본능만을 남겨준다. 그러나 인간은 자기의 새끼에게 DNA와 생존을 남겨주면서도, 아울러 자기의 새끼를 비롯한 다른 후대의 모든 인간들에게 몸과 생존보다 훨씬 더 많고 소중한 것들을 남길 수가 있는 것이다.

몸뿐 아니라 몸 이외의 것들을 남길 수 있는 인간이야말로 동물의 수준을 초월한 진정한 인간이 아닐까? 인간은 세상만물 중에서 가장 축복받은 존재인 것이다. 자식에게 좋은 몸을 남기고 좋은 재산을 남기는 것까지는 사실 동물이 하는 영역과 차이가 없다. 그것만이 다라고, 혹은 위대한 것이라고, 부모로서 혹은 앞선 세대로서 다 했다고 생각하는 이는 너무나 잘못 생각하고 있는 것이다. 자식에게 부모의 정신, 부모의 삶의 방식과 철학, 부모의 가치를 물려줄 수 있다는 것, 그리고 이것들이 자식에게만 한정되는 것이 아니라 모든 인간세계에 함께 공유될 수 있다는 것, 바로 이것이 우리 인간을 위대한 존재가 되게 하는 놀랍고 신비스러운 차이가 아닐까?

좋은 것들은 이어진다. 가치 있는 것들은 결코 인간세계에서 버려지지 않는다. 반드시 남고, 사용되고, 또다시 전해진다. 이 세상에 주어진 단 한 번의 삶을 살면서, 한평생 겨우 자기 생존하는 데에 온 힘을 쏟아 붓고, 조금 더 나아가서 자기 자식을 성장시키고 유산이라도 좀 더 물려주는 데 온 힘을 쏟아 붓고 마치는 인생은 인간이 아닌 다른 생명의 생애와 별반 차이가 없는 생애인 것이다.

모든 생명은 다 소중하다. 그러나 인간이 다른 생명체와 다른 것은 자기 몸, 자기 후세를 위해서 노력할 수 있으면서도, 다른 사람들, 이 세상, 그리고 이 세상의 역사를 위해서도 좋은 것을 남길 수 있다는 데 있는 것이다.

정도전鄭道傳, 1342-1398은 조선의 개국공신이었지만, 자신의 정신적 제자였던 이방원太宗에게 죽음으로 비참한 생애를 마친다. 정도전의 생애는 해피엔딩이 아니었다. 정도전 역시 파워게임을 진행하다가 실패하여 일찍 저승으로 떠나버린 것이다. 그러나 실제는 달랐다. 조선왕조는 늘 문제가 많았으나 그 기본 골격인 왕권과 신권의 조화라고 하는 정도전이 세워놓은 큰 틀 속에서 생존했다. 500여 년 동안 조선이라는 나라가 돌아가던 기본 틀 역시 정도전이 만들어 놓은 구상 속에 있었던 것이다. 단일왕조가 세계역사에 드물게 500여 년간이라는 긴 세월 동안 유지되었다. 보통 조선왕조 500년을 이씨 왕가의 시대라고 말하지만, 혹자들은 조선 500년이야말로 진정 정도전의 시대였다고도 말하는 것이다.

이 책에서 언급했던 강태공이라는 사람의 사상도 마찬가지이다. 그의 사상은 동양인들이 영원히 사모하는 주周나라의 개국에 지대한 영향을 주었고, 이후 문왕, 무왕, 주공에게로 전수되었다. 공자에게도 이어졌고, 그리고 영원히 지지 않는 동양사상의 원류로서 지금도 살아있는 것이다.

우리가 생각하고 성취하는 기대들은 때론 크기도 하고, 때론 사소한 것이기도 할 것이다. 그러나 크고 작고를 떠나서 내가 기대하는 것이 다른 사람의 기대로 이어질 수도 있다. 다시 말하자면 '이어지는 기대'도 있는 것이다. 여러 번 강조하지만 국가적이고 세계적인 큰일만 일이 아니다. 우리들 각자의 삶의 자리에서의 일들 역시 역사요, 큰일이다. 그런데 우리가 기대했던 일들이 우리의 생애에서만 유효하지 않는다는 것이다. 좋은 기대는 이어질 수 있는 것이다.

롱펠로우의『인생예찬』은 또 이렇게 말한다.

"무덤이 그 종착역이 아니다."
The grave is not its goal.

우리는 결코 이 세상에서 살다가 사라져가는 존재가 아니다. 우리는 이어진다. 우리의 육체적인 후세DNA로 이어지고, 우리의 삶의 흔적으로 이어지고, 우리의 발걸음으로 이어지고, 우리의 업적으로 이어진다. 그리고 내가 강조하고 싶은 것이 있다. 바로 우리가 기대했던 좋은 것들, 우리가 기대하고 성취하고자 노력했던 것들도 이어진다는 것이다.

시야를 좁은 곳에 두는 사람은 이어진다는 것을 느끼지 못하고 산다. 시야가 좁은 존재는 자기밖에 못 본다. 고작 좀 더 넓게 본다 해도 자기 자식과 자기 둘레밖에 못 보는 것이다. 그러나 시야를 넓게 가지는 이는 내 주변을 본다. 나의 자녀들을 본다. 온 세상이라는 것을 본다. 인류라는 것을 본다. 그러한 인류요, 온 세상이요, 우주라는 거대한 단어들이 나와 무관한 어마어마한 그 어떤 것이 아니라, 그것들이 나의 삶 주변에서 내 눈에 아주 쉽게 보임을 느끼게 되는 것이다. 시야가 좁은 사람은 '내가 죽으면 이 세상은 끝'이라는 동물도 생각하지 않는 헛된 생각에 지배를 당한다.

우리 모두 작은 기대로 많이 성취하고, 또한 좀 더 큰 좋은 기대도 많이 갖자. 혹 이루지 못하는 기대가 있다 해도 부끄러워하거나 슬퍼하지 말자. 내가 기대했던 좋은 것은 반드시 이어지기 때문이다.

내가 직접 완성해야만 된다고 생각하지 말자. 단 한 가지라도 내가 직접 완성해야만 그것이 진정 나의 일이라고 생각한다면, 우리는 어쩌면 평생에 보람 있는 기대를 단 한 가지도 이루지 못하고 죽을 수도 있다. 내가 첫 삽이라도 떴으면 내가 한 것이다. 다른 많은 사람들이 함께 했지만, 나도 한 것이고, 결국 내가 한 것이다.

진정으로 좋은 것은 이어져 내려가면서 이루어진다.

인류 최고의 역사서요, 문학작품 중 하나라고 불리는 사마천司馬遷, B.C. 145?-B.C. 86?의 『사기史記』는 사실 그의 아버지 사마담司馬談에서부터 시작되고 아들에게 이어져 열매를 맺은 것이다. 서양 중세예술의 보물인 노트르담 성당Cathédrale Notre-Dame de Paris도 150년 이상의 시간 속에 완성된 것이다. 처음 공사를 계획했던 사람과 첫 삽을 뜨고 일을 시작했던 사람들의 역할들이 수없이 다른 이들에게 이어지고 또 이어져 오늘날 아름다운 건축물로 우리 앞에 서있는 것이 아닌가?

서양사에서 획기적인 사건 중에 하나였던 종교개혁의 역사를 진행했던 마틴 루터martin Luther, 1483-1546의 정신은 그보다 이전에 있었던 위클리프John Wycliffe, 1320-1384의 개혁적인 가르침과, 그 정신을 계승하고 나누다가 화형을 당함으로 일찍 세상을 떠난 후스Jan Hus, 1372-1415의 개혁정신을 이어받은 것임을 우리는 학창시절에 이미 배웠다. 개혁을 직접 이루지 못했다 해도, 개혁의 사상을 가지고 노력하고 다른 이와 나누었다면 그는 개혁의 선구자일 뿐 아니라, 개혁자의 반열에 서는 것이며, 개혁자가 되는 것이다.

어느 유명한 스님이 입적入寂을 했다. 스님의 입적에 수많은 신도들이 모여 스님의 가는 길을 애도했다. 또 다른 어느 스님이 입적을 했다. 신도들의 모습이 보이지는 않지만, 이제 막 수행의 삶을 시작한 젊은 스님들이 제법 모여서 먼저 가신 스님을 역사 속으로 보내 드린다. 조금만 관심을 들이면 알 수 있다. 수많은 신도들이 모이지는 않았지만, 그의 장례에 젊은 스님들이 모였다는 것은 가신 스님의 사상이 앞으로 이어지고 연결될 것임을 암시해주고 있는 것이다. 신도들이 아무리 많다 해도 그것은 신도일 뿐이다. 그러나 젊은 스님들이라면 다르다. 그들은 앞으로 더 많은 일들을 할 것이고, 더 많은 신도들을 가르치게 될 것이고, 더 귀한 사상들을 이어가고 전해 갈 것이다.

우리가 기대하는 것들이 혹 성취가 안 된다 해도 그것이 좋은 기대라면 그 기대는 반드시 이어진다. 그리고 누구나 어떤 좋은 기대를 시작할 수 있고, 어떤 좋은 일에 선구자가 될 수 있다. 그러기에 무덤은 진짜로 우리가 기대하는 것의 종착역이 결코 될 수 없다.

26

죽음 이후를 기대해 보자

기대는 단순히 희망하기만 하는 모습에서 벗어나 계획적으로 희망하고, 구체적으로 희망하는 일이다. 말과 생각과 행동은 참으로 밀접하게 연결되어 있다. 말과 생각과 행동은 서로에게 중요한 영향을 준다. 말을 하게 되면 생각이 따라오고, 행동도 따라온다. 행동을 통해 생각도 말도 바뀐다. 생각이 바뀌면 말과 행동도 그 생각의 영향을 받게 된다. 옷차림만 바뀌어도 사람의 발걸음이 달라진다. 마찬가지로 기대를 하고, 그 기대를 실천하는 일은 나의 생각을 바꾸어 준다. 나의 생각하는 방식을 바꾸어 줄 뿐 아니라, 내가 나의 의미와 나의 존재를 자랑스럽고, 소중하게 볼 수 있게 해준다.

아주 작은 기대를 해 볼 수도 있고, 일상생활에서 흔히 세워보는 계획을 기대해 볼 수도 있고, 좀 더 크고 의미 있는 일을 기대해 볼 수도 있고, 다른 사람과 이 사회와 나라를 위한 큰일을 기대할 수도 있을 것이다.

과학 공부를 하게 되면 모든 물질과 생물이 다 귀하게 생각된다.

우리가 먹는 식물도 우리가 먹는 동물도 그것이 단순하게 우리의 먹이에 불과한 것이 아니라 사람하고 똑같이 이 세상에 다 중요한 존재라는 생각이 든다. 작은 쥐 한 마리의 배 속이나 어마어마한 크기인 고래의 배 속이나 크기는 달라도 배 속의 그 구조는 비슷하다는 것이 참으로 신기하다. '바퀴벌레가 얼마나 이 지구상에서 엄청난 힘을 가지고 살아왔으며, 우리 인간보다 훨씬 더 오래 전부터 강하게 존재해왔는가?'라는 생각을 해본다. 모든 생물들이 모양과 크기가 다르고 서로 먹히고 먹는 관계가 다르지만 다 중요하고 의미 있다는 생각이 든다.

이 모든 존재가 그 존재 자체로서 이 세상, 이 우주에 다 중요한 존재인 것처럼, 우리 개개인이 갖게 되는 기대는 그 모든 기대가 다 소중하며, 그러한 기대를 성취해낼 때마다 우리가 느끼게 되는 기쁨은 모두 다 귀한 것이다.

기대는 나의 생전에 행하고 내가 살아있을 때 그것을 성취하는 것이 원칙이지만, 나의 죽음 이후를 기대해 볼 수 있음도 잊지 말아야 한다. 이 책에서 기대란 철저하게 나 자신이 주체적으로 생각하고 성취하는 것임을 강조했던 것처럼, 나의 죽음 이후에 대한 기대도 철저하게 내가 계획하고 내가 행동한 것이 성취되는 것이다. 그런데 그 성취를 내가 직접적으로 보거나 누릴 수는 없는 것이 바로 죽음 이후의 기대가 될 것이다.

죽음 이후에 대한 기대에 대해서 나는 두 가지를 생각해 보고 싶다. 하나는 '내가 지금 죽었을 때 나를 아는 이들이 어떻게 나를 생각할까?' 하는 것이고, 다른 하나는 내가 죽고 난 이후 이 세상에 남긴 나의 흔적은 소리도 없고, 특별하게 의도적으로 나라는 존재를 드러내는 일도 없을 것이라는 점이다. 그렇지만 그럼에도 불구하고 내가 이곳을 떠난 후에 어떻게 나의 흔적이 남아있을 것이며, 내가 남기고 간 발자취가 어떠한 모습으로 다른 사람과 이 세상에 영향을 끼치고 있을까 하는 것을 우리는 생각해야 한다.

학창시절에 즐겨 들었던 킹 크림슨King Crimson이라는 영국 그룹이 있었다. 이들의 최고 걸작은 1969년에 발표된 〈에피탑Epitaph〉이라는 노래이다. 에피탑은 금지곡은 아니었지만 8분 정도 되는 긴 노래와 연주가 이어지기에 타이트한 방송프로그램에서 나오려면 많은 준비가 있어야 했던 곡이었다. 에피탑은 묘비명墓碑銘을 말한다. 노랫말은 좀 비관적이다. 이 노래의 작자는 자신의 묘비명이 '혼란'이 될 것 Confusion will be my epitaph이라고 외친다. 노래는 우리를 일깨워주기 위해 혼란이라는 단어를 사용하고 있다. 1960-70년대는 사회가 급격하게 변하고 있었고 이념과 각국의 이익 때문에 전쟁이 발발할 수 있는 위기가 많은 상황이었기에, 이 노래는 온 세상의 잘못을 지적하고 깨달음과 성찰을 촉구한다. 노래 한 곡의 위력을 실감할 수 있다. 지금도 들어보면 노래의 세계 속으로 빨려 들어가는 느낌이 들 정도로 강력한 느낌을 준다. 그러기에 명곡인 것이다.

킹 크림슨의 노래를 떠나 우리는 그의 노래제목인 에피탑묘비명에 집중해 보고자 한다. 한때 각종 학교나 동아리 같은 단체에서 인간관계 훈련이 한창이던 시절이 있었다. 인간관계 훈련의 마지막 단계는 자기의 묘비명을 써보는 것이었다. 그때가 되면 모두가 진지해

지고, 한 사람씩 나와서 자기가 쓴 묘비명을 읽을 때, 모두가 웃기도 하고 울기도 했던 기억이 지금도 생생하다.

인터넷에 나오는 몇 명 유명인들의 묘비명을 한번 보자.

- 철강왕 앤드류 카네기Andrew Carnegie − 자신보다 현명한 사람들을 주위에 모으는 방법을 알던 사람, 여기에 잠들다.
- 코미디언 김미화가 미리 지어놓은 자신의 묘비명 − 웃기고 자빠졌네.
- 『적과 흑』의 작가 스탕달Stendhal − 살았다. 썼다. 사랑했다.

더 재미있고 의미 있는 것이 많지만 검색하면 쉽게 볼 수 있으니 이쯤에서 멈출까 한다. 꼭 검색해 보길 바란다. 코미디언 김미화의 묘비명은 한국에서 볼 수 있는 묘비명 중 단연코 최고가 아닐까 생각한다. 김미화의 묘비명은 역사적 명인들이 직접 자기 묘비명을 썼던 것과 맥을 같이한다. 직접 묘비명을 쓴 사람들은 직접 자신의 삶을 디자인하던 이들이다. 그러기에 자신의 마지막에 걸릴 묘비명 역시 자신이 추구하며 살아왔던 자기 인생에 대한 기대와 그 기대를 성취하기 위해 살아온 자신의 모습을 담고 있는 것 아닌가?

영화 〈벤허〉의 끝 장면은 영화사에 길이 남을 명장면 중 하나이다. 예수의 십자가 처형이 막 끝나고 천둥과 비바람이 치는데, 억수로 내리는 비는 십자가에서 방금 운명한 예수의 가시면류관을 지나고, 십자가 양 끝에 못 박혀 고정되어 있는 손끝을 지나고, 그리고 예수의 온몸을 타고 흘러내린다. 피범벅이 된 십자가와 피범벅이 되어 십자가에 붙어 있는 예수의 몸을 빗물이 때리고, 그 빗물은 피와 함께 섞여 십자가에서 땅으로 내려간다. 그 핏물은 언덕 위를 흐르고, 언덕 밑 냇물에 도달한다. 내리는 빗줄기로 거세진 냇물에 핏물이 섞이고, 이내 그 냇물은 큰 강을 향해 흘러내려간다. 예수의 삶이 그대로 세상에 소리 없이 퍼져나가는 모습을 참으로 잘 표현했다. 기독교인이 아니라도 이 장면을 보면 누구나 감동한다. 한 사람의 삶이 온 세상에 소리 없이 남겨지고, 소리 없이 영향을 주게 되는 모습을 이처럼 잘 표현할 수 있을까?

돼지가 도축장에서 그냥 죽는가? 아니다. 돼지는 죽었지만 소리 없이 우리 몸에 들어와 우리의 건강을 돕고 다시 빠져나간다. 모든 존재는 겉으로는 죽어도 소리 없이 이 땅에 남는다. 겉으로는 보이지 않아도 우리 몸 안에는 긴 세월 동안 이어지고 전해진 모든 생물의 유전자가 들어있다.

죽음 이후를 기대하라. 유명해져서 죽고 그 유명한 이름을 온 세상에 남기라는 말을 하는 것이 결코 아니다. 내가 이 땅에 살다가 이곳을 떠나도, 나의 그 모든 것은 그 어떤 모습으로든 이 세상에 남는다는 말을 하고 싶은 것이다. 소리 없이 남는데, 그 남은 그 무엇으로 이 땅에 사는 그 누군가에게 도움이 될 수 있기를 기대하자는 것이다.

제일 분명하고 좋은 것은 발명품일 것이다. 좋은 것을 발명하고 이 세상을 떠나면 후대 사람들이 그 발명품을 쓰면서 큰 도움을 받게 되니 이보다 좋은 일이 어디 있겠는가?

현재 문명 최고의 발명품인 스마트폰을 사용하며 우리는 가끔 스티브 잡스를 생각하게 된다. 그는 떠났어도 그의 정신과 아이디어는 이 땅에 남아 살아서 현역으로 존재한다.

중부고속도로를 달리다 진천 부근을 지나게 되면 '진천 농다리'가 보인다. 천 년 전에 돌로 만든 다리인데 지금도 똑같이 다리 기능을 하고 있다. 아쉽게도 건넛마을이 최근에 저수지가 되어 이 다리가 마을과 마을을 잇던 큰 보람은 없어져 버렸다. 비록 작은 마을을 잇는 다리지만, 이 다리가 천 년 동안 자신을 밟고 냇물을 건너는 사람들의 삶에 얼마나 아름다운 일을 했는가? 이 다리가 샌프란시스코의 금문교는 아니지만, 천 년의 세월 동안 작은 마을 사람들에게 봉사해온 그 다리를 만든 사람이 새삼 위대하다는 생각이 든다.

그러니 위인들처럼 눈에는 보이지 않아도, 후대 사람들의 삶에 부드럽게 녹아들어 있는 앞서간 사람의 존재야말로 가장 귀한 인류의 자산이 아닌가 생각한다. 가정의 자녀들을 잘 교육한 가장의 존재는 성장하여 이 세상을 사는 자녀들의 삶에 말없이 녹아 있는 것이다. 평생을 교단에서 가르침으로 삶을 보낸 교사의 삶은 그 제자들과, 그 제자들의 삶의 자리와, 그 제자들의 제자들과 후손의 삶 속에 녹아있는 것이다. 좋은 음식을 만들어 많은 사람들에게 건강과 기쁨을 나누어준 사람은 그 음식을 먹었던 사람들의 몸과 마음속에 남아 있는 것이다. 그들이 나누어 먹었던 음식들은 영원히 이 우주에서 없어지지 않는다. 마찬가지이다. 앞선 사람의 존재는 어떠한 모습으로든, 눈에 보이는 것으로든, 혹은 눈에 보이지 않는 것으로든 이 세상

어디에 반드시 존재한다.

　내가 이 세상을 떠난 후 나는 어떤 모습으로 이 세상에 남아 있을까? 자신의 삶을 기대하고 성취하며 사는 사람은 바로 자신의 죽음 이후의 모습에 대해서도 기대하며 살아야 한다. 단 그것의 성취는 내가 누리는 것이 아니라 다른 이들이 누리게 되는 것이다. 인간 이외의 생물들은 후손을 낳고, 키우고, 유전자를 남기고 가는 것이 최대 존재의의이다. 사람에게도 후손을 낳고 양육하고 가르치는 일이 중요하기는 하지만, 사람은 그 이상의 일들을 할 수 있는 존재이다. 그 이상의 일들이 사람의 사후에도 남겨져 크든 작든 그 어떤 역할을 하게 되는 바로 그 일을 기대할 수 있는 이야말로 진정 인간이 다른 생물과 무엇이 다른 존재인가를 보여주는 것이 아닌가 생각한다.

　나 자신도 이름 없이 살다 가기를 원한다. 묘나 묘비명에 대한 생각도 없다. 숭고하고 의미 있는 장례식에 대한 생각도 없다. 그냥 조용히 살다 어느 날 조용히 가기를 원한다. 그러나 내가 남들 모르게 행한 그 어떤 좋은 일이 내가 이 세상을 떠난 이후에도 남들에게 좋은 영향으로 남기를 기대한다. 좋은 물건을 발명하거나 아름다운 기부를 하여 후학들을 양성하는 이들은 정말로 존경받아야 할 사람이다. 내가 혹시 그럴 여건이 못 된다 하더라도, 무언가 작은 것이라도 내가 떠난 이 세상에 남길 기대한다. 그리고 그 소박한 기대를 세우고, 좀 더 큰 기대를 세울 수 있으면 세우고, 그리고 그것이 이루어질 수 있도록 노력하고 싶다. 남은 결과는 이 땅의 남겨진 사람들에게 맡기면서 말이다.

27

인간이 갖는 기대에서 인간 이상의 기대로

동물의 세계를 알면 알수록 동물세계를 존중하게 된다. 동물세계에도 엄청난 지혜와 생존의 기술이 있다. 그리고 아름다운 동료애도 있다. 원숭이 한 마리가 기절했는데, 동료원숭이가 그 기절한 원숭이가 깨어나도록 뺨을 때리고, 흔들고, 그래도 일어나지 못하니까 물웅덩이에 담그니 그제야 깨어나는 장면도 보았다. 마치 사람과 똑같았다. 코끼리가 죽은 식구를 애도하는 장면도 보았다. 개는 주인이 슬퍼 보이면 개 자신도 우울증에 빠진다고 한다. 월동준비를 완벽하게 하고 겨울을 잘 나는 동물의 모습을 보면 참으로 그들의 지혜와 본능과 신체조건이 놀랍도록 어울리고 있음을 느낀다. 새끼를 잘 낳고, 보호하고, 키우는 그들의 모습은 가히 신성하게 보일 정도이다. 동물은 단순하게 인간의 먹잇감으로만 존재하는 것이 아니라 이 세상의 구성원으로 존재하는 것이다.

그런데 동물의 세계를 존중하게 될수록 나는 인간이 동물과 너무나 차원이 다른 정신세계를 가지고 있음을 새삼 깨닫게 된다. 동물의 세계도 귀하고 존중되어야 할 것이지만, 동물을 알수록 인간이라는 존재가 너무나 신비하고 놀라운 존재임을 생각하게 되는 것이다.

신체적으로는 동물들보다 분명히 약하고 부족한 부분이 많음에도 인간이 동물보다 더 우수하게 생존하였고, 세상을 지배하게 되었던 비결의 가장 큰 핵심은 바로 인간의 정신인 것이다.

인간의 정신이라 말할 때 그 정신의 핵심은 앞에서 언급했던 유발 하라리의 『사피엔스』에서도 말한 바와 같이 인간의 언어에 있다. 정신은 언어로 나타나는 것이며, 그 언어로 사람을 소통시키고 집단을 정리시키고 유지할 수 있었던 것이다. 언어는 인간의 생각을 정리할 수 있게 해주고, 기억을 통해 혹은 문자를 통해 보존하고 전달할 수 있게 해준다.

이미 오래 진에 유대계 프랑스인이었던 인류학자 레비 스트로스 Claude Levi Strauss, 1908-2009는 한 방송에서 교수이자 미술평론가인 조르주 샤르보니에Georges Charbonnier, 1921-1990와의 대담을 진행하면서 남긴 책『레비 스트로스의 말』에서 언어야말로 문화의 진정한 본질이라고 말한다. 그는 언어를 인간이 가진 것 중 가장 위대하고 중요한 것으로 보았다. 그는 예술은 말할 것도 없고, 종교나 법, 심지어는 요리까지도 인간의 언어체계에서 나온 것이라고 강조한다. 언어야말로 오늘날의 인간이 인간이 될 수 있게 해준 소중한 인간의 자산이며 인간의 정신활동의 결과물인 것이다.

더 놀라운 것은 인간의 정신Geist이 점점 발전한다는 것이다. 지능이 더 좋아진다는 것이 아니다. 인간의 정신이 항상 변하고 발전하는 것이다. 초기 인류는 먹고사는 것에 그 정신의 핵심을 두었을 것이다. 인간이 가는 곳마다 동물들을 먹어치우기 시작했고, 많은 동물들이 인간 때문에 멸종했다고 한다.

처음 인간은 그 수가 적으나 하나였고 서로 동질감과 유대감을 느꼈을 것이다. 그러나 인간의 수가 늘어나게 되면서, 더 이상 인간은 인간됨만으로는 우리가 하나라는 인식을 가질 수 없게 된다. 다른 인간 무리와 싸우게 되고, 무기가 발달하고, 전쟁이 생존조건이 되어 버린다. 같은 공동체 안에서도 계급을 나누어 소수가 혜택을 누리고, 그 혜택을 유지하려 갖은 노력을 다 기울이기도 한다.

오늘날 엄청난 과학과 기술과 사상의 발전을 이루면서 인간은 점점 더 성숙해져 간다. 전쟁을 없애야 함을 깨닫게 된다. 모든 인간을 더 사랑해야 함을 느낀다. 이 지구를 사랑해야 하고, 모든 생명들을 더 사랑하고 지킬 의무가 인간에게 있음을 알게 된다. 그리고 우주로 나아가야 할 필요성을 느끼게 되며, 미래의 이 땅과 미래의 인간을 위해서도 일하게 된다.

나는 인간의 정신이 이렇게 변화하고 발전해 온 것을 생각할 때마다 이 모든 과정이 이루어진 것들이 참으로 신비스럽게 느껴진다. 인간은 남을 생각할 줄 아는 존재인 것이다. 다른 사람, 다른 공동체, 다른 동물, 이 지구를 사랑할 수 있는 마음, 그런 정신을 가진 존재가 바로 인간인 것이다.

동물을 사랑하고 동물의 존재를 존중하지만, 우리는 안다. 동물은 제아무리 아름다워도 자기 몸, 자기 새끼, 그리고 자기가 속한 집단의 범주를 벗어나지 못한다는 것을. 인간은 자기 몸을 생존시키는 데에도 지혜로우며, 자기 새끼를 양육하는 데에도 지혜롭고 헌신적이며, 집단을 위하는 일에도 앞장설 수 있고, 다른 이들을 위한 삶을 살 수도 있으며, 그 어느 누구와도 교제할 수 있고, 자기가 사는 환경과 자기 나라, 이 지구를 위해 일할 수도 있으며, 우주를 향한 일도 할 수 있고, 눈에 보이지 않는 이 세계의 역사와 철학을 위해 생각하고 일할 수도 있는 존재, 바로 그가 인간인 것이다.

우리가 행하는 기대는 반드시 나 자신을 위한 것에서부터 출발해야 한다. 이기주의는 존재의 기본이다. 나 자신이 있어야 비로소 존재라는 것이 생기기 때문이다. 우리는 평생을 나 자신을 위해 살아야 한다. 내가 없으면 이 세상도 없는 것이기 때문이다. 나 자신을 위한 우리들의 기대와 성취는 평생 지속되어야 한다. 나의 가족과 후손을 위한 기대와 성취도 이루어져야 한다. 그러면서도 다른 이들을 위한 기대와 성취도 이루어저야 한다. 다른 이들을 위하여, 공동체를 위하여, 이 땅을 위하여 우리는 무언가를 기대할 수 있으며, 그리고 이 땅 전체의 역사를 위해서도 기대할 수 있는 인간이 되어야 하는 것이다.

나 자신이 올바로 서고, 나 자신이 건강하게 나를 다듬고 지키는 일은 우리가 평생 해야 할 일이며, 다양한 다른 기대를 할 수 있게 해주는 기초가 된다. 나의 자녀와 식구를 위해 수고하고 땀을 흘리는 일은 반드시 해야 하며, 가장 숭고한 일이다. 그러나 인간의 존재 의미를 자신을 다듬고, 내 식구를 챙기는 일에만 한정시켜서는 안 된다. 나의 존재 의미는 더 나아가 다른 사람, 이 사회, 그리고 이 땅을 위하는 데에 있음을 결코 잊지 말아야 한다.

내가 하는 생업은 내가 먹고살기 위해 하는 일이지만, 내가 하는 생업 그 자체가 이 사회를 지탱하는 한 부분이기에, 나는 나의 생업을 통해 남을 위해 살게 되는 것이다. 내가 건강해짐으로써 이 사회의 건강한 하나의 구성원이 될 수 있기에, 내가 건강한 것도 이 사회를 위한 하나의 일이 되는 것이다. 내가 자녀를 잘 양육함으로써 그들이 건강한 성인이 되어 이 사회의 훌륭한 구성원이 될 수 있기에, 식구를 위한 일도 이 사회를 위한 일이 되는 것이다.

나는 이번 장에서 인간의 기대와 인간 이상의 기대를 한번 나누어 보았다. 원래 모든 기대는 인간이 하는 것이요, 인간의 기대이다. 그렇지만 좀 더 남을 위한 일, 나 자신도 좋지만 이 사회에도 좋은, 혹은 더 나아가 이 사회와 온 세상을 깊이 생각하는 마음으로 세우고 실천하고 성취하는 그런 기대를 '인간 이상의 기대'라고 표현해 보고자 하는 것이다.

인간이 위대하다는 것은 우리가 인간의 자리, 생존의 자리를 넘어서는 인간 이상의 세계를 바라볼 수 있고, 동경할 수 있음에 있는 것이다. 인간은 눈에 보이지 않는 역사를 생각할 수도 있고, 타인을 위해 나의 가장 중요한 것을 바칠 수도 있는 존재이다. 인간은 잘 먹고 잘사는 것만이 삶의 진정한 최고선이 아님을 깨달을 수도 있는 존재가 아닌가?

얼마 전에 안동댐에 놀러갔다가 아내의 권유로 임청각臨淸閣, 보물 182호이라는 곳에 들렀다. 때로는 자전거로, 때로는 차로 안동댐을 여러 번 다녔고, 그때마다 이 앞을 지나쳤지만 한 번도 들러 본 적이 없는 곳이었다. 이곳은 예로부터 안동 지역의 명문가였던 고성 이씨 출신의 석주 이상룡石洲 李相龍, 1858-1932 선생의 생가였다. 강을 바라보는 웅장하고 아름다운 고택古宅이 일제에 의해 철도중앙선로 잘려버렸다.

안동 하면 선비들의 도시가 아닌가? 이상룡 선생 역시 귀족가문, 부자가문, 지역의 유지가문, 명망 높은 선비가문 출신으로 퇴계 이황의 학문을 배우며 자란 유학자였다. 그러나 그는 일제에 의해 이 땅이 짓밟히게 되자 그의 재산과 소유를 팔아 의병활동을 하였고, 이후 모든 재산을 정리하여 가문의 식솔들 50여 명을 이끌고 간도로 망명한다. 독립운동을 위함이었다. 그와 그의 자식들의 모든 삶, 그들의 모든 재산은 조국 독립을 위해 쓰였고, 그는 당시 임시정부 최고의 지도자인 국무령國務領까지 지냈으나, 결국 조국의 독립을 보지 못하고 옛 고구려 땅인 길림 서란舒蘭에서 세상을 떠난다. 자기의 고향 안동과 너무나 멀리 떨어진 곳에서 오로지 조국과 민족을 위한 삶을 살다 생을 마감한 것이다.

나는 '내가 오십이 넘는 삶을 살면서 왜 이런 분을 모르고 살았을까?' 하는 생각에 부끄러움을 금치 못하였다. 왜 내가 배우던 교과서에는 이런 분들의 이야기가 없었을까? 부자로서, 귀족으로서, 글 읽는 선비로서, 그리고 그의 학문함이 결국 의병활동과 독립운동으로 실천되었던 것이다.

프락시스Praxis라는 말이 있다. 논리와 이론, 생각과 사상, 신앙, 학문함이 삶의 자리에서 실천practice으로 이어지는 모습을 말한다. 실천 없는 학문, 실천 없는 신앙이 무슨 의미가 있는가?

석주 선생이야말로 학자로서 수양하며 갖게 되는 자신에 대한 기대를 나라와 민족을 위한 인간 이상의 기대로 승화하여 가장 아름답게 실천하고 성취한 사람이 아닌가?

우연히 지나다 석주의 일대기를 알게 된 나는 고개를 숙이는 일 외에 반응할 수 있는 일이 없음을 느꼈다. 이후에 석주 선생뿐 아니라 안동지역의 선비들이 행했던 의병과 독립운동의 역사를 배우면서 나는 진정한 선비는 역시 다르다는 생각에 감동을 금치 못했다. 진정한 선비는 항상 공부하고 자신을 수양하며 나라가 위태할 때에 가장 먼저 나선다. 바로 인간 이상의 기대를 최고의 가치로 소중하게 생각하는 것이 진정한 선비의 삶이기 때문이 아닐까? 생각해본다.

우리는 석주 선생 같은 큰 그릇은 못된다. 하지만 석주 선생 같은 이의 숭고한 희생이나, 우주선을 만들고 거창한 철학의 언어를 만드는 일만 위대한 것이 아니다. 비록 작은 일이라 할지라도, 나도 좋고 남도 좋은 일을 할 수 있다면, 그것이야말로 위대한 일이다. 나도 좋고 남에게도 좋다면 그 일이 크든 작든 모두가 다 위대한 일이요, 이런 일을 기대하고 성취하는 것이야말로 인간 이상의 기대를 이루어내는 일이다.

한 방송프로그램에서 작은 두부전문식당을 운영하는 한 사장 부부의 모습을 본 적이 있다. 요즘은 두부를 싼 값에 대량으로 만들기 위해서 질 떨어지는 값싼 콩으로 만들고, 몸에 안 좋은 화학물질을 첨가한다고 한다. 두부전문집인데도 자기들이 두부를 직접 만드는 척하면서 사실은 공장에서 만든 두부를 배달 받아 사용한다고 한다. 그러나 이 내외는 공장두부를 쓰지 않는다. 직접 새벽부터 그날 사용할 두부를 자신의 손길로 만드는데, 화학물질 사용으로 생기는 편리함을 거부하고, 자신의 더 긴 시간 동안의 노동으로 무공해 두부를 완성해낸다. 손으로 직접 하기에 그날 하루 식당 운영에 필요한 만큼의 두부만 겨우 완성되는 것이다. 이들은 우리나라에서 내가 오늘 만든 두부가 가장 좋다는 자기 자신을 만족시키는 기쁨을 매일 매일 맛본다. 그리고 가장 깨끗하고 영양만점인 자신이 만든 두부를 손님들이 기쁘게 먹고, 고마워하는 그 모습을 가장 행복해한다. 나는 이 방송을 보고 이 두부집 사장 내외분과 현재 세계 제일의 부자로서 이 세상에 좋은 일을 많이 하는 빌 게이츠 부부가 다 똑같이 인간 이상의 기대를 가진 분이며, 놀랍고 숭고한 일을 감당하는 높은 차원의 존재라는 생각이 들었다.

인간은 이 지구에서 다른 생명에 비해 너무나 특별나고 색다른 존재이다. 꿀벌이나 흰개미도 위대한 조직의 소유자요, 과학적인 생활을 한다. 그러나 인간은 삶의 의미라는 것을 중요하게 볼 수 있고, 눈에 보이지 않는 역사를 중요하게 생각할 수 있고, 모든 존재 하나하나를 가슴 깊이 존중할 수 있는 존재이다. 우리가 다른 존재와 너무나 다르다는 깨달음은 우리가 행복하며 선택된 존재임을 느끼게 해준다.

우리는 기대하고 성취함으로써 나 자신을 일으키고, 단련하고, 성장시킬 수 있는 존재들이다. 또한 우리는 다른 이들을 위한 기대, 이 세상을 위한 기대를 세우고 성취할 수도 있는 존재들이다. 우리는 '남을 위한 의미 있는 일도 되는 나를 위한 그 일'을 열심히 할 수 있는 존재이다. 먼저 자신을 돌아보라. 그리고 힘이 생기고 건강해지면 남을 돌아볼 수 있어야 하고, 이 세상을 돌아볼 수 있어야 한다. 그러면 우리는 더욱 건강해진다. 우리 자신이 더욱 고상하고 귀중함을 스스로 느끼게 된다. 몸과 마음이 건강해지면 세상 부귀영화가 있어도 행복한 존재요, 그런 것들이 없어도 행복한 존재로 살게 된다. 바로 그 행복이 인간 이상의 기대를 할 수 있는 인간만이 누리게 될 특권인 것이다.

28

갑 속의 **검**

기대를 하지만, 그 기대를 이루지 못할 때도 있다. 기대하는 바가 의미가 깊을수록, 더 클수록, 평생을 걸쳐 해내고자 하는 제목일수록 더욱 그럴 것이다. 그러나 진정 기대하고 실천했다면 우리는 결코 실망할 필요가 없다. 오히려 기대하고 그 기대를 위해서 노력하고 실천해 온 나 자신이 자랑스러운 것이다.

공자는 때를 얻고자 긴 세월 동안 천하를 주유周遊하였으나 결국 그를 받아주는 주군을 만나지 못했다. 젊은 시절 잠시 관직에 있었으나, 이후 공자의 평생은 자신을 알아주는 이를 만나지 못해 꽃을 피우지 못한 아쉬운 삶이었다. 내일을 알 수 없는 변화무쌍했던 춘추春秋시대였다. 무언가 눈에 보이는 경제력이나 군사력이나 강력한 어떤 구체적인 정책이 필요했던 그 시대였다. 그 시대에 공자는 인仁을 강조했다. 그 어느 주군도 공자가 말하는 인을 통해서 그 세를 확장시킬 수 없었을 것이다. 인을 가르치고 행하는 공자를 존경은 할수 있었겠으나, 그에게 자신의 나라를 맡길 왕은 없었던 것이다. 공자 이후 전국戰國시대라는 더 험난해진 싸움의 상황에서 공자보다 한 술 더 떠 인의예지仁義禮智를 가르치던 맹자 역시 그러하였다.

그러나 보라! 때를 얻지 못해 아쉬워만 보이던 그들의 사상이 오히려 그들이 살던 시대를 넘어서서 시간을 타지 않고 뭇사람들에게 살아서 영향을 주지 않는가? 시대를 타지 않는 사상이야말로 가장 위대한 사상인 것이다. 시대를 타지 않는 사상이라고 해서 무조건 비현실적이라고 생각해서는 안 된다. 현실에도 좋은 사상이지만, 현실에서는 그것보다 더 좋아 보이는 사상들이 더 많기 때문에 채택이 되지 않을 뿐이다.

음식을 생각해보라. 진정으로 우리 몸에 좋고 우리를 장수하게 해주는 음식은 맛이 없어야 한다. 맛이란 단맛과 짠맛을 말한다. 단맛, 짠맛이 없으면 그 음식은 맛이 없다. 그러나 나이가 들면 알아야 한다. 달거나 짜거나 기름진 음식은 우리의 입을 기쁘게 하고 먹는 것의 즐거움을 주지만, 결국 우리 몸은 이것들로 인해 병을 얻고 수명이 줄어들게 된다는 사실 말이다.

세상의 자리는 '긴 시간'에 관심을 갖지 않는다. 또한 충분한 시간 동안의 기회를 주지 않는다. 짧은 동안에 눈에 보이는 효과가 생기는 것을 좋아한다. 임기 내에 무언가 눈에 보이는 결과를 이루어내야 남에게 인정받는 관료가 된다. 그래서 자리에만 오르면 다들 무언가를 뜯어내고, 무언가를 새로 짓고, 안 하던 무언가를 시작하려 하지 않는가?

예술이나 문학도 마찬가지다. 그 예술가가 살던 시대에 많은 사람들에게 감동을 주던 예술작품이 작가가 죽고 시대가 흐르면서 대중들의 관심에서 멀어져가는 경우가 있다. 그 작가, 그 시인이 살던 시대에는 그의 소설이나 시가 사랑을 받다가, 그가 죽은 후 시간이 흐르면서 점점 사람들의 관심에서 멀어지는 문학이 있는 반면에, 작가의 생전에는 큰 관심을 받지 못했지만 이후에 알려지고 인정받게 되어 긴 역사를 거쳐 사랑받고 존중받는 작품들이 있지 않은가?

빈센트 반 고흐Vincent van Gogh, 1853-1890의 어떤 작품이 천억 원을 호가한다는 기사를 보았다. 그의 생애에 그림도구를 살 돈도 풍족하지 못한 채 가난하게 그림만 그리다 세상을 떠난 고흐였기에 고흐는 참 억울한 삶을 살았다고 생각할 수 있다. 그러나 지하의 고흐는 그렇게 생각하지 않을 것이다. 자기의 그림이 시대를 타지 않는 최고의 예술품으로 인정받으니 얼마나 기쁠까? 마흔을 못 채운 인생! 그러나 자기가 고생하며 산 시간은 고작 몇십 년이지만 자신의 작품은 장구長久한 세월에 걸쳐 빛이 나고 뭇사람들에게 영감을 주고 있다.

참 존재는 시대를 타지 않는다. 가치 있는 사상, 진정으로 가치 있는 작품은 영원히 존재하며 역사와 사람들에게 영향을 미친다.

사람이라는 존재는 그가 태어나 이 세상을 살 때 존재하며, 살다가 어느 날 죽는다. 사람들은 모른다. 그가 죽어도 그는 최소한 몇세대 동안에 존재한다는 것을. 그의 자녀가 있고, 그의 손자가 있기 때문이다. 적어도 몇 세대 동안에 그의 존재가 남아있게 된다.

유교사회에서는 사대봉사四代奉祀라는 것이 있다. 규모가 있는 집안에는 집 한쪽에 사당祠堂이 있었다. 여기에는 고조, 증조, 조부, 그리고 자기 아버지로 이어지는 4대의 신주를 모시고, 때마다 제사를 지낸다. 유교사회에서는 사람이 죽어도 4대 동안은 자손과 함께 존재한다고 생각했던 것이다. 남미 안데스 산맥 고지대에는 이미 세상을 떠난 할머니의 미라를 마당 한편에 안치해 놓고, 나가거나 들어올 때마다 스스럼없이 말을 걸고, 그 할머니가 실제로 살아 계신 듯 대화를 하며 함께 사는 부족들도 있다.

사람은 죽었다고 그의 존재가 완전히 끝나는 것이 아니다. 한 사람의 존재는 그가 태어나기 전 그들의 부모들의 상황과, 그가 태어나서 살게 되는 상황, 그리고 그가 죽어도 그의 가족들과 그들의 마음속에 기억으로 존재하는 것이다. 한 사람의 존재는 그가 죽었다고 종료되는 것이 아니다. 그러기에 길게 보는 삶이 결코 무의미한 것이 아니다.

우리가 기대하는 바가 혹 우리 생전에 이루어지지 않았다 해도 나의 기대하는 바와 내가 그것을 위해서 노력하고 추구했던 그 모든 과정은 또 다른 존재가 되어 이 땅에, 이 대기에 남는 것이다.

그런데 그가 죽어도 몇 세대가 아니라 수많은 세월의 시간 동안 존재하는 공자와 같은 위인들의 삶이 있다는 것이다. 나를 비롯하여 우리 모두가 다 부족하지만 이런 삶을 살기를 기대하며 사는 것이고, 비록 공맹孔孟처럼 되지 못한다 해도 최선을 다했기에 부끄러움이 없는 것이다.

갑검유등匣劍帷燈 이라는 한자숙어가 있다. 갑 속의 검, 그리고 휘장 속의 등불이라는 말이다. 검이 갑상자 속에만 들어있는 모습이요,

등불이 짙은 휘장에 둘러싸여 있는 모습이다. 준비하고 갖추었으나 사용되지 못하는 모습을 표현한 말이다. 준비되어 쓰이고 싶으나 때를 만나지 못하는 존재를 말한다. 홍길동 같은 서자庶子의 처지를 말할 때 '갑 속의 검'이라는 표현을 사용한다.

그렇다고 그것이 검이 아닌가? 검이다. 1973년 경주에서 발굴된 황금보검黃金寶劍 이야기를 들으면 참으로 신이 난다. 방송에서도 나왔고, 이종호 박사의 책『황금보검의 비밀』에 재미있게 설명되고 있다. 1500여 년 전 로마시대의 칼인데, 이것이 신라시대의 유물 속에 들어있었던 것이다. 결국 이것이 한때 로마를 지배했던 훈족의 칼이며, 신라 역시 훈족匈奴族과 관련된 북방기마민족의 후예임을 증명해주는 유물이 된단다.

그런데 '이 칼이 몇 사람을 베었는가?'에 관심 갖는 사람은 아무도 없다. 이 보검 자체가 의미 있는 깃이다.

칼은 무언가를 베지 않아도 칼인 것이다. 누군가의 허리춤에 차여있는 것만으로도 칼은 자신의 그 위엄과 존재의미를 반영한다.

칼은 무언가를 베지 않아도 그 칼을 만들기 위한 장인의 엄청난 작업을 통해 완성된 것이다. 황금보검은 더하다. 태극문양이 박혀있고, 금으로 치장되어 있다. 이것은 아주 귀한 칼이며 베는 것뿐 아니라 이것을 가진 이에 대한 권위를 부여해준다.

갑 속의 검은 서얼庶孽들의 탄식 메뉴가 아니다. 갑 속의 검이라는 용어로 사용되지 못하는 서얼 같은 존재들, 뜻을 펴지 못하는 존재들을 표현해서는 안 된다. 갑 속의 검은 소중한 존재라는 의미로 생각해야 한다. 갑 속의 검은 존재 상태를 표현하는 용어이지, 그 존재가 사용되는 정도를 표현하는 용어로 생각해서는 안 된다. 물론 귀한 것은 사용될수록 더 좋다. 일부러 숨겨놓고 쓰지 않는다면 그것은 죄일 것이다. 그러나 사용되는 것이나 사용되는 빈도는 그 처한 상황에 따라 달라지는 것이다. 안 쓰여도 보검은 보검인 것이다.

우리는 이 책에서 기대를 말하고, 기대하는 삶을 이루어내는 과정을 말하고 있다. 간혹 기대하는 바에 도달하지 못할 때도 있을 것이다. 그러나 분명히 잊지 말아야 할 것이 있다. 작은 기대를 계획하고 실천하는 과정에서 성취를 했다면, 우리는 분명 더 큰 기대도 만들어내고 이루어낼 수 있으며, 혹 기대하는 바의 최종목표를 이루지 못했다 해서 그 기대를 계획하고 실행한 모든 과정이 실패한 것은 아님을 명심해야 한다. 내가 그것을 기대했고 그 기대를 위해 노력하고 실행하는 과정을 다했기에 나는 가치 있는 보검을 만들었고, 그 보검을 소유한 자가 된 것이며, 또한 나 자신이 그 보검 자체이기도 한 것이다. 그 이후의 일은 동양사상이 말하는 명命의 영역인 것이다.

동양사상의 명命은 앞에서 언급했던 수주대토守株待兎 개념하고는 전혀 다르다. 그저 앉아서 토끼가 오기를 기다리는 것은 명에 충실한 자세가 아니다. 진인사대천명盡人事待天命이라 했다. 동양사상의 명은 최선을 다하고 그 결과를 하늘命에 맡기는 것이다. 앞에서 언급했던 성대중의 『청성잡기』에서도 임명불여려지任命不如勵志라 강조한다. 운명에 자신을 내맡기기만 하는 것은 자신의 뜻을 가다듬고 뜻을 떨치려 노력하는 것보다 못하다는 말이다. 동양사상은 결국 운명에 순응하는 모습보다는 자신의 뜻을 펼치려 노력하는 그 모습, 그 자세, 그 정신을 더욱 소중하게 생각하는 것이다.

동양사상에서의 명은 서양단어 운명destiny과 다르다. 서양사상의 운명은 라틴어 '데스티나레destinare'에서 나왔는데 이 단어에는 '이미 운명적으로 강하게 고착되어 버렸다'는 의미가 있다. 바로 이런 배경에서 '예정론predestination, 인간의 구원이 이미 정해져 있기에 바꾸기 어렵다는 일부 기독교인들이 갖는 이론'이라는 용어가 나온 것이다. 서양의 운명은 고정된 것, 변하기 어려운 것, 나를 규정시켜 버리는 것으로 생각된다. 그러나 동양의 명命은 다르다. 명에는 우선 최선을 다하는 나의 노력이 전제된다. 최선을 다하고 그 결과는 명에 맡기는 것이다. 명에 순응하는 것은 결코 불완전이나 부끄러움이 아닌 것이다.

기대를 만들고 행하면서 우리가 명심해야 할 것이 있다. 기대가 이루어지지 않을 것에 대한 염려보다는 그 기대에 맞는 노력과 실천을 막는 장애물을 없애는 것이 더 중요하며, 자신의 노력과 실천을 통해 나타난 결과를 관조할 수 있는 자신의 모습과, 노력하고 수고하며 실천하는 자기 자신을 자랑스럽게 보는 일 또한 무척이나 소중하다는 것이다.

29

인부지라도 불온이라(人不知而不愠)

　태어나면서부터 출세를 생각하지 않는 사람은 없다. 갓난아이는 말을 하지 않지만, 아이의 부모는 아이가 태어나면서부터 그 아이의 출세를 꿈꾼다. 여기서 말하는 출세란 모든 사람들이 한결같이 말하고 고대하는 세속적인 출세를 말한다. 돈을 많이 벌거나, 높은 자리에 올라가 권력을 누리며 사는 일이나, 많은 사람들이 알고 존경하게 되는 유명한 인물이 되거나, 좋은 직장에서 평생을 편하게 지내는 일 등이 소위 말하는 세속적인 출세일 것이다. 우리 모두가 이렇게 되길 원한다.

　이런 세속적인 출세를 말하지는 않지만 그래도 의미 있는 삶, 다른 이들에게 좋은 일을 하여 많은 이들에게 인정받고 이 세상을 떠나는 삶, 자신의 귀중한 삶이나 생각을 나눌 수 있고 남길 수 있는 삶을 원하는 사람도 있다. 또한 그저 바람처럼 왔다가 부끄러움 없는 삶을 살다가 흔적 없이 사라지길 바라는 도인 같은 삶을 원하는 이들도 간혹 있다.

그러나 대다수의 사람들은 어떤 방식으로든 출세하기를 원한다. 옛 시대의 성현들도 학문을 닦고 자신을 수련하면서 언젠가 그들의 배움이 대의를 위해서 크게 쓰일 그때를 절실히 원하고 기다렸다. 때로는 잘 쓰여 아름다운 결과를 보기도 하고, 때로는 때를 만나 잘 쓰였으나 비운의 삶으로 마감되는 경우도 있다. 강태공은 80여 세가 될 때까지 자신의 때를 기다렸고, 그의 생애의 마지막을 화려하게 꽃피우고 영원히 남을 업적과 이야기를 남겼다. 제갈공명은 자신의 천재적인 재능을 가치 있게 사용할 수 있게 만들어준 유비라는 주군을 만나 자신의 재능이 최고로 발휘되는 역사적 역할을 잘 감당하였으나, 비운의 죽음으로 최후 승자, 최종 완성자가 되지는 못한다. 뛰어난 병법과 혜안慧眼으로 유방이 한나라를 창건할 수 있게 도왔던 장량과 한신은 공을 세운 후, 토사구팽兔死狗烹이라는 용어를 설명할 때 가장 잘 나오는 예例가 되어 한신은 처형을 당해야 했고, 장량은 남은 생을 은거해야 했다.

가장 출세하기를 원했던 사람은 공자가 아닐까? 공자는 공자 자신이 스스로 밝힌 바와 같이 위대한 사람의 생애로 아주 특별하고 신비스럽게 산 것이 아니라, 인간의 모습대로 살았다. 앞에서 언급한 바와 같이 공자 역시 자신을 써줄 주군을 찾아 긴 세월 주유천하周遊天下를 했다. 그러나 늘 전쟁을 해야 하고, 강해져야 하는 춘추전국시대의 급박한 상황에서 어느 왕이 보더라도 공자의 인仁 사상은 그리 매력적이고 실용적이지 못했던 것이다.

인간인지라 원하는 바를 얻지 못한 공자의 마음도 힘들고 분했을 것이다. 실력을 갖추었지만 때를 얻지 못한 자의 그 마음은 얼마나 분하고 또한 힘들었을까? 그 마음이 바로 『논어』에 나타난다. 그리고 그 말들이 시대를 초월하여 많은 사람들에게 깨달음을 주고 있고, 귀중한 가르침이 되고 있는 것이다. 『논어』의 「학이」편과 「헌문」편에 다음과 같은 몇 구절이 나온다.

人不知而不慍 不亦君子乎인부지이불온 불역군자호
"다른 사람이 알아주지 않아도 화내지 않으니 이 또한 군자 아닌가?"

不患人之不己知 患不知人也불환인지불기지 환부지인야
"남이 나를 알아주지 않는다고 걱정할 것이 아니라, 내가 남을 알아보지 못하는 것을 걱정해야 한다."

不患人之不其知 患其不能也불환인지불기지 환기불능야
"남이 나를 알아주지 않는다고 걱정할 것이 아니라, 자신의 능하지 못함을 걱정해야 한다."

이 말들의 핵심은 무엇인가? 쓰이든 안 쓰이든 가장 중요한 것은 내가 끊임없이 공부하고 노력하며 갖추는 것이 인생에서는 가장 중요한 것이라는 말이다. 쓰이든 안 쓰이든 내가 나의 길을 가며 노력하는 순간 사실 나는 쓰이고 있는 것이다. 그것이 눈에 보이지 않을 뿐이다. 노력하는 자는 그 노력하는 가운데 이미 사용되고 있는 것이다. 그저 그것이 세상적인 수치로 드러나지 않을 뿐이다. 나는 항상 지금도 쓰이고 있는 존재이기에 항상 나 자신을 다듬고 갖추는 일에 지금 이 순간도 힘써야 한다는 것이다.

주군을 만나서 큰일에 사용되고 공을 세우는 일은 옵션인 것이다. 그러면 좋고, 혹 그렇지 못해도 통곡하며 섭섭해야 할 제목이 못된다. 가장 핵심은 세속적인 출세의 때를 얻든지 못 얻든지 항상 나 자신을 다듬고, 노력하고, 지금 내가 처한 나의 자리에서 최선을 다하는 것이다.

이런 말을 할 수 있었던 것은 공자 자신이 이미 먼저 실력을 많이 갖추고 있었으면서도 남들에게 알려지지 못하고, 인정받지 못하고, 쓰이지 못함을 체험했기 때문이다. 그러나 나의 인생이란 분명코 내가 사는 이 시대만의 것이 아니다. 나의 인생은 내가 살던 이 시대에서 매겨지는 평가점수, 흥행점수로만 존재하는 것이 아니다. 내가 사는 이 시대는 나무요, 내가 사는 이 시대와 더불어 영원히 존재하는 역사는 숲인 것이다. 인생은 결코 나무만 보아서는 안 된다. 나와 역사라는 거창한 단어가 안 맞는다는 생각을 하는가? 결코 그렇지 않다. 모든 존재의 그 존재와 삶은 비록 티끌이라 할지라도 온 우주역사의 일부임을 잊어서는 안 된다.

기대하는 삶이란 그 기대하는 바를 작게 잡을수록 그 성취를 나의 눈앞에서 볼 수 있음을 강조한다. 작은 일을 성취하는 것이나, 역사적이고 위대한 일을 성취하는 것이나 우주라는 롱샷long shot으로 보면 별 차이가 없는 것이다. 그래서 나는 작은 일을 기대하여 성취하는 것도 위대한 일이요, 큰일을 기대하고 성취하는 것도 위대한 일이라고 생각한다.

메이저리그 프로야구경기를 보면, 타자가 중요한 스코어링 포지션scoring position에 타석에 들어가게 되어 안타만 치면 점수가 나는 상황에서 아쉽게 삼진 아웃 당하면 더그아웃에 들어가 물통을 발로 차거나 배트를 집어던지는 행동을 하는 장면이 가끔 나온다. 우리 같은 동양적인 마음을 가진 이에게는 어리석어 보이는 행동이지만, 가끔 나는 그런 행동도 경기의 일부라는 생각을 해본다. 그런 모습으로 자신을 꾸짖고, 다음을 기약하고, 자신의 정신을 다스리는 것이다. 또한 그 선수는 그것이 끝이 아니다. 다음 기회에 그의 방망이가 폭발하여 점수를 올릴 수도 있게 될 것이다. 한순간 스타가 되었다가 다시 미운 오리새끼가 되기도 한다. 그러한 모든 과정 전체가 바로 야구인 것이다. 기본적으로 스포츠 경기는 많은 사람들이 당일 결과와 당일 승부에 관심을 가지며 본다. 당일 승부에서 제 역할을 감당하지 못한 선수는 당일 미운 오리가 되는 게 당연하다. 그러나 야구는 하루만 하는 것이 아니다. 오늘 미운 오리가 다시 스타로 바뀌는 것은 한순간의 일인 것이다. 이러한 것이 전체로 묶여서 그것이 야구이며, 그 선수의 야구인생이 된다.

기대하는 삶은 스포츠경기보다도 그 범위가 훨씬 더 넓은 것이다. 기대하는 삶을 사는 우리가 기대하고 노력하는 과정에서, 간혹 그 결과가 눈에 보이게 나타나지 않는다 해도, 우리는 결코 절망하거나 분노할 이유가 없다. 우리가 기대하고 그 기대를 성취하기 위해 노력하는 그 과정만으로도 이미 우리는 그 기대를 성취하였다고 생각할 수 있기 때문이다. 기대하는 나의 인생의 진정한 심판은 나 자신이다. 기대하는 나의 인생의 진정한 심판은 하나님이시다. 기대하는 나의 인생의 진정한 심판은 이 우주의 역사이다. 남이 나를 어떻게 심판하느냐가 중요한 것이 아니라, 내가 열심을 내었고, 내가 노력했고, 내가 최선을 다해 추구했다는 것을 나 자신을 비롯한 심판들이 보고 있고, 알고 있다는 것이 더 중요한 것이다.

　최근에 내가 읽은 책 중에서『논어』,『맹자』,『순수이성비판』같은 동서양의 고전 말고, 내가 가장 오랫동안 읽고 아주 천천히 감동을 받고 배웠던 책을 한 권 소개하려 한다. 보통 책은 한나절이면 읽을 수 있다. 그런데 이 책은 몇 년 동안 천천히 보았다. 저자가 주장하는 중심 주제를 파악하기 위해서 빨리 볼 필요도 없었다. 바로 심경호 저『나는 어떤 사람인가: 선인들의 자서전2010』이다. 이 책은 약 50여 명의 한국사람 자신이 직접 쓴 짤막짤막한 자서전들을 소개한다. 영조 임금 같은 왕이 쓴 자서전도 있고, 신라의 최치원이나 고려 때 이규보 같은 유명한 사람들의 자서전도 있지만, 이름 없이 평생을 자기수행만 하다가 세상을 떠난 이름 없는 선비들의 자서전도 많다. 또한 조선시대의 박제가 같이 서얼 출신이거나 유복하지 못한 환경으로 실력을 갖추었으나 이 세상에서 빛을 보지 못하고 떠났던 이들의 자서전도 많다. 그러나 때를 만났든 못 만났든 간에 그들이 써놓은 자서전은 모두가 다 중요하게 다가왔다.

　때를 만나거나 못 만나거나 하는 일은 그 사람들이 살았던 시대에나 하던 이야기인 것이다. 그때가 한참 지나 그 사람들의 자서전을 읽어보니 정진하고 끊임없이 추구하고 노력하며 살던 사람, 평생을 기대하는 삶을 살았던 사람들의 삶은 그가 왕이었든, 벼슬아치였든,

선비였든, 농부였든, 소위 말하는 잘되는 때를 얻었거나 못 얻었거나 간에 모두가 다 귀하더라는 것이다.

이 땅에 얼마나 자서전이 많은가? 선거철이 되면 각종 자서전이 난무한다. 각자의 존재는 물론 귀한 것이다. 그러나 보통 거의 자기 배설에 가까운 자서전들을 보다가 이 책에 나오는 선인들의 자서전을 읽게 되면 '진정 자서전이라는 것이 무엇인가?'를 깨닫게 된다.

공부를 많이 하게 되는 사람의 특징은 자기 자신을 객관적으로 볼 수 있게 된다는 점이라 할 수 있다. 여기서 말하는 공부는 단순한 지식 덩어리가 아니다. 지식과, 깨달음과, 자기가 살아온 인생과, 삶 그 자체를 배우게 되는 것이 바로 공부인 것이다. 그러기에 여기에 나오는 선비들은 자기 자신을 드러내거나, 과시하지 않으려 하는 강한 의도가 있으면서도 자신의 평생 동안의 철학이나 삶의 방식, 자기 삶을 아주 객관적이고 소박하게 정리하고 의미를 부여하여 표현한다. 특별히 평생 동안 소위 사람들이 말하는 출세를 하지 못하고 공부만 하다 생을 마친 이들의 글이 더욱 와 닿는다.

기대하는 이들이여! 우리의 그 기대하는 바가 세속적으로 달성되지 못하더라도, 이 세상이 나의 실력을 몰라준다 해도, 내가 지금 노력하고 있으며, 내가 성실하게 살고 있으며, 기대하고 그 기대를 성취하기 위해 오늘도 일정과 시간표를 짜고 진지하게 정진하고 있다면, 나 자신이 이 땅에서 가장 자랑스러운 존재임을 결코 잊지 말자.

요즘은 흉한 세상이라 이상한 존재들도 많지만, 반면에 이 땅과 역사를 돌보이게 하는 아름다운 이들도 많음을 본다. 하루나 한 주를 힘들게 일하고, 저녁이나 휴일이면 같은 것을 좋아하는 이들과 만나 음악을 하고, 운동을 한다. 택배 일을 마치고 문학가나 사상가로서 글을 쓰거나, 자기가 좋아하고 잘하는 것을 동아리에서 무보수로 가르친다. 본인은 힘들게 살면서도 시간이 날 때마다 고아원이나 양로원을 찾아 자기가 좋아하는 봉사활동을 하는 사람들의 모습도 있다. 그런 모습들이야말로 진정으로 역사가 자랑하는 존재요, 그런 삶이야말로 이 역사에 남겨지는 위대한 업적이라는 생각에 감동하게 된다. 그들은 무언가를 기대하며 열심을 내는 이들이기에 지금 이 순간 공자의 말을 모르더라도 공자의 말처럼 살고 있을 것이다.

30

인간은 **불평등**한 존재이다, 기대할 수 있는 그 **정신**에서

'개천에서 용 난다'는 말이 요즘은 별로 회자膾炙되지 않는다. 내가 어렸을 때만 해도 개천에서 용 나는 경우가 많았던 것이 사실이다. 그런데 이제는 개천에서 용 나는 그런 경우가 점점 적어지고 있는 것이 또한 사실이다.

몇십 년 전만 해도 지금처럼 모든 사람이 정보를 공유하지 못했다. 몇십 년 전만 해도 대부분의 사람들이 열심히 공부하지 않았고, 취업이나 고시공부를 위해 고군분투하는 사람이 그리 많지 않았다. 그래서 조금만 더 다른 사람보다 수고하고 열심을 내면 소위 세속적인 출세라는 것을 항상 나의 가시권可視圈 안에 둘 수 있었던 것이다. 공부, 직장 잡기, 공무원 시험, 연예인 되기, 회사 창립하기 같은 일들이 어느 정도 노력하고 기본적인 자질이 있으면 다다를 수 있는 분야의 일이었다. 옛 시절엔 사람 하나만 반듯하면, 그리고 열심을 내어 최선을 다하고자 하는 이들에게는 항상 성공의 길이 열려 있었던 것이다. 그 시절에는 개천에서 용 나는 경우를 심심찮게 볼 수 있었던 것이다.

지금은 다르다. 아주 소수의 포기자들이나 루저들loser을 제외하면, 문명권에서 사는 거의 모든 사람들이 열심히 산다. 최선을 다해서 살려고, 그리고 살아남으려고 몸부림을 친다. 대부분의 학생들이 어려서부터 열심히 공부를 한다. 아마 요즘 학생의 중간 실력이면 내가 공부하던 시절의 최상위에 위치할 것이다.

모두들 이렇게 열심을 내니 모든 문들이 좁아질 수밖에 없다. 입학시험, 취직시험, 임용고시를 넘어서기가 하늘의 별따기가 되었고, 합격과 불합격의 차이도 그 실력에서 크게 차이 나는 것이 아니기에 더욱 안타깝다. 새벽부터 최선을 다해 일해도 변변한 가게 하나 만들어 보는 일이 항상 저 멀리에 있는 것이다. 또한 이런 어려운 여건을 뚫고 자리를 잡은 소수의 사람들은 순식간에 기득권층이 되어 조금씩만 노력해도 그 가진 것들이 쑥쑥 커지고 그렇지 못한 사람과의 격차가 점점 더 벌어지게 된다.

요즘처럼 삶이 빠듯해지고, 모든 경쟁이 치열해지고, 모두가 최선을 다하는 상황에서는 개천에서 용 나기가 정말로 어렵다. 물론 그럼에도 불구하고 역사적인 놀라운 일을 이루어낸 페이스북을 만든 저커버그Mark Elliot Zuckerberg나 알리바바 그룹을 창시한 마윈马云 같은 사람도 있지만, 그들은 70억 지구 인구 중에 몇 안 되는 위인들인 것이다.

빠듯한 생존경쟁, 모두가 최선을 다하는 자리에서 앞으로 치고 나가기란 정말로 어려운 일이다. 실력 차가 그리 크지 않기에 미세한 힘이라도 누가 도와주면 앞선 순위로 나가는 데 큰 힘이 된다. 바로 이때에 가장 부러운 존재는 좋은 환경에서 태어난 사람이다. 좋은 여건이면 이런 치열한 경쟁에서 훨씬 더 유리할 수밖에 없다. 타고난 여건이 너무나 좋은 사람은 아예 이런 치열한 경쟁의 대열 속에 있지 않아도 된다.

재벌의 자식, 유명인의 자식, 유명 정치인의 자식, 유명 연예인의 자식이면 그 분야에 진입하기가 다른 사람에 비해 훨씬 더 쉽다. 요즘은 이런 경우를 일컬어 '금수저를 물고 태어난다'고 말한다. 한국 사회에서는 이러한 현상이 더 눈에 띈다. 재벌순위를 보면 외국재벌은 자수성가형이 많은데 비해 한국재벌은 상속하여 증식한 경우가 더 많다. 특히 50대 이하의 한국재벌들은 몇몇 창업신화를 이룬 입지전적 인물들을 빼면 대부분이 상속자들이라 한다.

이런 내용을 생각하고 한탄하고 불평하는 사람들이 많다. 일견 일리一理 있는 말이다. 그러나 나는 이런 불평이야말로 가장 쓸데없는 비생산적인 생각이라고 본다. 이제부터가 내가 말하고자 하는 이야기의 핵심이다.

인간은 사실 너무나 평등하게 태어난다. 지금 이시대가 비록 빠듯하고 경쟁이 치열한 시대에 돌입해 있지만, 이 시대야말로 인류의 역사 중에 가장 평등한 시대임을 잊지 말아야 한다.

원시시대에는 사냥을 잘하지 못하면 무능력자 취급을 받아야 했을 것이다. 육체적인 힘이 부족하거나 싸움을 못하기에 숨죽이며 살아야 했던 시대도 있었다. 문명시대에는 신분의 차이가 사람의 인생을 아예 결정지어 버렸다. 그래서 진秦나라 말기에 하층민 출신으로 반란을 일으켰던 진승陳勝은 '세상에 왕후장상의 씨가 따로 있느냐?'

王侯將相寧有種乎라고 절규했고, 그의 반란은 결국 실패한다. 조선시대에는 아버지가 양반이라도 어머니가 양반이 아니면 서얼庶孽로 분류되어 자기 집안에서도 차별을 받고, 사회적으로도 출세에 많은 제약을 겪으며 살아야 했다. 이런 불평등한 세상이 어디 있는가?

지금은 그렇지 않다. 그러나 사람이 많다 보니 간혹 태어날 때부터 천재, 재벌, 왕족, 미인이나 미남으로 태어나는 사람들이 조금 있을 뿐, 이 시대의 대부분의 사람은 평등하게 태어난다. 몇몇 재벌이나 혜택 받는 이들을 생각하며 이 세상이 불평등하다고 토로하거나, 생生 자체를 불평하는 사람은 루저loser가 될 확률이 많다는 것을 잊지 말아야 한다. 태어날 때 금수저를 입에 물고 태어나는 사람은 아무도 없다. 특별한 경우를 제외하고는 비슷한 신체, 비슷한 건강, 비슷한 수명을 가지고 태어난다. 태어날 때부터 다른 사람보다 팔이 하나 더 있거나, 눈이 하나 더 있는 사람은 없는 것이다.

그런데 나는 정말로 중요한 것을 강조하고 싶다. 진정 인간은 불평등한 존재라는 것이다. 인간은 그 정신에 있어서 정말로 불평등한 존재인 것이다.

똑같은 인간인데 어느 누구는 자기 자신을 통제할 수 있는 사람이다. 똑같은 인간인데 어느 누구는 자기의 미래를 계획할 수 있는 사람이다. 똑같은 인간인데 어느 누구는 자신의 미래를 기대하고, 실천하고, 그것을 성취하며 사는 사람이다.

인간은 그 정신에 있어서 그야말로 진정 불평등한 존재인 것이다. 태어날 때부터 가진 자로 태어난 극소수의 사람들도 진정한 정신이 없으면 그냥 인간이라는 생명체에 불과하기 때문이다. 그냥 인간이라는 생명체! 인간의 모습을 가지고 있고, 먹고 마시고 생존하며 살고, 자기 후손을 낳고 기르고, 평생을 자기만을 위해, 혹 조금 더 나아가면 자기 식구들을 위해 살다가 이 세상을 떠나는 사람이라면, 나는 이런 사람을 그저 단순하게 '인간이라는 생명체'라고 부르고 싶다.

인간이라는 생명체! 그저 이 세상에 왔다가 겨우 자기 먹고 살고, 겨우 자기 가정을 꾸리고, 겨우 자기 식구들 먹이고 자식을 키우고, 어느 날엔가 부쩍 늙어버린 자신을 발견하고, 어느 누구는 자식 덕에 좀 편한 노년을 보내고, 어느 누구는 자식 덕을 받지 못한 채 힘든 노년의 시간을 보내다가, 그리고 더 이상 이 세상을 살지 못하고 떠나게 되는 사람을 나는 이렇게 불러보고 싶다. 그렇지만 조금만 각도를 달리해 보면 달라진다. 바로 정신의 차이인 것이다.

참으로 인간은 그 정신에 있어서 정말로 불평등한 존재인 것이다.

나는 동물의 세계를 좋아한다. 시간이 나면 자연세계가 나오는 다큐멘터리 프로그램 보는 것을 즐긴다. 그런 프로그램을 보면서 생명의 세계, 동물의 세계가 얼마나 신비스럽고, 아름답고, 치열한지를 느낀다. 특히 동물 중에서도 그 지능이 높은 고등동물들의 생태를 보면 참 신기하고 경이롭다. 여러 번 강조하지만 나는 인간만이 이 세상의 참 주인이라고 생각하는 잘못된 세계관을 싫어한다.

그런데 동물의 세계를 보면 볼수록 신기하고, 신비스러운 것이 있다. 바로 인간과 다른 동물의 차이이다. 똑같이 이 세상에 살지만 인간과 다른 동물의 차이는 너무나 큰 것이다. 인간과 가장 가까운 침팬지는 그 DNA 염기서열에 있어서 인간과 98.7%가 같다고 한다. 침팬지도 지능이 높고, 도구를 사용할 줄 알고, 인간과 비슷한 부분이 참 많다고 한다. 그런데 인간과 침팬지는 얼마나 다른가? 그 엄청난 다름의 차이가 바로 정신에서 나온 것이다.

과학적으로 표현하자면 이렇다. 몸으로만 볼 때는 침팬지나 쥐나 인간이 서로 비슷하다고 말한다. 침팬지는 이해가 되는데 쥐는? 그런데 쥐의 몸과 인간의 몸은 아주 비슷하다고 한다. 인간은 설치류와 그 몸에 있어서 비슷하다는 것이다. 그러니까 인간을 위한 생체실험을 할 때 쥐를 통해서 대신 하지 않는가? 그런데 중요한 것이 있다. 몸으로만 볼 때는 침팬지나 쥐가 인간의 몸과 비슷한 유전자를 가지고 있을지 몰라도, 유전자의 조절과 조합에 있어서 어마어마한

차이가 나는 것이다. 조절이 되고 조합이 되는 경우의 수가 무한하게 달라지기 때문이다. 그 어마어마한 차이의 근본을 나는 정신이라고 부르고 싶다. 인간의 정신은 인간 자신이 생존하고 번식하는 것에서도 침팬지나 쥐와 커다란 차이가 있을 뿐 아니라, 인간의 정신은 자신이 생존하고 번식하는 것에만 머물지 않기에 자기를 돌아보고, 자기의 미래를 바라보고, 자기의 사회와 역사를 바라보게 하고, 이 지구를 벗어나 온 우주를 바라보게 한다.

먹고 마시고, 장가가고, 자식을 양육하고, 월동준비하고, 도토리를 저장하고, 집을 짓는 일은 동물도 하는 것이다. 그러나 인간은 이런 것들을 하는 데에도 동물보다 훨씬 더 잘할 뿐 아니라, 자신의 삶을 기대하고, 미래를 기대하고, 자신을 다듬을 수 있는 정신을 가지고 있다. 동물은 몸의 상태로 그 우두머리가 결정되지만, 인간은 몸의 상태와 재산의 상태를 뛰어넘어 정신의 상태로 다른 인간보다 앞선 존재, 의미 있는 존재가 된다.

자신의 역사를 만들어가는 그 정신. 자신의 인생을 다듬고 꾸밀 수 있는 그 정신. 그리고 자기의 미래를 바라보고, 자기의 주변을 바라보고, 우주를 바라보고, 역사를 바라볼 수 있는 그 정신. 인간은 그 정신에 있어서 너무나 불평등한 존재이다. 인간마다 이 정신의 차이가 아주 큰 것이다.

좋은 정신, 기대하는 정신을 소유한 자는 좋은 외모, 좋은 경제 환경을 가지고 태어난 이보다 더욱 귀중한 존재이며, 앞서가는 존재인 것이다. 진정 인간의 참 가치는 바로 이 정신에서 판가름 난다. 정신이야말로 인간을 나누는 가장 무서운 척도임을 잊지 말자. 지금 나에게 바른 정신, 기대하는 정신이 있다면 내가 처한 환경과 여건이 어떠하든 나는 타고난 자이며, 가진 자임을 잊지 말자.

나의 자식에게 물려줄 돈이 없음을 슬퍼하지 말자. 내가 나의 자식에게 건강한 정신, 노력하며 성취하는 정신, 나를 생각하면서도 남과 사회를 생각할 줄 아는 정신을 물려줄 수 있는 나 자신이 되기를 먼저 갈망하라.

무엇보다 작은 일부터 큰일에 이르기까지 기대하며, 실천하며, 성취하며 살 수 있는 그 정신을 소유한 이와 그렇지 않은 이의 차이는 신분을 뛰어넘고, 재산을 뛰어넘고, 신체적인 외모를 뛰어넘고, 지식의 차이를 뛰어넘는다.

인도에는 카스트Caste제도로, 신라시대에는 골품제骨品制라는 것으로 사람의 신분에 차이를 두었다고 한다. 신라의 최상위 계층은 성골聖骨과 진골眞骨이었는데, 성골은 부모가 다 왕족이고, 진골은 부모 중 한쪽만 왕족이라는 설명을 들었던 기억이 난다. 나는 이렇게 말하고 싶다. 자신의 인생과 자신의 미래를 기대하며 살 수 있다면 그는 진골 같은 존재인 것이요, 기대하고 그 기대를 실천하고 성취하는 삶을 살 수 있다면 그야말로 성골 같은 존재라고……

31

기대하는 자,
주연으로 사는 자

영화 〈남아있는 날The Remains of the Day, 1993〉을 추천한다. 주인공은 대저택에서 일하는 집사 스티븐스안소니 홉킨스 분와 같은 저택에서 일하는 하녀장 메리켄튼엠마 톰슨 분이다. 주연 배우 모두 아카데미상을 수상했던 최고의 연기파 배우이다. 스티븐스는 직업의식에 투철한 사람으로 그의 주인 달링턴 경에게 충직한 하인이다. 영화는 한 저택을 관리하는 집사가 얼마나 귀한 직업이며 의미 있는 일인지를 보여준다. 그는 그의 철저한 업무수행을 자랑스러워하며 그의 정체성의 근본으로 여기며 살지만, 그것으로 인해 진실한 사랑을 잡지 못한다. 메리켄튼은 스티븐스를 속으로 사랑했고, 스티븐스도 그녀를 사랑하는 마음을 가지고는 있었으나, 스티븐스의 집사업무에 대한 집착으로 인해 결국 귀한 사랑을 이루지 못하고 내내 영화를 보는 이의 마음을 안타깝게 한다.

이 영화의 내용도 참 좋지만, 이 영화를 보면서 나는 다른 부분에서 큰 깨달음을 얻었다. 영화에서 영국을 비롯한 유럽 각국의 지도

자들이 스티븐스의 주인인 달링턴 경의 집에서 정상회담을 한다. 각국의 정상들이니 거물급 사람들이다. 그러나 영화의 주인공은 정상들이 아니라 그 정상들이 모여서 회의를 하는 집의 집사라는 것이다. 영화의 핵심은 유럽 각국의 정상들이 아니라 그 모든 회의를 뒤에서 뒷받침하고 준비하는 집사 스티븐스와 그의 지시대로 충실히 자기 일을 해내고 있는 하인들과 하녀들의 모습에 초점이 맞추어져 있다. 집사는 주인공이요, 각국 정상들은 엑스트라인 것이다.

관객은 각국의 정상들과 그 정상들이 세계를 생각하며 심각하게 의논하는 논제에는 아무 관심이 없다. 카메라는 그 정상회담을 뒤에서 준비하고 잔을 챙기고, 음식을 챙기고, 정상들의 휴식을 챙기는 하인들의 모습을 보여준다. 카메라 앞에는 집사, 하인, 하녀들이 나오고 그 뒤를 배경으로 각국의 정상들이 엑스트라로 나온다.

너무나도 당연한 모습이지만 그 당시 나는 충격을 받았다. 지금은 〈대장금〉이다, 〈제빵왕 김탁구〉다 하는 드라마에 익숙하지만, 이전 시대에는 늘 주인공이 왕, 대통령, 정승, 장군, 재벌, 교수, 유명 작가 같은 사람들이었기 때문이다.

이제 이 세상의 주인공은 진시황이나 미국 대통령만이 아닌 것이다. 이제는 소수 영웅의 시대가 끝났다. 영웅의 시대가 지난 것이 아니라, 영웅이 누구인가? 라는 개념이 바뀐 것이다. 왕, 장군, 영재, 사장만이 영웅으로 생각되는 그런 시대는 이제 지났다.

성룡의 〈대병소장大兵小將 Little Big Soldier, 2009〉은 전쟁이 만연하던 왕과 장수의 시대였던 중국 전국시대의 이야기를 다룬 영화인데도, 그 주인공은 일개 나이 든 병졸_{兵卒}분이다.

드라마 〈대장금〉을 통해 우리는 궁녀도 주인공이 될 수 있고, 궁녀의 시점에서는 왕도 조연이 되고, 정승도 엑스트라가 될 수 있음을 알게 되었다. 특히 대장금에 나오는 한 상궁이라는 캐릭터가 주연 못지않은 큰 관심을 받았다. 물론 상궁이면 정5품으로 군수 정도 되는 높은 직책이지만, 어쨌든, 극중 한 상궁은 진정한 프로였다. 〈남아있는 나날〉의 집사처럼, 자기 일에 자부심을 갖고, 자기 일에 최고의 전문가가 되고, 자기 일에 최선을 다하며 사는 존재가 이 사회의 진정한 프로이며, 그런 삶이 얼마나 중요하고 훌륭한가를 한 상궁을 통해 많은 이들이 느끼게 된 것이다.

아주 재미있게 일하시는 한 택시기사를 본 적이 있다. 물론 개인택시이다. 영업용 택시를 모는 분들은 이렇게 못한다. 먼저 택시가 깨끗하고 쾌적했다. 좋은 음악을 틀었고, 내가 택시를 타자마자 '혹시 선호하시는 음악장르가 있으세요?'라고 물어보시는 것으로 미루어 보면, 택시 안에 다양한 음악을 갖추고 계신 듯했다. 일하시는데 여유가 넘쳐 보였고, 승객의 편의를 위해 수시로 노력하는 모습이었다. 차 안에는 자선깡통이 있었다. 껌을 사면 그 이익이 불우이웃에게로 돌아간다고 했다. 나도 택시운전을 해보았지만, 이렇게 재미있고 여유 있게 해보지는 못했다. 나는 그저 전쟁이라는 마음으로, 전쟁에 임한다는 자세로 택시운전을 했을 뿐이었다.

지구를 공_球이라고 생각해보라. 구에는 특정 중심이 없다. 구위의 모든 점이 다 중심이다. 지구의 중심은 미국의 뉴욕도 중국의 북경도 아니다. 지구에 표시할 수 있는 모든 점이 다 이 세상의 중심인 것이다. 나는 이런 말 하기를 좋아한다. 내가 지금 서있는 이곳이 온 세상의 중심이라고.

개미는 고도로 문명화된 동물 집단이다. 생물학적으로는 진사회 성眞社會性 eusociality 집단이라고 부른다. 진사회집단은 공공탁아소가 있고, 성인과 아이의 세대가 위계와 조화를 이루고, 모든 개체들이 수많은 각 분야의 전문가가 되어 역할분담을 이루는 거대조직을 말한다. 사자 떼, 늑대 떼 같은 것들이나 하이에나 떼처럼 사냥이나 하고 최소한의 생계를 위해 몰려다니는 이들과는 전혀 다른 진짜 고차원적인 사회眞社會의 모습인 것이다.

전 세계에 있는 개미를 다 모은 무게가 전 세계 인간을 다 모은 무게와 비슷하다고 한다. 가히 그 숫자가 얼마나 될지 상상이 안 간다. 땅 위에 불쑥 솟아있는 흰개미 집Termite Hill은 지구상에 세워지는 가장 완벽한 건물 중에 하나이다. 이 안에는 모든 시설과 칸칸들이 각 용도에 맞게 구분되어 설비되어 있고, 완벽한 통풍과 온도조절이 되어 있어 건축가들이 참고할 점이 많다고 한다. 개미집은 완전한 개미들의 우주요, 개미들의 세상을 보여준다.

개미의 입장에서 볼 때 이 세상은 개미의 세상인 것이다. 그리고 우리는 이것을 인정해야 한다. 개미는 1억 년 이상 전부터 생존해온 우리와 비교가 안 되는 역사를 가진 존재이다. 우리보다 훨씬 더 오래 전부터 이 세상을 장악해온 동물인 것이며, 우리보다 훨씬 더 강하고 생명력이 넘친다. 개미를 알게 되면 모든 인간은 겸손해질 수밖에 없다.

이제 우리는 이 세상의 주인이 특정 존재가 아님을 인정해야 할
것이다.

피자를 배달하기 위해 오토바이에 시동을 거는 순간 피자를 배달
하는 사람은 이 세상의 중심에 서있게 된다. 무언가를 필요로 하는
이들을 위해 나의 오토바이가 대통령, 장관, 판사, 사업가, 상속받은
졸부와 위대한 발명가들 사이를 질주한다. 나를 필요로 하는 이에
게 나의 서비스를 베풀어주는 순간이다. 오토바이가 굉음을 내며 달
리는 그 순간 그는 이 세상의 주인공이 된다. 그는 이 세상에서 가장
중요한 미션 중에 하나를 수행하고 있는 것이다. 단지 이들이 안전
운행을 하여 사고 나지 않기를 기도할 뿐이다.

기대하는 이도 마찬가지이다. 나는 기대하는 자가 그 기대한 바를
성취하기 위해 노력하며 사는 모습이야말로 이 세상에서 가장 중요
한 일이며, 이 세상의 중심이 되는 일이라고 생각한다. 기대하고 그
기대를 성취하며 사는 이는 세상을 자기의 패러다임paradigm으로 볼
수 있는 사람이다. 물론 사이코패스를 말하는 것이 아니다.

오늘 나 자신을 위한 작은 일 하나라도 기대하고 성취하는 이는,
이 순간, 이 세상의 중심에 서있는 것이다. 나 자신을 위한 일을 기
대할 수 있는 사람은 더 큰 일을 기대할 수 있게 된다. 기대하고 성
취하는 이는 이 세상의 주체자이며, 이 세상의 주체자는 온 우주의
주체자도 되는 것이다.

소수 영웅의 시대는 끝났다. 이제는 이 세상 그 누구도 자기가 앉아있는 책상 앞에서 온 세상을 거머쥘 수 있는 시대이다. 이 세상 삶의 모든 자리에서 자기 자리를 지키고, 자신이 가야 할 길을 성실히 나아가고 있는 모든 존재가 다 영웅인 시대가 된 것이다. 아직도 이전 시대의 영웅관을 가진 이들은 이 첨단시대에서 가장 먼저 도태될 것이다. 무언가 막연하게 영웅이 되고 싶은 이들은 평생을 무명으로 지내게 될 것이다.

오늘 이 순간 자기 자신과 했던 약속을 지키기 위해 한 걸음, 한 걸음 나아가고 있다면 그는 이 세상의 주인공이요, 이 세상에 꼭 필요한 영웅인 것이다. 우리가 기대하고 그 기대를 위해 노력하고 실천하는 그 순간 우리는 영웅이요, 온 세상이라는 영화에서의 주인공임을 잊지 말자.

32

완성으로서의 **텔로스**(telos)

나는 앞에서 목표, 목적이라는 뜻을 가진 희랍어 단어 텔로스telos 와 그 텔로스를 실천해 내기 위한 테크네techne가 필요함을 언급하였 다. 텔로스라는 단어는 철학적으로 아주 의미 있는 단어이다. 이미 설명했듯이 텔로스telos란 같은 발음인 희랍어 텔로스τέλος에서 나온 말로 끝end, 목적·목표purpose, goal라는 뜻을 가지고 있다. 그런데 텔로 스라는 단어에 아주 중요한 의미가 하나 더 있다. 이번에는 그것에 대해서 말해보고자 한다.

텔로스에는 끝, 목적, 목표라는 뜻과 함께 '완전함', 혹은 '완성' complete이라는 중요한 의미가 있다. 완성이라는 말에는 그 완성을 위 한 과정이 포함되어 있는 것이다. 어떤 목표를 이루기 위해 노력하 고 최선을 다했던 그 모든 과정과 결과가 함께 합쳐져서 마지막이 되고, 종점이 되고, 완성이 되는 것이다.

수학을 예로 들면 아주 쉬울 것 같다. 학력고사는 아주 많은 학생 들이 시험을 치는 것이기에 대부분 객관식 문제로 출제된다. 몇 개

중에 정답으로 생각되는 것 하나를 고르는 것이다. 수학문제도 객관식으로 나온다. 주어진 문제를 풀고 제시된 4개의 답 중 하나를 선택하는 것이다. 나 역시 대학 입학 당시에 수학을 포기했던 사람 중하나였기에 문제를 전혀 풀지 못했고, 그저 제시된 답 중에 아무거나 하나를 고를 수밖에 없었다. 맞을 확률은 4분의 1 혹은 5분의 1이 되는 것이다. 그런데 가끔 운 좋게 정답을 골라서 재미를 보는 수도 있었던 기억이 난다.

그런데 대입본고사를 치거나 주관식으로 수학시험을 치게 되면 상황이 전혀 달라진다. 모르면 절대로 단 한 줄도 써나갈 수가 없는 것이 수학 아닌가? 혹시 옆 사람이 풀어놓은 정답을 곁눈으로 보았다 치자. 그 정답을 문제지에 써놓는다고 해도 중간에 문제를 푼 과정이 없으면 결코 점수를 받을 수가 없다. 수학시험에서는 문제를 푸는 과정이 없는 정답은 결코 정답으로 인정받을 수가 없는 것이다.

텔로스는 끝이요, 목표라는 의미를 가지고 있다. 그러나 그저 단순하게 홀로 존재하는 끝이나 목표가 아닌 것이다. 어떤 목표를 향해서 노력하고 최선을 다했던 그 모든 과정을 겪어내고 이룩해낸 끝이다. 그런 목표야말로 진정으로 완전한 끝이요, 완성된 결과인 것이다.

다시 수학이야기로 돌아가 보자. 간혹 문제를 제대로 풀면서도 중간에 깜빡 실수하거나, 사칙연산을 잘못하여 답이 틀리게 나오는 경우가 있다. 만약에 그 수학문제가 정답만 요구하는 객관식이라면 틀리는 것이다. 문제를 푸느라 수고했던 시간이나 노력이 그대로 허공에 날아가 버리는 것이다. 그러나 주관식이라면 채점하는 선생님이 결코 영점처리를 할 수가 없을 것이다. 정답은 아니지만 약간 감점을 할 뿐 큰 불이익을 당하지는 않는다. 왜 그런가? 문제를 제대로 푸는 과정이 있었기 때문이다.

텔로스가 의미하는 완전함, 완성이라는 것은 바로 이런 것을 말한다. 단순한 목적 달성, 단순한 종착지 도착, 단순한 끝, 단순한 수치, 단순한 양으로만 모든 것을 쉽게 규정하는 것이 아니라, 제대로 된 과정, 성실하게 수행해왔던 과정, 끊임없이 자리를 지키고 곁길로 이탈하지 않았던 과정을 다 합해서 그 마지막을 '완성된 결과'라고, '완전했던 과정'이라고 평가하는 것이다.

설악산 정상에 케이블카가 설치된다면, 어느 누구나 설악의 정상을 체험할 수 있게 된다. 그러나 밑에서부터 내 발로 한 걸음, 한 걸음 밟아 설악산 대청봉의 정상을 누리는 기쁨은 케이블카로 올라가는 것과 비교됨 없이 영원히 숭고하게 존재할 것이다.

신앙생활도 마찬가지이다. 어떤 사람들은 구원이라는 것에 굉장히 관심을 갖는다. 자기는 평생을 어떻게 살든 한순간에 구원을 받을 수 있기를 원한다. 구원받는 것을 야구경기 티켓 사는 일처럼 생각한다. 그런 것들만 강조하여 신도들의 마음을 빼앗으려는 종교 지도자들도 있다. 그러나 간혹 어떤 사람들은 구원받는다는 어떠한 결과만을 생각하지 않고, 자신의 삶의 전체 여정을 통해서 그 구원받음을 완성할 수 있다고 생각한다. 당신이 신이라면 누구를 사랑하겠는가?

앞에서 언급했던 호손의 『큰 바위 얼굴』도 마찬가지이다. 큰 바위 얼굴이란 사실 어떤 구체적인 종착지의 이름이 아니었다. 큰 바위 얼굴을 바라보고 노력하며 성장해 가는 인생 전체의 과정을 말하는 것이었다. 그리고 그 과정은 누군가 큰 바위 얼굴을 닮은 이가 나타났다고 하는 그 순간에 종료되는 것이 아니다. 그 과정은 우리의 끝까지 계속되는 것이다. 우리의 끝에 그 모든 과정이 완성된다.

뒤에서 다시 한 번 길게 언급하겠지만, 팡차오후이方朝暉 Fang Zhao Hui, 1965- 중국 칭화대 교수는 자신의 책 『나를 지켜낸다는 것』에서 자신을 다듬는 수신修身의 9가지 길을 제시하면서, 그 가장 마지막 항목을 치성致誠이라고 말한다. 치성이란 지극한 정성으로 자신을 완성하는 것이다. 자신을 완성한다는 것! 결국 모든 삶에서 자신을 일깨우고 다듬는 과정이 가장 중요한 것이며, 이런 귀중한 과정들이 아름다운 텔로스, 즉 완성을 향해 나아가는 것이다. 치성이 바로 여기에서 말하는 완성으로서의 텔로스와 같은 맥락이라 할 수 있을 것이다.

우리가 기대를 하고, 그 기대를 성취하기 위해 노력하는 것 역시 완전함을 얻기 위한 여정이라 할 수 있다. 기대를 성취하는 것은 그 기대가 큰 것이든, 작은 것이든 그것을 이루기 위해 노력하고 최선을 다하는 그 과정 속에서 완성되는 것이다.

나는 기대를 말할 때 구체적인 기대, 완성할 가능성이 높은 좀 작은 기대를 세우는 것을 강조하는 편이다. 작은 기대를 하나씩 이루다 보면 우리 자아가 더욱 강해진다. 그리고 좀 더 큰 기대도 성취할 수 있게 되는 것이다. 그러나 수학풀이처럼 노력하는 가운데 간혹 정답이 틀리게 나올 수도 있다. 그렇지만 혹 내가 생각하는 목표와 다른 결과가 생긴다 해도, 내가 처음부터 끝까지 계획하고 수행하고 올바른 방법으로 최선을 다했다면, 나는 그 기대를 이미 완성텔로스한 것이며, 부끄러움이 없는 그 과정을 통해서 나는 나 자신에게뿐 아니라 모든 존재들에게 인정받는 것이다.

인생도 마찬가지가 아닐까? 인생은 텔로스처럼 그 마지막에 완성되는 것이다. 인생은 내가 걸어왔던 그 수많은 여정과 함께 그 마지막에 완성된다. 마지막 순간에 자신의 삶을 완성하는 것이 바로 인생이다. 내 인생 전체를 아우르는 기대는 무엇일까? 그 기대를 잘 만들고 실천하는 모든 과정들이 사실 내 인생의 모습이 아닌가? 마지막에 가면 결과에 연연해하지 않아야 할 것이 바로 인생이다. 내가 이룬 결과가 객관적으로 크든, 남들이 보기에 작든, 그것은 아주 유한한 존재인 사람이 생각하는 것이다.

장구한 이 우주를 보라. 150억 년이 넘는다는 장구한 이 우주의 역사를 생각해보라. 우리가 지금 보는 반짝이는 별빛들 중에는 우리와 몇십억 광년 이상 떨어진 곳에서 오는 것도 많다. 내가 지금 그 별빛을 느끼지만 그 별빛은 수십억 년 전에 출발해서 이제야 내 눈에 들어온 빛이다. 그렇다면 지금 나는 그 별빛을 내 눈에 느끼며 그 별을 보지만, 현재 그 별은 이미 소멸되어 이 우주에 없는 별일 수도 있는 것이다. 이렇듯 우주는 거대하다.

우주를 생각하라. 인간의 업적에 차이가 난다면 과연 얼마나 차이가 날까? 결국 인간들이 아우성거리며 차별을 이야기하는 그 마지막 결과의 차이가 이 우주로 볼 때 무슨 차이가 있는가? 오히려 마지막까지 최선을 다해 작은 일이라도 성취하고 자신의 삶을 완성하는 그 사람, 마지막까지 성실하게 기대하며 기대를 이루며 노력하며 걸어온 그 존재를 우리는 완성을 향해 달려온 그 어떤 삶의 참 주인이라고 생각해야 하지 않을까?

33

기대, 어둠 속을 견뎌내는 힘

영화 〈벤허Ben-Hur, 1959〉에서, 벤허는 친구 멧살라의 배신으로 갤리선galley船 밑바닥에서 노를 젓는 노예로 끌려간다. 인간으로서의 대우를 받지 못하는 자리, 전투가 벌어지면 발목에 쇠고랑을 차고 노를 저어야 하는 자리, 결국 그 자리에 있는 이는 1년을 못 버티고 죽게 되며, 시신은 바다로 버려지게 되는 그 갤리선 밑 칸, 미래를 알 수 없는 어둠의 자리요, 언제 죽을지 모르는 죽음의 자리에서 벤허는 3년 이상을 버틴다. 그가 3년을 버틸 수 있었던 힘은 반드시 하나님이 자기로 하여금 살아 돌아가게 해 주실 것이라는 신앙적인 믿음과, 반드시 살아 돌아가 자기 가족을 만날 것이라는 희망과, 그리고 무엇보다도 더 강한 에너지였던 자기를 배반한 친구를 향한 분노와 복수심이었다. 그러나 그냥 살아 있기도 힘든 상황과 그 쇠고랑에 차인 죄수의 신분에서 어찌 벗어날 수 있을 것이며, 동료들이 수없이 죽어나가는 무서운 환경에서 어찌 목숨을 부지할 수 있단 말인가?

벤허에서 주인공이 갤리선의 노예생활을 견뎌내고 결국 벗어나는 장면은 생각할 때마다 비록 픽션fiction이지만 정말로 극적이고 감동적이다. 하루하루를 버티는 가운데 3년이라는 놀라운 시간이 흘렀고, 어느 날의 전투에서 벤허는 함대의 사령관 퀸투스 아리우스를 구하게 되고, 마침내 노예의 신분을 벗고 그의 양자가 된다.

벤허가 갤리선 노예라는 그 극한의 상황을 견뎌낼 수 있었던 힘은 정신이었다. 강한 정신이 강한 몸을 갖게 한 것이다. 몸과 정신은 늘 상존한다. 그 어느 것이 먼저라고 말할 수 없는 것이다. 몸이 정신의 연료를 제공하기도 하고, 또한 강한 정신에서 몸이 더불어 강해지는 것이며, 강한 정신과 강해지는 몸이 어우러져 강한 자아가 되는 것이다.

특별히 어려운 역경 속에서는 강한 정신이 우선이다. 극한의 환경을 만나면 정신이 약해진다. 극한의 상황에서 정신이 약해지면 몸은 더욱 급격하게 약해진다. 더불어 자아도 약해지는 것이다.

극중에서 벤허가 갤리선을 견뎌낼 수 있었던 힘은 그의 정신에서 나온 것이고, 벤허의 그 강한 정신은 구체적인 동기와 계획이 가장 분명한, 그리고 이 책에서 강조해온, 벤허 자신의 그 어떤 '기대'였던 것이다.

누구에게나 어두운 시간이 다가온다. 혹 운이 좋아 평생 어두움을 모르고 살 수 있다면 얼마나 좋을까? 그러나 어둠은 교통사고처럼 어느 날 갑자기 우리에게 다가온다. 자신이 실수를 하여 사고가 나기도 하고, 다른 운전자가 부주의하여 나에게 사고가 찾아오기도 하고, 비몽사몽간에 집단으로 안개 속에 들어가 연쇄추돌 사고를 당하기도 한다.

사고는 나를 다치게 한다. 시간만 지나면 금방 회복할 수 있는 사고도 있고, 긴 시간의 회복을 요하는 사고도 있고, 그리고 간혹 누군가를 죽게 하거나 여생 동안 활동하지 못할 불구로 만들어 버리는 사고도 있다. 큰 사고는 우리를 짙은 어둠 속으로 인도한다.

이런 어둠을 견딜 수 있는 힘은 생존의 본능에서 나온다. 누구에게나 생존의 본능은 있다. 그러나 더욱 긴 시간 동안 존재하는 어둠을 견딜 수 있는 힘은 강한 정신에서 나온다. 어둠을 견딜 수 있는 정신은 내가 반드시 생존하여 반드시 무엇을 해내겠다는 구체적인 생각에서 나오는 것이다.

오래전에 깊은 산 기도원에서 나는 아주 의미 있는 일을 겪었다. 어느 날 기도원에 가서 짐을 정리하고 산책을 하였다. 계곡 주변을 걸으며 자연을 만끽하였다. 아름다웠다. 새소리와 흐르는 물소리는 나의 마음에 평안함을 느끼게 해주었다. 계곡의 한 바위에 걸터앉아 아름다운 생각에 나의 마음을 담갔다. 생각에 잠겼다가 흐르는 물을 보며 편안한 마음을 다지고 있던 터에 무언가가 내 눈에 들어왔다.

물고기였다. 나의 가운뎃 손가락만 한 크기의 물고기 한 마리였다. 그것이 물가의 아주 조그만 바위 틈 사이에 갇혀있었다. 제 몸도 못 돌릴 아주 작은 공간에 물고기는 움직이지도 못하고 그대로 정지한 듯 있었다. 그 작은 틈 공간에 고여 있는 물은 그 물고기가 겨우 잠길 만한 양에 불과했고, 물은 말라가고 있는 듯 보였다. 1m 정도 떨어진 곳에는 계곡물이 많지는 않지만 졸졸졸 활발하게 흐르고 있었다. 물고기의 몸 여기저기에는 살갗이 터져 생긴 반점이 있었다. 나의 입이 벌려진 채 닫히지를 않았다.

"도대체 어떻게 하다 물고기가 이 좁은 틈 사이에 갇히게 되었을까?"
"이 물고기는 얼마 동안 이곳에 갇혀 있었을까?"

정확히는 알 수 없지만, 온몸에 반점이 생겨 엉망이 되어있는 것으로 보아서는 시간이 좀 흐른 것이라는 생각이 들었다. 아마도 비가 와서 물이 많이 흐르다가 갑자기 비가 그치고 물의 양이 급격히 줄어들 때 바위 사이에 패인 이 좁은 공간에 갇혀 버렸을 것이다. 하기야 물이 급하게 불어 흐르다가 급하게 줄어들 때, 물고기가 수풀 속에 걸려 그냥 말라 죽은 모습을 종종 볼 수 있지 않은가? 불과 자기 옆 1m 지점에 물이 흐르고 있는데, 이 친구는 좁은 공간에 갇혀 물이 말라가는 생사의 기로 속에 헤매고 있는 것이다. 햇볕은 강하게 내리쬐고 있고 물고기는 자신의 생존을 위해 싸우고 있었던 것이다.

잠시 깊은 생각 속에 잠겼다. 새의 부리에 한 번 쪼여 금방 소화될 수도 있는 물고기 한 마리이지만, 그가 자신의 생명을 위해 사투하는 그 모습은 이 세상 그 어느 존재보다도 더 숭고해 보였다.

녀석의 몸에 함부로 내 손을 대는 것조차도 무언가 경망輕妄스러운 일이라는 생각이 들었지만, 나는 조심스럽게 녀석을 만져보았다. 살아있는 물고기를 만졌을 때의 생동감을 전혀 느낄 수가 없었다. 녀석은 팔딱거리는 물고기가 아니라 내 손바닥에서 물에 젖은 종이처럼 그냥 축 늘어져 있었다.

녀석을 계곡물로 보내고 나는 녀석이 너무나 위대하다는 생각 속에 오랫동안 말을 잊었다. 결국 녀석은 해낸 것이다. 물론 내가 없어도 그 녀석은 언젠가는 다시 계곡물로 돌아갈 것이다. 오늘 밤이라도 비가 내리면 녀석은 해방을 경험할 것이다. 그러나 작은 물고기가 살기 위해 자기 자신과 사투를 벌이던 그 모습을 나는 영원히 잊을 수는 없을 것이다.

어둠을 견디는 이의 모습은 숭고하다. 나는 어둠을 견디는 사람을 해산하는 여인의 모습에 비유하곤 한다. 해산은 인간이 해내는 가장 위대한 일 중 하나이지만, 가장 힘든 고통이 아닌가? 해산의 모습은 숭고하다. 해산의 순간은 가장 위대한 창조의 순간이요, 생명세계의 역사적인 과업을 이루는 순간인 것이다. 나는 누군가가 어둠의 시간을 보내고 있는 모습, 누군가가 자신에게 다가온 고통의 시간을 견디고 있는 모습도 해산의 모습과 더불어 이 땅에서 가장 숭고한 것 중에 하나라고 생각한다.

무언가를 견뎌내는 것만으로도 그 존재는 위대하며 숭고하다.

작은 물고기는 벤허처럼 '살아야 복수할 수 있다'는 구체적인 기대를 갖지는 못할 것이다. 그러나 모든 생명체는 '내가 살아야 한다'는 우주적 본능을 가지고 있으며, 위기의 순간에 그 본능이 작동되는 것이다. 그러기에 견뎌내는 존재는 위대한 것이다.

어둠의 시간, 고통의 시간, 나의 정신과 육체가 약해져 포기해야 할 위기의 시간을 견뎌내야 할 때, 바로 이때 우리에게 가장 필요한 것을 나는 '기대하는 것'이라고 말하고 싶다. 기대함이야말로 어둠 속을 견뎌낼 수 있게 하는 가장 중요한 힘인 것이다.

군 복무 시절 나는 특전사에 있었다. 공수부대의 모든 훈련 중에 가장 힘든 것이 바로 천리행군이다. 천 리400km를 일주일 이내로 걷는 것이다. 하루에 60~70km를 걸어야 한다. 짐을 지고 총을 들고 한 시간에 5km 정도를 걷는데, 15시간을 걸어야 그날 가야 할 거리를 해낼 수 있다. 하루에 밥을 3번 직접 해먹고 설거지까지 완료하며 걸어야 한다. 잠잘 수 있는 시간이 4~5시간 정도밖에 안 된다. 걸음에는 장사가 없다. 다른 걸 아무리 잘하고, 몸이 강하고, 운동신경이 좋아도 등에 무거운 짐을 지고 긴 거리를 연속해서 걸으면 다리를 절게 되어 있다. 아무리 잘 걷는 사람이라도 200km 정도 넘어가면 다리를 조금씩 절기 시작한다. 훈련경험이 많고 노련한 사람일수록 더 절게 되어 있다. 신참일수록 다리를 덜 전다. 노련한 경력자들은 여러 번 천리행군을 겪었기에 그의 관절이 이미 다른 신참들보다 먼저 소모되어 있기 때문이다. 한참 이후에 알게 된 사실이지만, 무릎 연골은 소모품이지 무한정 리필되지를 않는다.

친리행군 4일차 정도가 되면 아무 말도 하지 않는다. 아무 말도 입에서 나오지 않는 것이다. 소령부터 말단 사병까지 똑같이 평등하게 걷는다. 단지 등에 진 짐의 무게에 좀 차이가 있을 뿐이다. 마치 웅덩이에 갇혀있는 물고기처럼 아무것도 느끼거나 생각하지 못한 채 그저 앞만 보고 걷는다.

그런데 이런 극한의 상황을 견뎌낼 수 있는 힘이 있다. 바로 기대함이다. 천리를 다 걸어 부대에 복귀하면 최고의 회식이 우리를 기다리고 있다. 어느 누구나 고기를 마음껏 먹을 수 있다. 그날만큼은 계급에 관계없이 술도 마음껏 마신다. 그리고 무엇보다도 강력한 건 회식이 끝나면 휴가가 우리를 기다리고 있다는 것이다.

천리행군 4일차가 되면 입에서 나올 수 있는 말이 '휴가'와 '회식'

밖에 없다. 이것만 생각하면 견딜 수 있다. 입만 열면 휴가, 회식이라는 말이 나온다. 누구든지 이 말을 먼저 하면, 나머지 모든 대원들은 함께 맞장구를 친다. 회식이라는 말, 그리고 휴가라는 말이 나올 때마다 밥처럼 맛있게? 들린다. 그런데 우리 팀의 팀장대위, 중대장은 나에게 한 가지 기대를 더 덧붙여 주었다.

"한수야, 부대 복귀하면 내가 빵 사다 줄게."

그때 내가 좋아하던 경남 사람 박 중사가 한마디를 더한다.

"한수야, 내는 케이크 사다 주꼬마."

나보다 6살 많은 중대장님은 지금 무얼 할까? 나보다 세 살 많은 그 박 중사는 지금 어디 있을까? 당시 화장실 안에서도 빵을 먹을 수 있는 나의 능력을 모르는 사람이 없었기에 나는 빵으로 통했다. 나는 이 말에 가장 큰 힘을 얻었다. 물론 여기서 한수는 내 이름이지만 13명 팀 중에 몇 명 안 되는 우리 사병들의 이름을 대표하는 단어였다. 우리는 회식과 휴가, 그리고 빵을 생각하며 극단의 과정을 견딜 수 있었다.

많은 시간이 지나 이 책을 쓰며 다시 생각해보니 그때 수없이 외쳐대었던 회식, 휴가, 그리고 빵은 막연한 희망이 아니었다. 비록 작지만 반드시 나의 앞날에 실제로 일어나게 될 아주 소박한 기대의 목록이었다. 이것들은 천 리를 걸어야 했던 우리들에게 곧 다가올 기대의 제목들이었다. 이것들 때문에 우리는 천 리를 견뎌낼 수 있게 된 것이다.

우리가 넘어지게 될 때, 우리가 어둠 속에 있게 될 때, 우리의 그 어둠 속을 견뎌낼 수 있는 힘은 바로 기대에서 나온다. 우리가 어둠 속에 있을 때, 기대는 우리를 활동하게 만든다. 기대하는 바를 이루기 위해 우리 자신의 몸을 챙기게 해준다. 몸과 정신이 하나가 되어 강한 자아가 되게 해준다. 기대하는 바를 생각하며 나는 자신도 모르게 진행형의 존재가 되어 가는 것이다.

기대야말로 우리의 어둠을 견뎌낼 수 있는 힘의 근본인 것이다. 사실 어둠 속에 있는 사람일수록 더욱 기대하며 살아야 한다. 그 기대가 우리로 하여금 어둠 속에서도 앞을 볼 수 있는 눈이 되어 주며, 어둠 속에서도 활동하려는 몸이 되게 해준다.

기약 없는 더 깊은 어둠을 만날 때도 우리는 기대해야 한다.

깊은 바다 속으로 점점 더 깊이 들어가 심해深海, abyss에 이르면 그곳은 온통 암흑뿐이다. 햇빛이 못 들어오는 깊은 어둠 속에서 어떻게 살 수 있을까? 그러나 심해에 사는 동물들은 스스로 발광發光할 수 있는 것들이 많다. 우리들의 자동차가 어둠 속을 달릴 수 있게 해주는 라이트light 같은 것이다. 심해생물의 발광은 자기들끼리의 통신 수단으로 사용되기도 하고, 먹이를 유인하는 데에도 쓰이고, 자신을 포식자로부터 보호하는 데에도 유용하게 사용된다고 한다.

때때로 다가오는 어둠의 힘, 고통의 힘은 우리를 한없이 깊은 심해로 끌고 간다. 사방이 캄캄한 곳에 나 홀로 버려졌다는 느낌을 가지게 만들기도 한다. 심해에서는 발광을 해야 살아남을 수 있는 것처럼, 어둠의 시간 속에 있게 될 때, 우리는 기대할 수 있어야 한다. 심해 같은 깊은 어둠 속에서 기대를 갖는다는 것은 바로 나의 빛을 발사하는 것이라고 생각한다. 심해 속에서 내가 내는 빛은 나의 존재를 남들에게 알리고, 나를 함부로 대하려는 이들로부터 나를 보호해주고, 그냥 쓰러지려는 내 자아의 다른 한편에서 다가오는 약해지는 마음을 극복하게 해주고, 그리고 나의 시간과 나의 미래를 내가 주도할 수 있도록 나를 이끌어줄 것이다.

34

기대, 자신을 지켜내는
수신(修身)의 여정

앞서 여러 번 언급했듯이, 그 어떠한 상황에서도 내 몸을 다듬고 내 마음을 다듬는 것은 이 책의 전체를 관통하고 있는 핵심 사상이다. 바로 수신修身이라는 말로 요약된다. 잘될 때도 나를 다듬고, 어렵게 될 때도 나를 다듬는 것을 나는 이 책에서 '기대하고 그 기대를 실천하고 성취하는 과정'으로 표현하였다. 왜 나를 다듬어야 하는가? 바로 그 어떠한 여건에서도 나를 지키고, 나의 존재를 지키고, 나의 의미를 지키고, 나의 삶의 목표를 지키기 위함이 아닐까?

'때를 얻든지 못 얻든지 늘 기도에 힘쓰라'는 말이 있다. 이 말은 기도가 일상이 되어야 한다는 것을 강조하는 것이다. 기도는 무슨 신기한 일을 불러일으키는 주문呪文이 아니다. 물론 기도하다가 무슨 신비한 일을 체험하는 경우도 어쩌다 있겠지만, 그것은 아주 극소수의 일이면서 때로는 위험한 일이기도 하다. 기도의 진정한 의미와 가치는 일상의 생활, 즉 항상 자기를 돌아보고, 자기를 닦는 데 있는 것이다. 기도는 순간순간에 행하는 자신과의 대화이다. 하루하루의 삶과 매 순간을 신중하게 보내기 위한 가장 귀한 방법이 바로 기도인 것이다. 신앙인에게 기도는 바로 수신인 것이다. 잘될 때도, 못될 때도 기도를 통해서 자기 자신을 바라보고, 자신을 다듬는 것이 바로 기도이다. 보통 맹목적인 신앙생활을 하는 신앙인의 대다수는 천박해 보인다. 그런 사람이 안티anti의 대상이 된다. 그러나 기도를 통해 수신하는 신앙인은 천박해 보이지 않고 고결해 보인다.

기도는 나 스스로 나 자신에게 말하고, 때로는 절대자와 대화함을 통해서 나의 행동과 나의 삶을 늘 살아있게 만들어준다.

자신의 행동을 이끄는 방법 중에 가장 좋은 방법이 입으로 자기 자신에게 말하는 것이며, 그 다음이 일기를 쓰고 글을 쓰면서 글로써 자신에게 말하는 것이다. 입으로 자신에게 말하고 글로 자신에게 말하는 사람은 그 말하고 글 쓰는 대로 행동하게 되어 있다. 자신의 입으로 내는 말과 자신이 쓰는 글이 바로 자신의 삶을 인도하는 것이다.

글은 언제고 시간 날 때마다 쓰면 된다. 그리고 주변에 사람이 없을 때 가끔 소리 내어 자신에게 말하고, 소리 내어 자신이 기대하고 있는 것을 말하고, 소리 내어 내가 지금부터 어떻게 해야 할 것인가를 나 자신에게 말하면, 나의 행동이 그 말에 맞게 이루어지고, 나의 삶이 그 말에 맞추어 나아가게 된다.

기도를 하며 기대를 하고, 자신과 대화하며 기대를 하고, 글을 쓰며 기대를 하는 이 모든 일들은 결국 자기 자신을 닦는 수신의 삶이 된다. 수신修身은 손 씻기이며, 수신은 수시로 손을 씻고 내 손에 스킨로션을 바르는 일이다. 의사들은 말한다. 손 씻기만 자주 해도 우리 몸에 다가오는 많은 질병의 위험을 이겨낼 수 있다는 것이다. 나는 기대하는 삶도 우리의 자아를 질병에서 지켜주는 것이라고 믿는다.

내가 잘되고 있을 때에도 기대하며 살아야 한다. 그리고 내가 안되고 있을 때에는 더욱 기대해야 한다. 무엇보다도 내가 안될 때, 내가 어둠 속에 있을 때는 내가 넘어지고, 나의 존재의미가 없어지고, 나의 삶의 목표가 무너져 내릴 위험한 순간이 된다. 나에게 고통이 다가올 때 나 자신을 잃어버릴 위기가 찾아오는 것이다. 바로 이때가 더욱 기대하며 살아야 할 때가 되는 것이다. 기대가 나를 넘어짐에서 지켜주는 것이다. 기대가 나를 포기의 위기에서 보호해 주는 것이며, 심연의 흑암 속에서도 앞을 볼 수 있게 해주는 것이다.

결국 기대하는 삶은 환경의 변화에 지배되지 않는 내가 되게 해주는 것이다. 기대는 그 어떠한 상황에 처하게 되든지 나를 지켜내는 힘이다. 어떠한 혹독한 환경이라도 자기를 닦고 자기를 다듬는 사람을 넘어뜨릴 수는 없는 것이다.

팡차오후이方朝暉 Fang Zhao Hui, 1965- 중국 칭화대 교수는 『나를 지켜낸다는 것』이라는 책에서, 동양의 모든 사상가들의 철학이 말하고 있는 것은 바로 그 어느 때라도 나 자신을 지켜야 한다는 것이며, 나를 지켜낸다는 것의 모든 내용과 과정은 수신修身이라는 말로 요약된다고 가르친다. 정말로 좋은 말이며, 이 책의 맥과도 함께한다. 정말로 동양적 사색의 근본은 수신에 있음을 느낀다. 그리고 수신이야말로 나를 지켜내는 힘이라는 책 제목 자체가 너무 좋다.

단 팡 교수가 동양철학자들의 근원적인 주제로서의 수신을 차원 높게, 철학적으로, 평천하를 이루기 위한 길로 생각하는 거대담론E

大談論, metadiscourse이적으로, 그리고 형이상학形而上學, metaphysics적으로 다루었다면, 나는 푸시 업을 해본다든지, 다이어트를 해본다든지, 중국어를 배워본다든지 같은 범위가 좁은 일상의 작은 삶과 사소한 일에서부터 시작하는 자신을 위한 기대를 계획하고 성취하는 수신을 이야기하였다. 물론 거대담론적인 수신이나 사소한 일을 통한 수신이 지향하는 그 결과는 같다는 것이 나의 생각이다.

앞에서 기대는 어둠을 견딜 수 있는 힘이라고 생각했다. 그렇지만 냉정하게 생각해 보면 '견디다'라는 말은 소극적인 의미라고 말할 수 있지 않을까? 견디다 보다 '지키다'라는 표현은 어떤가? '지키다'라는 말이 좀 더 적극적인 표현 같다는 생각이 든다.

우리 몸을 예로 든다면, 어떤 병에 걸려 약을 먹고 몸조리를 하면서 회복되어 가는 것이 견디는 것과 좀 가깝다는 생각이 든다. 그러나 미리미리 건강을 유지하고 면역력을 키워서 아예 병이 우리 몸을 침입하지 못하게 만드는 것이 바로 '지킨다'라는 의미가 아닐까? 나라가 강하다면 다른 힘센 민족이 침입을 하지 못할 것이다. 몸 상태가 정상적인 코뿔소나 기린이나 하마에게는 사자나 하이에나가 접근하지 못한다. 건강한 존재는 그 어느 때나 자기 자신을 지킬 수 있는 것이다.

진정한 기대의 의미 역시 팡 교수가 강조했던 바로 '나를 지킨다'라는 문장에 있다고 생각해본다. 어둠 속에 있게 될 때 우리가 기대를 통해서 그 어둠을 극복해 내는 힘을 얻게 되지만, 그것보다도 먼저 선행되어야 할 것은 바로 기대함을 통해서 항상 우리를 어둠으로부터 지켜내는 것이다. 기대함을 통해서 항상 자신을 수신하여 자신의 몸과 마음이 늘 건강한 삶을 살게 되면 넘어지는 일, 좌절하게 되는 일이 결코 우리를 병들게 할 수 없게 되는 것이다. 넘어지면 그냥 넘어지는 것이고, 실패하면 그냥 실패하는 것이지 그것이 우리를 포기하거나 병들게 만들 수는 없는 것이다.

일어나지 못하는 황소!

나이가 좀 든 사람들은 기억할 것이다. 옛날에는 달구지라는 것이 있었다. 소가 끌고 가는 것이다. 지금의 경운기라고 보면 된다. 경운기가 없던 시대에는 달구지가 그 일을 했는데, 바로 소가 그 달구지를 끌었던 것이다. 어린 시절에 달구지가 빈 채로 지나가면 우리는 그 뒤에 올라타곤 했다. 앞에 탄 할아버지가 소를 때리는 채찍을 우리 쪽을 향해 갈길 때, 우리는 잠시 내렸다가 또다시 타기를 반복했던 기억이 난다. 소는 여러모로 참 좋고 고마운 동물이었다.

겨울이 되면 강이나 호수가 꽁꽁 얼고, 다리가 별로 없던 시절에는 그냥 얼음을 밟고 강이나 호수를 건너는데, 가끔 달구지도 건너는 것이다. 그런데 소의 발에 미끄럼 방지용으로 짚이나 다른 헝겊을 씌웠음에도 소가 미끄러져 넘어지는 일이 생긴다. 얼음판에 소가 넘어지면 대책이 없다. 그 무거운 소가 얼음판 위에 넘어지니 일으켜 세울 방도가 없는 것이다. 소는 얼음판에 넘어져 그 큰 눈을 깜박거리기만 하고 있고, 여러 사람이 모여서 얼음바닥에 누운 소를 일으켜 세우는 데 애를 먹곤 했던 것이다.

나는 얼음판에 넘어져 누운 소의 모습을 항상 잊지 말라는 말을 가끔 하곤 한다. 나 자신에게도 하고 남에게도 기회가 되면 이 말을 한다. 아무리 넘어지게 되어도 얼음판에 넘어진 소의 모습이 되어서는 결코 안 된다. 일어날 수만 있으면 아무리 넘어져도 문제가 되지 않는다.

스키 초급강좌를 이수할 때 가장 필요한 것은 넘어졌을 때 일어나는 법을 잘 숙지하는 일이다. 특히 경사가 있는 곳에서 넘어졌을 때 일어날 수 있는 능력이 없으면 중급이나 상급으로 갈 수가 없다. 넘어지는 것을 두려워하는 사람이 있다면 그는 스키를 타러 갈 필요가 없는 사람이다. 넘어지는 것은 사실 우리의 일상의 모습 중 하나이다. 스키장에서건 일상에서건 넘어지는 것은 결코 창피한 제목이 되지 않는다. 관건은 일어나는 힘이요, 일어날 수 있는 체계적인 능력에 있는 것이다.

노인이 되면 어떠한가? 넘어진 다음에 일어나기가 힘들어진다. 기력이 쇠했기 때문이다. 우리 할아버지를 포함해서 넘어진 뒤에 돌아가신 분들이 많다. 노인에게는 넘어진다는 것이 감당하기 힘든 일이기 때문이다.

중요한 것은 일어나는 것이다. 일어날 힘인 것이다. 간혹 애초부터 잘 넘어지지 않는 강한 힘줄과 근육이 있으면 더 좋을 것이라는 생각을 한다. 그러나 진정 중요한 것은 넘어질 때 바로 일어설 수 있는 힘, 나는 이 힘이 바로 기대하는 삶에서 나온다고 생각한다.

늘 우리 마음의 근육과 힘줄이 단련되고, 균형을 이룰 수 있는 힘. 그래서 넘어지는 횟수를 줄일 수 있는 힘. 또한 넘어질 때마다 일어서서 척추를 꼿꼿이 세우고 세상을 다시 볼 수 있게 하는 힘. 이런 놀라운 힘 또한 기대하는 삶에서 나올 수 있는 것이 아닐까? 생각한다. 기대가 바로 나를 지켜주는 것이다. 기대가 나의 평생을 지켜주는 것이다. 그리고 우리가 기대하는 그 모든 삶의 여정이야말로 바로 평생 동안 수신하며 각자의 생을 살아나가는 귀중한 존재들의 모습이 아닐까 생각해 본다.

35

마치는 말, 다시 기대하자,
신(新) 청춘예찬

평생 어린아이요, 청춘이라면 얼마나 좋을까? 성인成人의 세계는 공평하지 않고 평등하지 않다. 어떤 이는 앉아서 전화 몇 통만으로도 거액을 뚝딱 해먹을 수도 있고, 어떤 이는 하루 종일 노동해야 그 날 겨우 먹고 쉴 수 있는 금액을 얻을 수 있고, 어떤 이에게는 수고하고 노력하는데도 그 가진 것을 다 잃어버려야 하는 일도 생긴다. 어린아이의 세계는 그래도 성인보다는 덜 불평등하다. 물론 더 좋은 여건, 무엇보다도 '더 좋은 부모님을 가졌는가?'라고 하는 엄청난 차이가 어린아이에게도 있지만, 노력할 줄 알고, 재능이 있는 아이라면, 그 아이는 그 어디에 있든 인정받을 수 있는 것이다.

아이에게는 바라는 꿈이 있기에 그 모습 자체만으로도 신선하고, 대체로 사람들은 어린 아이나 청춘에게는 우호적으로 대하지 않는가? 미완성의 존재는 완성이라는 미래를 전제로 존재하기에 항상 신선하고 아름답고 희망차다. 그러기에 학창시절 교과서에 실렸던 민태원1894-1935의 『청춘예찬』에 나오는 '청춘! 이는 듣기만 하여도 가

슴이 설레는 말이다…….' '물방아 같은 심장의 고독' 그리고 '청춘의
피는 끓는다' 같은 구절들을 생각하면 지금도 내가 청춘 같은 느낌
이 복받쳐 오른다.

그러나 우리 모두는 청춘의 시절을 거쳐 성인이 된다. 청춘의 시
절은 아주 잠깐이다. 곧 성인이 되면 자기의 삶을 책임져야 한다. 청
춘의 때에 꾸었던 꿈이 하나씩 둘씩 좌절의 고배로 변한다. 어린 시
절 꾸었던 꿈을 이룰 수 있는 사람은 훌륭한 사람이며 동시에 행운
의 사람이다. 그러나 대다수의 우리들은 세월이 지나감에 따라 우리
가 가졌던 청춘의 꿈들을 하나씩 둘씩 내려놓아야 한다. 앞에서 언
급했던 '화이트헤드의 청춘'은 저 멀리에 있으며, 시간이 지나면서
우리에게는 고통의 경험, 좌절의 현실이 우리를 찾아오는 것이다.

작은 좌절뿐 아니라 커다란 넘어짐이 우리를 찾아온다. 커다란 넘
어짐은 내 몸을 바꿀 수도 있고, 내 인생 전체를 망가뜨릴 수도 있다.
좌절을 이겨내고 겨우 다시 일어서서 자리를 잡으려 하는데, 또 다른
힘이 나를 넘어뜨리는 것이다. 이런 것을 소위 삼각파도라고 한다.

삼각파도pyramidal wave는 방향이 다른 두 물결이 겹쳐지면서 생기
는 파도라, 항해 중 이런 파도를 만나게 되면 배의 균형을 잡을 수가
없게 된다고 한다. 한 가지 파도라면 그 파도를 타고 기우뚱거리면
서 균형을 유지할 수 있는데, 다른 파도가 하나 더 있으니, 기우뚱하
면서 균형을 잡으려하는 순간에 다른 방향의 파도가 배를 치게 되는
것이다. 액션영화로 말하자면 주인공이 한 악당이 휘두르는 각목을
부드럽게 피하는 멋있는 순간에 근처에서 동시에 다른 악당이 휘두
른 각목이 정확하게 주인공의 몸을 때리는 슬로우비디오를 생각하

면 될 것이다.

삼각파도가 배를 침몰시킬 수 있듯이 인생의 삼각파도는 한 인생을 다시는 못 일어서게 될 인생의 불구자로 만들 수 있는 무서운 존재인 것이다. 살짝 미끄러져 넘어진 이들은 누구나 툭툭 옷을 털며 일어날 수 있다. 그러나 큰 사고를 만나 온몸을 다치고 망가져 누워 있어야 하는 이에게 일어난다는 것은 아주 힘든 머나먼 세상의 일처럼 느껴지게 될 것이다.

"그래도 일어나야 한다."
"언젠가는 반드시 일어서야 한다."

여기서 '일어나야 하는 일', '일어나 걸어야 하는 일'을 나는 희망이라고 생각한다. 희망은 누구나 가지는 좋은 것이다. 희망은 누구에게나 꼭 필요한 것이다. 그러나 많이 다친 이에게 일어난다는 희망은 너무나 먼 것이며, 여러 가지 과정을 거쳐야 도달할 수 있는 힘든 일이다. 그러기에 한 번에 일어나 걸으려 하면 안 된다. 많이 다친 이는 우선 상처를 치료해야 한다. 그리고 조금씩 손을 움직여 보고, 다리를 움직여 보고, 목을 움직여 보면서 몸 전체가 움직일 가능성을 앞당겨야 한다. 나는 이렇게 손을 움직이고, 목을 움직이는 과정들을 바로 '기대'라고 말하고자 한다.

"기대는 내가 노력하면 잡을 수 있는 범위에 있는 것에 대한 계획이요, 실천인 것이다."

〈부록〉에서 다시 언급하겠지만, 나이아가라 폭포에 있던 현수교
Suspension Bridge가 연을 날려 이어진 한 줄 한 줄의 강선으로 만들어졌
던 것처럼, 우리는 기대라고 하는 한 가지 한 가지를 이루면서 더욱
큰 기대를 나의 눈앞으로 당길 수가 있고, 우리가 숙원하며 고대하
는 꿈, 그리고 내가 되고자 하는 나의 이상적인 자아에 점점 더 가까
이 나아갈 수도 있는 것이다.

　기대하는 삶은 사실 젊은이들에게 더욱 필요한 것이다. 젊을수록
꿈을 많이 가져야 하지만, 의외로 꿈 없이 사는 젊은이들이 많다. 또
한 희망은 갖지만 그 희망을 나의 것으로 만들지 못하는 이들도 많
다. 배운 것이 부족해서 꿈을 갖지 못하는 사람도 있다. 혹은 좋은
가르침을 주는 대인大人을 만나지 못해 좋은 꿈을 가질 줄 모르기에,
하루하루를 그냥 주어진 일과 속에 그저 내 몸을 던지며 산다. 열심
을 내어 보려 하지만 돌부리에 걸려 넘어져 상처 입고, 때로는 사고
를 만나 치명적인 장애를 입기도 한다.

　*"기대는 심하게 넘어지고 다쳐 망가진 이들에게 다시 일어나 아주
작은 일 하나부터 자신의 미래를 만들어보라는 조언을 준다."*

　작은 기대를 가지고 실천하고 성취하는 일이 나를 일어서게 해주
는 출발점이 되며, 나를 소중한 존재라고 생각할 수 있게 만들어주
고, 점점 더 큰 기대를 이룰 수 있게 해준다.

　헬스장에서 몸을 만들 때, 가장 먼저 해야 할 일은 규칙적으로 헬
스장에 가는 일이요, 아주 작은 무게부터 들어보는 것이다. 처음부

터 무거운 것을 들 필요가 없다. 5kg에서 시작하는 것이다. 아니면 빈 막대기를 드는 것으로 시작해도 된다. 헬스장에서는 내 옆에서 몸이 잘 다듬어진 모습으로 무거운 바벨을 들어 올리는 사람을 부러워할 필요가 전혀 없다. 헬스장에서는 그냥 나의 무게에서부터 시작하는 것이다. 그런데 아주 가벼운 것이라도 규칙적으로 들기 시작하면 내 몸이 반응하기 시작한다는 것을 느끼게 된다. 5kg짜리를 들어보기 시작한 몸과 5kg이라도 들어보지 못한 몸은 분명히 다르다. 또한 5kg에 충실하면 내가 들어 올릴 수 있는 무게는 조금씩 늘어난다. 내 몸도 점점 더 달라진다.

고속도로를 달릴 때 나는 큰일이 없으면 그냥 시속 80-90km를 기준으로 저속차선을 운행한다. 그래야 내가 듣고 싶은 음악을 무리 없이 들을 수 있고, 바깥 경치를 감상할 수도 있고, 생각도 할 수 있다. 간혹 시속 150km짜리 물체들이 굉음을 내며 내 곁을 쉭- 지나간다. 한때 나도 그랬던 기억이 난다. 테스토스테론testosterone 호르몬이 넘쳐나는 십대 남자아이들 몇을 제외한다면, 그 어느 누구도 그런 차를 부러워하지 않는다. 단지 무사하길 걱정해줄 뿐이다.

인생은 나의 차선에서 나의 길을 가는 것이다. 다른 차선의 정도를 넘어버린 속도에 반할 필요가 하나도 없는 것이다. 남에게 방해되지 않게, 그러면서도 나의 길을 즐기며 재미있게 진행해 나가는 그 인생이 가장 아름다운 인생이 아닐까 생각한다.

민태원의『청춘예찬』을 반복해 읽으며 나는 이런 질문을 해본다. 청춘이 정말로 호르몬 왕성한 젊은이들에게만 있는 것일까? 청춘은 조국을 은유할 수도 있으며, 청춘은 이 사회가 앞으로 나아가야 할 길을 말할 수도 있고, 어쩌면 청춘은 지금 침체기에 들어있는 이 나라와 이 땅의 사람들에게 너도 이와 같은 청춘이라고 말해주고 있는 것은 아닐까? 그렇다. 청춘이란 어느 연령에 해당하는 신체를 말하는 것이 아니라, 이 땅의 모든 존재들이 갖게 되는 자신의 '청춘 같은 어떤 모습'을 말하는 것이다.

"나이가 어리든, 나이가 들었든, 청춘의 모습을 가진 존재, 그리고 그런 삶이 중요한 것이다. 꿈을 가진 자는 그 모두가 다 청춘의 가능성을 가진 자이다."

그리고

"꿈을 이상의 세계에 저장하기만 하는 데서 벗어나 구체화하고, 실천하기 위해 기대할 수 있는 이들은 그들이 사는 동안 청춘인 것이다."

"기대는 우리의 희망을 구체화시켜 주고, 그것을 우리의 가시거리 可視距離에 두게 한다."

어려움 속에서도 희망을 가질 수 있는 이는 희망을 가진 그 모습만으로도 아름답고 가능성이 있는 존재이다. 그러나 어려움, 포기의 위기 속에서도 희망을 잃지 않고, 그 희망을 기대로 끌어내어 구체적인 것으로 만들고, 그 기대를 내 시야에 다가오는 것으로 만들어 성취할 수 있는 이는 진정 위대한 존재이며, 자기 자신뿐 아니라 남에게도 분명코 도움이 될 수 있는 유익한 존재가 될 것이다.

"심연深淵, abyss과 같이 길고 깊은 삶의 어둠을 견뎌낼 수 있는 가장 분명한 힘은 바로 기대에서 나온다."

아무리 어려워도 기대할 수만 있다면 우리는 그 기대를 통해 나 자신의 몸을 챙길 수 있다. 기대하는 바가 생길 때 나는 나의 시간을 관리할 수 있고, 작은 일이라도 성취할 수 있게 될 때 나 자신을 가치 있는 존재요, 미래가 있는 존재로 자부할 수 있게 되는 것이다.

결국 내가 이 책에서 반복해서 말하는 기대함을 요약하자면 다음과 같을 것이다.

"기대함이란 어떠한 환경에서도 우리의 삶이 다할 때까지 끊임없이 자신을 다듬는 수신修身을 말하는 것이다."

"수신은 자신의 몸과 정신을 함께 관리하는 것이며, 늘 기대하고 실천하여 성취하는 삶을 통해서 마음으로 몸을 이끌고, 구체적인 행동을 실행하는 몸을 통해 또한 자신의 마음을 다듬는 것이다."

기대함이란 그 어떠한 상황 속에서도, 사실 우리들이 처한 고통스럽고도 힘든 상황 가운데서도, 무언가를 기대하고 성취함으로써 우리의 삶이 다하게 될 그날까지 늘 자신을 꾸미고, 발전시키고, 다듬을 수 있는 수신修身을 말하는 것이다. 호손의 『큰 바위 얼굴』에서도 느꼈던 것처럼 진정한 삶이란 어떠한 상황에 있더라도 자신의 자아를 끊임없이 다듬는 과정인 것이다.

자신을 항상 돌아보고 다듬고 꾸미는 자, 늘 수신하는 자, 다시 말해서 기대하는 자는 그 어떠한 고통이라도, 또는 한순간 자신을 휩싸고는 이내 저 멀리 떠나버리는 어쩌다 마주치는 기쁨도 늘 똑같은 심정으로 대할 수 있게 되며, 그 어떠한 상황에 대해서도 자신을 준비시키는 사람이다. 이런 사람은 결국 다른 사람들과 이 땅에 꼭 필요하고 도움이 되는 존재로 살아갈 것이며, 늘 자기 자신에게 흐뭇한 마음으로 그 남은 삶을 살게 될 것이다.

사실 누구나 삶 속에서 당연히 기대하는 삶을 산다. 이 책에서는 그것을 좀 더 강조했을 뿐이다. 그러나 나를 포함하여 어느 누구에게는 자신이 기대하던 그 무엇을 놓아버린 경험들이 다 있을 것이기에, 나 자신을 포함한 우리 모두가 다시 한 번 더 기대하는 평생의 삶을 시작하자는 의미로 책 제목에 '다시'라는 말을 붙였다. 무언가를 하다가 포기하는 일은 흔한 현상이다. 중요한 것은 언제든지 다시 일어서서, 아주 작은 것이라도 그것이 진정 나를 위한 것이라면, 다시 시작해보는 것이다. 작은 일로 인해 내가 일어서게 되며, 그 작은 일들을 통해 다듬어진다. 그 작은 일은 천하의 일이 되고, 작은 나는 의미 있는 존재, 역사적 존재, 시공을 초월하는 우주적 존재가 된다.

이제 우리 다시 기대하자!

부록

기대의 실제,
몇 가지 기대 연습

구체적인 기대, **기대연습**

늘 그렇게 하지는 못하지만 보통 나는 책상에 앉을 때 먼저 '책상 계획'을 세운다. 예를 들어 내가 책상에 앉을 수 있는 시간이 5시간 이라면, 그 시간 동안에 해야 할 일들을 포스트 잇Post-it 같은 데에 써 서 책상 앞에 붙여 놓는다. 몇 시에서 몇 시까지는 무엇을 하고, 그 다음에는 또 무엇을 하고… 그리고 잠시 몸을 풀거나, 스트레칭을 하거나, 커피 마실 일도 사이에 집어넣는다.

운동하러 운동장에 나갈 때에도 개략적인 계획을 세운다. 운동장 트랙 돌기, 혼자 축구공 차기, 혼자 농구하기, 인라인 스케이트 몇 분 동안 타기 등의 메뉴에 할당?되는 시간을 미리 계획한다. 물론 단 순하게 산책만 하러 갈 때도 있지만, 아직까지는 내가 운동을 할 수 있는 나이기에 운동장에 갈 때를 대비해서 차 안에 공이나 배드민턴 라켓, 인라인 스케이트 등을 넣어놓고 다닌다.

가진 재산은 달라도 인간은 누구나 똑같은 시간을 가지고 산다.

시간이야말로 신이 인간에게 평등하게 내려주신 자산이요, 그 어느 누구도 나의 시간을 빼앗아 갈 수가 없다. 작은 일에서부터 구체적으로 계획하고, 구체적으로 그것을 실천하다 보면 시간을 효율적으로 사용하게 된다. 시간을 효율적으로 사용하게 된다는 것은 계획적이고, 구체적인 생활을 한다는 것이다.

계획적이고 구체적인 생활은 그런 삶을 사는 사람의 마음을 강하게 만들어준다. 사람은 수동적일 때보다는 능동적일 때 더 강해지고 더 자신감을 갖게 된다. 휴일에 내 일정을 뒤로하고 직장에서 함께 단체로 등산을 가는 것과 휴일이 되어 내가 함께 가고 싶은 사람과 함께 등산을 가는 것은 엄청난 차이가 난다. 물론 그 결과도 크게 다를 것이다. 직장에서 단체로 휴일을 반납해가며 한 등산은 나를 더 피곤하게 만들 것이며, 내가 스스로 갔던 등산은 비록 피곤해도 내 마음이 내 육신을 충분히 이겨낼 수 있는 피곤으로 다가올 것이다.

기대를 하고, 그것을 실제로 옮겨 내는 삶은 우리를 강하게 만들어주고, 우리를 효율적인 존재가 되게 해 준다. 아주 사소한 것이라도 구체적으로 기대하고, 구체적으로 성취하면 스스로에게도 자랑스럽고 흐뭇해짐을 느끼게 된다.

사람에게는 무한한 가능성이 있다. 안 해 본 것도 처음에는 낯설지만 조금씩 해보면 익숙해진다. 익숙해진 일을 조금씩 더 하다 보면 잘하게 된다. 잘하게 된 그 일이 좋아서 더욱 열심히 하게 되면 달인이 되는 것이다.

왼손 투수 류현진 선수는 원래 오른손잡이라고 한다. 타격도 오른

쪽에서 한다. 그런데 류 선수가 처음 야구를 배울 때 그의 아버지가 던지는 것은 왼손으로 하게 했다고 한다. 놀라운 식견이다. 똑같은 실력의 투수라고 할 때 당연히 왼손투수가 훨씬 더 유리하고 좋은 대우를 받는다. 왼손잡이로 태어났다 해도 그 어떤 종목을 오른손으로 꾸준히 연습하면 그 종목만큼은 오른손잡이처럼 될 수 있다. 이것이 바로 연습과 경험의 힘이다.

오른손잡이는 평생 모든 종목을 오른손으로 하게 된다. 처음 그 종목을 대할 때 오른손을 우선으로 사용하게 되는 것이다. 그러나 오른손잡이지만 어느 한 종목을 왼손으로 하기 시작하면, 처음에는 어색하지만 점점 익숙해지고, 더 열심히 하면 그 종목의 달인도 될 수 있는 것이다. 이것이 바로 연습의 힘이다. 모든 일에 대한 나의 본능은 오른손잡이지만, 어느 한 종목을 내가 왼손으로 하기 시작하면, 그 종목만큼은 왼손이 너 익숙한 사람이 되는 것이다.

사람은 처음부터 이 세상 모든 일에 다 능동적이지 못하고, 적극적이지 못하고, 현명하지 못하고, 성실하지 못한 그런 본성을 가지고 태어난다. 무언가에 얽매이지 않고 자연스럽게 사는 본성을 가지고 태어나는 것이다. 몇억 년부터 몇백만 년, 혹은 몇십만 년이라고 볼 수 있는 인류의 역사에서 보면 자연스럽게 이해가 되는 부분이다. 그 기나긴 존재의 시간 속에서 인간이 나 자신의 존재를 인식하고, 구체적으로 공부하고, 미래를 위해 노력하여 귀한 배움이나 물질을 저축하고, 시간을 잘 활용해야 한다는 개념을 가지게 된 것은 불과 몇천 년 사이의 일이 아닐까? 아직 우리의 몸과 마음속에는 어마어마한 시간 동안 먹고 살고, 번식하는 것만 하던 아주 기초적인 생존생활의 습성이 강하게 남아있는 것이다. 그러기에 우리의 몸과 마음은 그냥 시간 가는 대로, 바람 따라 물 따라 흘러가며 자유롭게 사는 것에 더 익숙한 것이다. 긴 시간 이어져 내려온 우리 본능은 최근 몇백 년간 짧은 시간 동안 엄청난 발전을 이루어낸 오늘날보다는 아주 오래 전인 수렵시대와 더 가까운 것이다. 그러기에 우리가 오늘날을 살기 위해서는 의도적인 연습이 필요한 것이다.

그런데 참으로 신기한 것이 있다. 그 어떠한 여건이라도 우리가 그 어떤 일을 생각하고 행동하고, 무언가를 연습하게 될 때 우리의 몸도 서서히 우리를 따라온다는 것이다. 왜 그럴까? 사람은 몸과 마음이 모두 하나이기 때문이다. 사람 몸의 모든 기관이 뇌와 연결되어 있는 것이다. 우리 몸의 각 부분이 움직일 때 우리의 뇌도 함께 움직인다. 그래서 무언가를 구체적으로 연습하게 될 때마다 그것이 나의 몸과 마음에 함께 자리 잡아 나의 생활이 되는 것이다.

행동주의行動主義 behaviorism와 행동주의 심리학은 장점과 단점이 명확한 사고이다. 내가 대학을 다니던 1980년대만 해도 사람들은 행동주의적 사고가 심리학을 아우르는 획기적인 연구이며 심리학의 주류主流가 될 것이라고 생각했다. 행동주의란 훈련시키면 된다는 생각을 말한다. 우리가 잘 아는 파블로브Ivan Petrovich Pavlov, 1849-1936, 왓슨 John Broadus Watson, 1878-1958, 스키너Burrhus F. Skinner, 1904-1990 같은 사람들은 사람을 잘 훈련시키면 그 어떠한 쪽—예를 들자면 운동선수, 과학자, 예술가, 심지어는 범죄자 등—으로도 만들 수 있다고 생각했다.

그러나 과학이 발전하고 사람의 유전자에 대한 연구가 더 발전하고, 사람의 뇌를 상세히 들여다볼 수 있게 되면서 이러한 행동주의적 생각은 많이 수정되었다. 행동주의 심리학은 참고할 만은 하지만, 사람의 심리를 전체적이며 객관적으로 설명해줄 수 있는 도구가 될 수는 없음을 알게 된 것이다. 그 상세한 내용은 타 전공 영역이므로 여기서는 생략한다.

행동주의로 인간의 근본, 인간의 전체를 다 설명해 줄 수는 없다. 그러나 여전히 행동주의의 장점은 남아있다. 행동주의의 장점은 사람에게 있어서 연습과 노력이 그래도 아주 중요하다는 것을 잊지 않게 해준다는 점에 있다. 모차르트는 음악천재이지만, 그의 음악적 재능은 타고났을 뿐 아니라, 부단한 노력과 연습이 동반되어 이루어진 것이기 때문이다.

노력과 연습이 사람을 근본적으로 바꿀 수는 없다. 늘 늦잠 자던 내가 군대시절을 겪으면서 아침 6시면 기상하던 습관이 몸에 자리 잡게 되었다. 군 제대를 하고 얼마 동안은 아침 6시면 일어나서 조깅을 하는 등 아침형으로 지냈지만, 얼마 안 가서 다시 야행성으로 바뀌게 되었다. 신학교를 졸업하고 목회를 하게 되면서 늘 새벽기도를 하기 위해 새벽 4시에 일어나야 했다. 전도사 시절부터 담임목사 시절까지 20여 년의 시간 동안 일 년에 단 몇 번 외에는 새벽기도에 빠진 적이 없었다. 그러나 새벽기도가 없는 날이면 어김없이 늦잠을 잤다. 요즘 연구소를 운영하고 저술활동을 하게 되면서 나는 오후 11시경에 취침하고 새벽 5시에 기상하여 글을 쓴다. 그러나 토요일 아침에는 글을 쓰지 않는데, 알람을 맞추지 않으면 아침 9시가 다 되어야 잠에서 깬다.

내가 깨달은 바는 이렇다. 노력과 연습이 사람을 다 바꿀 수는 없는 것 같다. 신장이식 수술로 새로운 신장을 이식받은 사람은 자신의 몸이 새로운 신장에 대한 거부반응을 하게 되어 있다. 그래서 거부반응이 억제되는 약을 평생 먹어야 한다. 약을 먹는 동안 거부반응이 억제된다. 약을 계속 먹으면 되는 것이다.

앞에서도 언급했듯이 생물학 용어 중에 항상성恒常性, homeostasis이라는 말이 있다. 우리 몸의 자율신경이나 내분비계는 우리 몸이 항상 어떠한 상태에 있도록 조절한다. 이 기능은 아주 중요한 것이다. 수많은 조건이 일정하게 맞게 조화를 이루어야 우리 몸이 생존할 수 있기 때문이다. 항상성은 몸에만 국한되는 것이 아니다. 우리의 마음, 우리의 행동, 우리의 생활도 마찬가지이다. 오랫동안 해오던 것을 끊으면 그것을 다시 하고 싶은 욕망이 생긴다. 앞에서 관성의 법칙에 대한 말을 했던 것과 마찬가지이다.

도둑으로 평생을 살아왔던 사람이 교도소생활을 마친 후 변화되었다고 큰소리치며 새로운 삶을 살겠다고 말하지만, 자기도 모르는 사이에 다시 도둑질을 하는 모습을 우리는 신문기사에서 여러 번 보지 않는가? 그 사람이 한때 변한 것은 맞고, 변하려 노력한 것도 맞다. 그러나 도둑질이 그 사람에게 항상성의 요소가 되어 버린 것이다. 도둑질이 그 사람의 몸과 마음과 그 사람의 삶에 배어 버린 것이다. 이것을 끊으려면 장기 이식 수술을 한 사람이 평생 약을 먹듯이 도둑질을 안 하도록 하는 지속적인 노력이 있어야 한다. 끊임없이 적극적으로 노력하고 자기를 통제하지 못하면 어느 순간 다시 도둑질을 하게 되는 것이다.

그러나 절망할 필요가 전혀 없다. 사람은 나 자신을 통제하고, 나 자신을 다듬겠다는 의지를 가지고 연습하고 노력하는 동안만큼은 그 영향을 받는다는 것이다. 연습과 노력이 실시되는 동안 그 사람의 행동은 그 연습과 노력의 영향 속에 있게 된다. 여기서 행동주의의 장점을 적용할 수 있게 되는 것이다.

기대도 연습이다. 기대를 하고, 기대한 것을 실행하여 마침내 그 기대를 성취하는 것도 연습이요 경험인 것이다. 연습과 경험이 있으면 점점 더 그 일에 익숙해지게 되고, 그 일을 잘하게 된다. 마찬가지이다. 구체적으로 기대하는 삶, 그 기대를 성취하기 위해 노력하는 삶을 살며, 그러한 경험이 삶 자체에 일상화가 된다면, 그 사람의 삶은 기대하고 성취하는 삶이 되는 것이다. 그래서… 인간은… 그렇다…. 내가 사는 날 동안 늘 나를 적절하게 다듬고, 통제하고, 그리고 항상 연습하는 그 사람이 바로 단 한 번 사는 자신의 삶을 자신의 것으로 만들 수 있는 것이다. 그러기에 기대하는 것은 연습이며, 그것이 내 몸에 배어 있기를 바라지 말고 오늘도 연습하고 실행하는 것이야말로 기대하는 삶이 되게 하는 유일한 방법인 것이다.

단기적인 기대,
장기적인 기대를 **구체적**으로

기대함에는 그 내용에 따라 단기간에 해낼 수 있는 기대가 있고, 긴 시간 동안에 이루어야 할 기대가 있다.

'앞으로 두 달 동안에 중국어 초급을 뗀다'라는 목표는 단기적인 기대가 될 것이다. 초급중국어를 마치게 되면 나는 아주 기초적인 중국어 몇 마디를 구사할 수 있게 될 것이고, 한어병음漢語拼音, Hànyǔ pīnyīn 한위 펀인을 읽을 수 있게 되어, 앞으로의 중국어 공부를 나 혼자 할 수 있게 될 것이다.

기대를 가지고 계획할 때는 반드시 그 기대를 이루어냈을 때 나에게 어떤 변화가 올 것이며, 그 변화로 내가 어떠한 혜택을 누리게 될 것인가에 대한 생각도 같이 해야 한다. 이런 생각은 그 기대에 임하는 나 자신이 좀 더 적극적이고 미래지향적 존재임을 확인하게 해준다.

'몇 년 내로 검정고시를, 혹은 무슨 학위를 딸 것이다'와 같은 기대는 어느 정도 시간을 요하는 장기적인 기대가 될 것이다. 이것을 해내면 나는 방송대학에 진학할 수도 있게 되고, 이것을 해내는 과정에서 많은 것들을 배우게 되어 나 자신의 삶에도 큰 도움이 될 것이다. 이것을 해내면 나에게는 어느어느 분야에 대한 전문적인 소양이 생겨날 것이며, 그러한 소양을 바탕으로 나는 이런이런 존재가 되고, 이런이런 일도 계획할 수 있을 것이다.

수영을 배우게 된다면, 가장 중요한 일은 우선 물에 뜨는 일일 것이다. 그리고 조금씩 수영할 수 있는 거리를 늘려가게 될 것이다.

기대하는 바도 마찬가지이다. 먼저 작은 일, 단기간에 이룰 수 있는 일을 기대하고 실천해 내면서 나 자신에 대한 신뢰와 자부심을 쌓아야 한다.

인생에서 가장 어려운 존재는 남이 아니라 나 자신이다. 인생에서 가장 힘든 적군은 남도 아니요, 나의 어려운 환경도 아니요, 바로 나 자신이야말로 내 인생에서 가장 다루기 힘든 적이다.

작은 기대를 정성껏 생각해내고, 정성껏 준비하고 계획하고, 그리고 그 기대를 이룰 수 있도록 최선을 다하고, 또한 그 기대를 성취해내기 시작하면, 무엇보다도 나 자신이 변한다. 나의 마음이 변한다. 자부심이 생기고, 자존감이 생기고, 나 자신이 자랑스러워짐을 느끼게 된다. 바로 이것이 작은 것의 힘이다. 작지만 그것에 진심으로 나를 담아 해내기 시작하면, 점점 나 자신을 신뢰할 수 있게 된다.

신뢰가 무엇일까? 나는 담벼락 위에 서있던 아이가 밑에서 두 팔을 벌리고 있는 아버지의 품으로 뛰어내리는 장면을 신뢰라고 생각한다. 아이는 복잡한 계산을 하지 않는다. 아이는 '아버지가 날 잘 받아줄까?' 같은 생각은 하지 않는다. 아이는 그냥 아버지를 향한 자유낙하에 몸을 맡기는 것이다. 그러나 아이가 나이를 조금 더 먹는다면 결코 뛰어내리지 않게 될 것이다. 생각이 많아지기 때문이다. 신뢰는 상대를 믿는 것이다. 신뢰란 관계를 나타내는 단어이다. 상대를 신뢰할 때, 그와 내가 함께할 수 있고, 시너지효과를 얻을 수도 있는 것이다.

나 자신도 마찬가지이다. 사실 나 자신도 혼자가 아니다. 나라는 존재와 나 자신의 마음이라는 존재가 있고, 이 둘이 함께 합심해야 내가 무언가를 해내는 것이다. 나와 내 마음이 서로 신뢰하게 되는 것이 바로 자신감이다. 이것이 바로 나 자신을 신뢰하게 되는 모습이다. 나와 내 마음이 서로 신뢰하게 될 때 비로소 진짜 '나 자신'이 되는 것이다.

나 자신을 이끌 수 있고, 나 자신을 존중할 수 있고, 나의 존재를 자랑스러워하게 되면 그는 무엇이든 할 수 있고, 무엇이든 견뎌낼 수 있고, 그가 뜻하는 바를 반드시 이루어낼 수 있을 것이다.

기대하고 그 기대하는 바를 하나씩 둘씩 성취하기 시작하게 될 때, 나는 나도 모르게 나 자신을 신뢰하게 된다. 자존감self-esteem을 갖게 되는 것이다. 자존감은 내 마음에 대한 신뢰와 내 몸에 대한 자신감이 함께 공존할 때 생겨난다. 이럴 때 우리는 점점 더 크고, 더 긴 제목을 기대할 수 있게 된다. 이후에 언급하겠지만 기대에 관성이 붙으면 기대하는 삶이 우리로 하여금 점점 더 다른 것들을 기대하게 만들어준다. 그리고 더욱 큰 일도 기대하게 될 수 있게 될 것이다.

세계 최고 폭포 중 하나로 손꼽히는 나이아가라 폭포의 장엄한 물이 떨어져 흐르는 강에 19세기 시절인데도 현수교Suspension Bridge가

건설되었다. 아직 현대적인 기술이나 장비가 없던 그 시절에 200미터가 넘는 다리가 만들어졌다고 한다. 공사의 비결은 연이었다. 연을 강 건너로 날리면 상금으로 5달러를 준다는 콘테스트를 열었는데, 호먼 월시Homan Walsh라는 미국 소년이 성공을 한 것이다. 기술자들이 건너간 그 소년의 연줄을 나무에 고정시키고, 그 연줄에 가벼운 강선을 매달아 건너편으로 보내고, 또 보내고 하면서 점점 더 크고 굵은 케이블들이 협곡을 건너게 되어 아름답고 웅장한 다리가 만들어질 수 있었던 것이다.

작은 기대를 완성할 수 있는 사람은 더욱 큰 기대도 생각해 낼 수 있고, 실천할 수 있고, 성취할 수도 있게 될 것이다. 그리고 중요한 것은 기대라고 하는 영역에서는 작은 기대나 큰 기대나 모두가 다 똑같이 귀한 것이고 의미 있는 것이라는 점을 잊지 말아야 한다.

아이를 키울 때에도 마찬가지이다. 아이가 작은 일, 단기간에 할 수 있는 기대를 갖게 만들고 그것을 어떻게 성취할 수 있는지를 계획하게 해보라. 아주 작은 일이라도 성취하게 되면 그 마인드가 달라진다. 아이에게 무조건 '공부를 잘하라!'고 하기 이전에 어느 한 과목의 어느 장章을 한번 익힐 수 있게 해보고, 그 익힌 것을 테스트해보도록 해보라. 어느 한 장을 알게 되었다는 경험이 다른 장을 할 수도 있다는 자신감으로, 그리고 그 과목을 잘할 수 있다는 자신감으로, 그리고 다른 과목도 그렇게 할 수 있다는 꿈으로 변하게 될 것이다.

단기적 기대, 장기적 기대. 그리고 큰 기대, 작은 기대. 이 모두가 다 소중한 기대이다. 그러나 그 시작은 반드시 짧은 기대에서부터,

그리고 작은 기대에서부터 해야 한다. 나 자신을 신뢰할 수 있게 되는 것이 우선이다. 나를 존중하게 되고, 내가 자랑스러워 보이게 되면 이제부터 나는 작은 일이나 큰일이나, 긴 일이나 짧은 일이나 관계없이 내가 원하는 바를 기대할 수 있게 되고, 실천할 수 있게 되는 것이다.

사람은 항상 여러 가지 기대를 가지고 살아야 한다. 크고 장기간의 시간을 요하는 기대도 있고, 단기간에 내가 이루고자 하는 계획도 있다. 이 모두를 지금 함께 가지고 나아가는 것이 바로 인생인 것이다. 그리고 단기간의 기대나 장기간의 기대, 큰 기대나 작은 기대가 모두 똑같이 의미 있는 것임을 결코 잊어서는 안 된다.

중요한 것은 무엇을 기대하든지 반드시 구체적이어야 한다는 것이다. 막연하게 '나는 해외여행을 할 거야!' 해서는 안 된다. 해외여행을 할 거라는 희망을 가지는 것은 중요하다. 여기에서부터 시작하는 것이다. 그러나 그것을 기대하고, 나의 것으로 삼으려면 그때부터는 구체적으로 생각해야 한다. 어디를 갈 건지? 언제 갈 것이며 어떻게 자금을 마련할 것인지? 누구랑 갈 건지? 여행 중에 나는 무엇무엇을 할 것이며 여행 후 어떤 변화를 얻게 될 것인가를 구체적으로 생각하며 기대하고 실천해야 한다.

무슨 일을 하든지 총론總論과 각론各論이 명확하고 구체적이어야 한다.

기대도 마찬가지다. 기대를 할 때는 분명한 목표가 있어야 한다. 내가 기대하는 이것을 해낼 때 나는 이렇게, 이렇게 된다. 그리고 나는 이런 것, 이런 것을 할 수 있게 된다. 그리고 지금 이 기대하는 바를 이루기 위해서 나는 이렇게, 이렇게 실천할 것이라는 세부적인 실행 방법과 과정에 대해서도 분명히 구체적으로 생각해야 내가 기대하는 그 무엇이 실제상황, 눈에 보이는 현실로 다가오게 될 것이다.

기대에 대한 **체크리스트**(checklist)

나를 알기 위한 가장 좋은 방법은 글을 쓰는 일이다. 바로 일기일 것이다. 일기를 쓰면 나를 알 수 있다. 그리고 세월이 지난 후에도 지금의 나의 모습을 확인해 볼 수 있고, 다른 이들에게 알릴 수도 있다. 그런데 일기 말고도 나를 쉽게 알 수 있는 방법이 있다. 일상적으로 나에 대한 것들을 체크해 보는 일이다. 일기는 나의 마음과 나의 삶을 알 수 있게 한다. 나의 일상에 대한 체크는 구체적으로, 그리고 상세하게 나를 알 수 있게 해준다. 나에 대한 체크는 일기처럼 깊지는 않지만 오히려 나 자신의 현재를 가장 쉽게 알 수 있게 해주는 증거가 되는 것이다.

나에 대한 체크 중 하나인 금전출납부를 예로 들어 보자. 나에게 얼마의 돈이 들어오고 내가 얼마를 어떻게 쓰는지를 기록하는 것이다. 금전출납부를 쓰게 되면 나의 경제생활이 보다 체계적이 되고 계획적으로 변할 것이다.

나의 건강을 위해서도 체크하는 일이 중요하다. 내가 무엇을 얼마만큼 먹고 마시는지를 체크하는 일, 그리고 내가 어떻게 일상에서 운동하며 사는가를 체크하는 일은 나의 건강을 한눈에 알 수 있게 해준다. 의사가 환자를 진료할 때, 그 환자가 무얼 얼마만큼 먹고 마시며 사는지만 알아도 어느 정도 개략적인 진단이 나올 수 있다고 한다. 당뇨환자들은 특히 이러한 체크가 일상화되어 있어야 한다. 당뇨환자뿐 아니라 특정한 병이 없는 일반인들도 이런 체크 속에서 자기의 몸을 좀 더 알 수 있게 되며 대비를 할 수 있게 된다. 가장 중요한 것은 체크하면서 나 자신에 대한 신뢰와 자부심을 갖게 된다는 것이다.

우리가 어떠한 기대를 세우게 되면 그 기대를 이루기 위해서 실천해야 할 것들이 있다. 간단한 예로 내가 1년 이내에 나의 몸을 식스팩이 보이는 몸짱으로 만들어 보겠다는 기대를 세웠다면, 그것을 위해 내가 해야 할 일들이 있다. 웨이트 트레이닝, 달리기, 그리고 규칙적이고 조직적인 식사 등 말이다. 단순하게 그저 '몸짱이 될 것이다'라고만 생각해서는 기대를 향해 나아갈 수가 없을 것이다. 체크리스트를 만들어서 내가 지금 나의 기대함을 위해 제대로 실천하고 있는지를 점검해야 한다. 하루하루 내가 나의 기대를 위해서 무엇을 했는가를 그날그날 체크해보고 미흡한 점은 다음 날에 꼭 실천할 수 있어야 할 것이다. 체크리스트는 한눈에 나의 상황을 알 수 있게 해준다. 내가 최근에 몇 번 웨이트를 했고, 조깅을 했는지 체크한 것을 보면서 나의 기대가 현실화되어가고 있음을 느낄 수 있다.

폭이 넓고 큰 기대를 세우게 되면 체크해야 할 항목들이 더 많아진다. 공무원 시험 합격을 목표로 세웠다면 시험 때까지 남은 시간이 있다. 내가 공부할 수 있는 시간이 얼마나 되는가를 생각하면 가능한 시간이 도출된다. 해당되는 과목들이 있다. 내가 평상시에 공부해놓았던 과목이 있고, 생소한 과목도 있다. 각 과목의 사정에 따라 시간 배분을 해야 한다. 시험공부뿐 아니라 정기적으로 바람을 쐬거나 정서 순화를 위해 다른 독서나 영화감상 등을 가끔 할 수 있도록 해야 한다. 이런 항목들을 정해 놓고 실행할 때마다 체크하면 나의 진행상황이 한 눈에 들어온다.

항목을 정할 때는 구체적으로 정하는 것이 좋다. 영어공부라는 항목만 쓰면 범위가 너무 넓어 실천하는 데도 질서를 유지하기 어렵다. 체크항목에서 그냥 '영어공부'라고 해놓은 사람이 있다면, 그 사람은 그냥 자신의 교양이나 실력을 위해 영어공부가 필요한 사람이다. 그러나 토익시험 고득점이라는 목표를 세운 사람이라면 영어공부에 대한 구체적인 체크항목이 필요하다. 영어독해연습, 영어문법공부, 영어듣기공부, 영어어휘공부, 영어말하기와 듣기 공부 등등의 세부 항목을 만들어놓고 구체적으로 실천해야 한다. 그래야 토익 고득점이라는 구체적인 목표에 도달할 수 있게 될 것이다.

사실 단기간에 어떤 시험이나, 논문준비나, 목표한 일을 준비하거나 이루어야 하는 이들은 대부분 체크리스트를 사용한다. 체크하지 않고 준비하는 사람은 그가 목표하는 바를 제대로 성취하기 어려울 것이다.

나는 또 다른 사실을 강조하고 싶다. 어떤 기대하는 목표를 세워놓고 하루하루 체크하면서 실천하는 것은 당연히 귀하고 중요한 일이다. 또한 반드시 그래야 한다. 그런데 그러한 단기적이고 구체적인 기대나 목표가 없는데도 일상의 삶에서 스스로 항목을 정해서 체크하며 사는 것이야말로 가장 멋진 삶이며, 늘 기대하는 삶이라 생각한다. 이미 직장인이 되어 살지만, 아이들을 키우며 바쁜 나날을 살지만, 먹고 살기 바빠 항상 시간에 쫓기며 살지만, 그러한 가운데서도 체크리스트를 작성하여 사는 삶이 있다면 그 삶은 참으로 알차고 의미 있게 또한 경제적으로 이루어질 것이라 생각한다.

일상의 바쁘고 빠듯한 삶에서도 체크리스트를 만들어서 체크하며 살게 되면 내가 사용하는 시간, 내가 사용하는 돈이 다른 사람의 그것보다 훨씬 더 의미 있게 다가올 것이다. 나에게는 직장일이라는 일정이 있으니까 많은 항목을 소화해 낼 수는 없다. 그러나 적어도 하루에 출퇴근 시간만큼은 전철 안에서 책을 읽자고 생각하고 그 항목을 정해 놓고 체크해 보자. 체크해 보면 나의 삶이 의미 있게 보이기 시작할 것이다. 너무 바쁘지만 틈이 날 때 푸시 업을 몇 개 해보자는 단 5분짜리 항목이라도 만들어서 체크하기 시작하면, 나의 그 5분의 시간이 값지게 다가온다. 하루에 단 5분만 할애해서 중국어 한 문장을 읽어본다는 항목을 정해놓고 체크하며 산다면, 그 사람의 삶은 다른 사람보다 훨씬 더 계획적이고 차분해지게 된다. 매일 못한다 하더라도 월별 체크리스트를 만들어 체크하면 내가 언제 그걸 했는지 안 했는지 한눈에 보이게 되어 있다. 체크가 안 보이면 여유 있을 때 그 일을 우선으로 하고 체크하면 된다.

무언가를 기대하고 그리고 그 기대를 향해 가기 위한 항목들을 세세하게 만들고, 또한 그것들을 실행하면서 체크하는 삶은 그 어떤 삶보다 가치 있다. 또한 매 일상의 삶에서 체크할 항목들을 만들고, 그것을 실천할 때마다 체크하며 산다면 그 삶의 질은 분명코 달라진다. 같은 한 시간이라도, 같은 만 원 한 장이라도 기대와 계획 속에서 사용될 때 그 가치는 분명히 다른 것이다.

행동이 생각을 강화시켜 준다. 행동이 나의 기대와 목표에 대한 생각을 더 분명하게 만들어 주며, 그 행동이 나로 하여금 나의 기대를 이룰 수 있을 것이라는 실제적인 희망을 갖게 해준다. 하루하루 나 자신을 체크할 때 그만큼 나는 나의 미래에 대한 자신감을 갖게 되며, 나의 기대하는 그 미래가 구체적으로 내 시야에 다가옴을 느끼게 된다. 체크할 때 나 자신이 다른 삶보다 훨씬 더 의미 있고 소중하다고 자부하는 마음이 나를 찾아오고, 나의 모든 주변의 것들도 존중하게 된다.

소중한 기대 속에 그 기대를 이룰 세부 항목들을 만들어 체크해보자. 아니면 당장 한두 가지라도 정해놓고 체크하며 살아보자. 내 삶의 내용과 의미가 훨씬 달라져 내게 다가올 것이다.

기대 **꾸며보기**

삶에서 취미생활이란 참으로 좋은 것이다. 취미생활은 내가 아주 좋아하기에 자발적으로 하게 되는 것이다. 나의 취미는 음악과 운동이다. 그런데 나이가 들어감에 따라 운동은 필수인데, 음악은 점점 할 시간이 적어진다. 프로까지는 못 되지만 나는 노래는 물론 여러 가지 악기를 다룰 수 있고, 작사 작곡까지 가능하고, 특히 보컬그룹 활동을 좋아한다.

그런데 음악을 같이 할 사람이 점점 줄어들고, 나 자신도 글을 쓰거나 연구를 하는 데 많은 시간을 할애하다 보니, 내가 직접 기타를 잡거나 노래를 하는 일이 일주일에 한 번도 안 된다. 운동에 대한 생각은 몸을 생각해서 일부러라도 하게 된다. 주 2회 정도는 운동을 할 뿐 아니라, 글 쓰거나 공부하다가도 수시로 일어나서 몸을 풀거나, 태권도 동작을 해보거나, 푸시 업을 하게 된다. 취미란 자주 해도 되고, 뜸해져도 큰 문제가 없다. 요즘의 나를 생각해보면 음악은 취미요, 운동은 취미를 넘어선 건강한 삶을 위한 필수 조건으로 바뀐 것 같다.

　기대란 취미생활이 아니다. 가끔은 기대가 취미생활과 연관될 수도 있을 것이다. 여행이 취미인 사람이 어떤 해외여행을 기대하며, 그것을 위한 구체적인 실천의 과정을 행하고 있다면, 그 사람에게 여행은 취미이지만, 그 사람이 계획하고 실행하는 '그 어떤 여행'은 기대가 되는 것이다. 기타를 치는 것이 취미인 사람이 영화 〈디어헌터〉의 주제곡인 '카바티나Cavatina'를 1년 이내에 기타로 연주할 수 있도록 하겠다고 계획을 세우고, 그것을 반복해서 듣고 연습하게 된다면, 앞으로 1년 동안 그가 기타연습을 하게 되는 그 일은 취미를 넘어 한 가지 기대의 제목이 될 것이다. 취미는 할 수도 있고 사정에 의해 못 할 수도 있다. 그러나 어떤 일을 기대하게 되면 그때부터 그 일은 나 자신과의 약속이 되며, 나 자신의 삶에서 내가 성취했던 제목들 중에 하나가 되는 것이다.

　일단 무언가를 기대하고 그것을 실천하기 시작하면 수시로 그 기대를 확인하고 점검해야 한다. 무언가를 기대하고 실천하기 시작하면서부터 나 자신은 그 기대에 대한 패배자loser가 될 수도, 성취자winner가 될 수도 있게 된다. 작더라도 그것을 계획적으로 기대하고 실천해서 성취하게 되면, 우리의 뇌는 그 성취의 기쁨을 기억하게 된다. 우리는 성취하는 존재가 되는 것이다. 무언가를 기대하고 성취했을 때, 성취 이전과 성취 이후의 마음상태도 변하게 된다. 성취를 이룬 경험이 있는 사람은 또 성취할 수 있다는 자신감을 갖게 되고, 당연히 새로운 기대를 찾고 또 준비하고 실행하게 된다.

요즘은 시뮬레이션simulation 학습이라는 것이 아주 발달되어 있다. 비행기 조종 훈련이나 우주인 훈련 같이 비용이 많이 들거나 위험한 어떤 일을 준비하는 단계에서 미리 비슷한 환경을 기술적으로 만들어 경험해보는 것이다. 요즘은 가상현실Virtual Reality이라는 기술로 사이버 상에서도 몇 가지 장비만 착용하면 더욱 쉽게 내가 원하는 어떤 모습을 체험할 수 있게 되었다. 내가 가야 할 어떤 상황을 미리 직접 가상적으로 체험해 본다면 그때의 분위기와 그때의 마음을 어느 정도 느낄 수 있을 것이다.

우리가 무언가를 기대하고, 그 기대를 체계적으로 계획하여 실행에 옮기는 중에 있는 사람이라면, 가끔 한 번씩 가상현실의 세계로 들어가 볼 것을 추천한다. 내가 기대하고 원하는 바를 성취했을 때 나의 모습이 어떤가를 상상해 보는 것이다. 아주 작은 일이라도 그 기대하는 바를 이루었을 때, '나는 이런이런 모습일 것이다'를 생각하고 그려보는 것이다.

비포 앤 애프터before and after 사진이 있다. 살을 빼기 전 사진과 살을 뺀 후의 사진, 성형 전 사진과 성형 후 사진 같은 것 말이다. 무언가를 기대하고 성취하게 되면, 크든 작든 우리도 성취 전과 확연하게 달라진 성취 이후의 나의 존재의 모습을 가지게 된다. 기타 연주곡 하나를 마스터한다 해도, 그것을 성취한 후 나의 미래는 성취 전과 성취 이후가 분명히 달라진 어떤 존재가 되는 것이다. 그것을 다른 사람들 앞에서도 연주해볼 수도 있고, 나 자신이 혼자 있을 때에도 그 곡을 연주할 수 있는 것이다. 그 뿐인가? 그 곡을 연습하면서 나는 기타 악보를 보는 법에 익숙해질 것이니 다른 악보도 보면

서 새로운 곡을 좀 더 쉽게 연습할 수도 있게 될 것이다. 작은 변화
가 아니다.

사람은 거울 앞에서 자신을 꾸민다. 화장이나 옷차림이나 장신구
를 사용하여 자기 자신과 어울리는 조화를 만들어 보는 것이다. 자
신을 꾸미게 되면, 그것이 지나치지 않는 범위 내에서, 자기 자신을
더 자랑스럽게 생각할 수 있게 되고, 자기 자신을 더 사랑할 수 있게
된다.

기대하고 실천하면서 우리는 우리가 기대하는 바, 우리가 지금 성
취하기 위해 노력하고 있는 그 기대를 귀하게 생각하고, 소중하게
꾸며야 한다. 작은 기대라 할지라도 내가 자꾸 생각하고, 점검하고,
소중하게 생각하기 시작하면, 그 작은 기대가 소중한 기대가 되어
내 삶에 중요한 일부분이 될 것이다.

기대를 자기 몸처럼 꾸민다는 말은 기대하는 그 무엇을 나의 몸의
일부분으로 생각하고, 나의 삶의 일부분으로 생각하고, 그리고 나에
게 아주 귀한 그 무엇으로 생각한다는 것이다. 기대한 바를 성취하
기 위해 '지금 나는 어디까지 와 있는가?'를 자주 점검하게 되면, 그
기대하는 바를 이루기 위해 내가 나름대로 열심을 내고 있음을 확인
하게 되며, 나 자신을 칭찬할 수 있게 된다.

이제 막 무언가를 기대하고 실천하기 시작했다면, 그 기대를 내가
잘 성취해내는 과정을 미리 상상해 보는 것이 좋다. 그 기대를 잘 성
취해서 나에게 일어나게 될 결과들을 미리 상상해 보는 것도 기대를
꾸미는 일 중 하나이다.

기대를 꾸민다는 것은 내가 지금 단순하게 무언가를 기다리는 것이 아니라, 다른 기다림과는 차별되는 구체적인 기다림을 가진 이로서 존재하고 있음을 느끼게 해준다. 기대하는 바를 수시로 꾸민다는 것은 내가 허황한 꿈에 빠져있는 사람이 아니라 구체적이고 실제적인 계획 속에 있는 사람이라는 것을 확인하게 해준다.

기대하는 바를 꾸민다는 것은 나 자신을 꾸민다는 말과 같다. 나 자신을 사랑하기에 허투루 살기보다 구체적인 기대를 통해 성취하며 살고자 하는 것이다. 절망의 상황 속에서 다시 일어서서 나의 미래를 다시 꾸미고 계획하고 구체적으로 실천하며 살고자 하는 것이다. 자신을 꾸밀 수 있는 사람은 결코 자멸하지 않는다. 지나치지 않는 한도 내에서 자신의 외모를 꾸밀 수 있다면 그는 아직 포기한 사람이 아니다. 자신을 꾸밀 수 있다면 자기 자신뿐 이니라 자신의 삶도 사랑하고 있는 것이다. 기대하는 사람은 자기 자신을 꾸미듯 자신이 성취하려고 노력하고 있는 그 기대하는 바를 꾸민다.

기대한다고 할 때의 그 기대는 그 기대하는 바가 큰일이든, 작은 일이든 내가 전인적全人的 holistic으로 해야 할 일이다. 컴퓨터의 능력은 그것이 얼마나 넓은 작업 판을 깔아놓고 이 일, 저 일을 동시에 빨리 해낼 수 있느냐에 있다. 이것을 램Ram이라고 한다. 사람도 동시에 여러 가지 일을 해낼 수 있다. 전화 받으면서 빨래를 다듬고 TV시청까지 가능한 사람들도 많다. 그러나 기대는 다르다. 기대와 관련된 그 순간만큼은 반드시 그 일에 몰입해야 한다. 학생은 공부하는 그 순간만큼은 몰입해야 한다. 그래야 가장 효율적인 결과를 얻을 수 있다. 우리들의 옛 시절처럼 공부하면서 FM라디오를 틀어놓으면 안 된다. 공부할 때 조용하고 편안한 클래식음악은 도움이 되지만, 그 외의 다른 것과 병행하면 결코 공부를 제대로 할 수 없다. 호랑이는 토끼를 잡든 멧돼지를 잡든 사냥할 때에는 똑같이 집중한다. 우리가 무언가를 기대할 때, 그리고 그 기대한 바를 실행으로 옮기는 그때 만큼은 전인적으로 임해야 한다. 전인적이라는 말은 나의 온 마음과 온몸이 같이 집중한다는 것이다. 그 기대를 성취하기 위해 내가 할당한 시간과 공간에 절대로 다른 요소가 침입해서는 안 된다.

작은 기대라도 그것을 성취하기 위해서는 몰입해야 한다. 다른 것을 다 팽개치라는 말이 아니다. 그것을 실행하는 그 순간만큼은 집중하고 몰입하라는 것이다. 그리고 중간중간에 가끔 그 기대하는 바를 꾸며보는 것이다. 꾸미다 보면 사랑하게 된다. 꾸미다 보면 그 기대를 성취한 후의 나의 모습을 미리 바라볼 수 있게 된다. 기대하고 그 기대를 성취하는 과정 중에 그 기대하는 바를 꾸미는 일은 나 자신을 사랑하게 만들어준다. 그리고 반드시 그 기대하는 바를 성취할 수 있는 힘과 확신을 재충전할 수 있게 해 준다.

미래 **수첩**, 미래 **약력**, 그리고 **기대**

순간순간 떠오르는 생각을 수첩에 적고 활용하는 사람들은 그렇지 않은 이들보다 참 유리한 조건에서 사는 혜택을 누릴 수 있다. 순간순간 스치는 생각들을 적어놓으면 그것이 훗날 모여 엄청난 가치가 된다. 금고에 돈이나 귀금속을 쌓아놓는 것보다도 더 가치 있는 일이 아닐까 생각된다. 이름있는 명사들 중에는 수첩을 활용한다는 사람이 많다.

무언가를 쓴다는 것은 자기 자신의 존재와 가치를 인식하게 해주는 소중한 수단 중에 하나이다.

수첩에 쓰는 내용들은 다양하다. 잠시 떠오르는 시상詩想이나 아이디어, 창작에 대한 소스들, 좋아할 만한 문구들, 순간순간 새로운 모습으로 다가오는 내 삶에 대한 느낌들, 그리고 사랑의 대상에 대한 감정들…….

교도소에 수감된 어느 죄수가 있었다. 잠시 수렁에 빠졌던 실수로 그 죗값을 치루고 있던 그는 그 언제부터인가 기회가 있을 때마다 수첩에 글을 쓰기 시작했다. 글을 쓰다 보면 반드시 자기 자신을 돌아보게 된다. 윤동주의 시 「자화상」의 내용처럼 말이다. 일기를 쓰는 이는 자신을 돌아볼 수 있는 유리한 조건을 가진 사람이다. 자신을 진지하게 돌아볼 수 있는 사람은 남에게 해를 끼칠 수가 없게 된다. 하루하루 일기로 자기 자신을 돌아보는 사람은 결코 남에게 거짓말을 하지 않는다. 일기를 쓰던 그는 서서히 자신을 돌아보는 글을 쓰기 시작했다. 자신을 돌아보는 글을 쓰다 보니 자신의 마음도 달라짐을 느꼈다.

언제부터인가 그의 수첩에는 그의 미래에 대한 글이 쓰이기 시작했다. 그가 자신의 미래를 그려보기 시작한 것이다. 미래를 생각하게 되니 우선 교도소생활을 모범적으로 잘 해내겠다는 다짐이 생겼다. 그리고 미래의 언제가 되면 출소를 하게 될 것이다. 출소를 하면 무엇무엇을 할 것이다. 어디를 가볼 것이다. 어떻게 살 것이다. 무엇을 배울 것이다.

쓰면 쓸수록 내용이 점점 더 구체적으로 변하기 시작했다. 어느 동네에 가서 살 것이다. 무엇무엇을 할 것이다. 누구를 만날 것이다. 무엇을 주로 먹을 것이다. 그리고 미래에 대한 구체적인 계획을 시간별로 쓰기 시작했다. 몇 년 몇 월까지는 무엇을 한다. 언제까지 이렇게 된다.

이런 글을 쓰다 보니 삶의 태도도 달라짐을 느꼈다. 가슴 속에 미래를 품은 자가 되었다. 교도소 생활도 훨씬 더 모범적으로 변하게 되었다. 어려운 일이 생겨도 그것을 대하는 자세가 달라지기 시작했다.

자기 몸 관리도 좀 더 잘하게 되었다. 교도소 생활이 단순하게 죗값을 치르는 벌 받는 장소가 아니라 그가 수첩에 기록하는 내용의 미래를 생각하고 준비하는 장소가 되었다.

물론 출소 후 그는 그가 수첩에 쓰던 일정대로 살게 되었다. 그가 수첩에 쓰던 모습대로 살게 되었다. 그가 수첩에 쓰면서 하고 싶었던 일들을 하나씩 성취하며 살면서 자기 자신에 대한 기쁨을 느끼게 되었고, 이후에도 항상 그의 수첩 한편에는 그의 미래에 대한 일정과 구체적인 계획이 적혀있었다. 아주 쉬운 것인데 아주 놀라운 힘을 가지고 있다. 수첩에 내 미래에 대한 계획을 쓰는 것일 뿐인데, 그것이 나의 생각과 생활태도를 바꿀 수 있게 해준다.

수첩에는 이번 달 일정이나 약속, 금주에 할 일 등을 써놓는다. 그런데 내가 제안하고 싶은 한 가지가 더 있다. 우리의 수첩에 조금 더 앞에 일어날 일을 써보자. 몇십 년 후 같이 너무 오랜 시간보다는 몇 년 후, 몇 달 후부터 쓰는 것이 좋다. 몇 달 후면 중국어 초급과정을 마치게 된다. 몇 달 후면 이렇게 이렇게 해서 나의 체중 얼마가 줄어들게 된다. 몇 달 후면 무슨 책을 다 읽게 된다. 이런 단기적인 기대를 계획하고 실천하다 보면, 나 자신에 대한 자부심도 커지고, 점점 좀 더 장기적인 기대를 갖게 될 것이다.

이런 수첩의 한편에 나의 미래에 대한 일정 혹은 약력을 써보자. 젊은이라면 쓸 것이 더 많을 것이다. 언제까지 무슨 학위를 딴다, 언제까지 무엇을 장만한다, 몇 년 뒤에는 나의 이력서에 이런이런 내용이 더 추가될 것이다. 내가 조금만 더 수고하면 해낼 수 있는 이러한 내용들을 추가해서 미래 나의 이력서를 미리 작성해본다. 비록 지금과는 아직 차이가 있지만 미래 이력서를 보면 흐뭇해진다. 그리고 그것을 위해 노력할 수 있는 힘을 얻게 된다. 혹 나이가 들었다 해도, '나의 이력서에 쓸 것을 한 줄 더 늘릴 수 있는 일이 무엇일까?'라고 즐겁게 생각해보며 미래수첩에 무언가를 써놓을 수도 있을 것이다.

기대하는 것과 관련하여 더욱 흥미 있는 미래수첩을 하나 제안해보겠다. 내가 무언가를 기대하여 성취한 미래의 어느 때를 생각하고 그때의 내 모습과 관련된 모습을 수첩의 한 쪽에 작성해 보는 것이다. 어려운 유학생활 속에서 힘들게 공부할 때라면, 당연히 이 모든 과정을 마치고 고국으로 돌아가 이런이런 일을 하며 살게 될 나 자신의 모습을 그려보면서, 그때 내가 작성하게 될 하루, 한 주간, 혹은 한 달의 일정을 구체적으로 써보는 것이다.

나의 미래수첩은 오늘의 힘든 일과 고통을 견뎌내게 해주는 힘이 될 것이다. 미래를 바라보면 오늘을 넘어설 수 있다. 나의 미래수첩은 지금 내가 무언가를 기대하고 실천할 때에 큰 힘이 될 것이다.

아주 작은 기대라도 그 기대를 성취했을 때의 나의 미래를 그려보고, 그 성취와 연관된 미래의 어느 하루를 수첩에 써보자. 그러면 내가 기대하고 그것을 위해 노력하는 지금의 모습이 자랑스럽게 생각될 것이다. 또한 작은 기대 하나하나가 성취되어 나 자신을 더욱 편안하고 귀하게 만들어줄 나의 미래의 모습이 나의 미래수첩에 기록될 때마다 나는 미래적인 존재가 되며, 나의 미래를 나의 의지로 꾸려갈 수 있는 주체적인 존재가 될 것이다.

나는 학생들에게 10년 혹은 20년 이후의 자신의 미래 약력을 써서 책상 위에 붙여 놓으라고 말하곤 한다. 사회의 명사들이 있다. 물론 그 명사들이 다 진실하고 다 배울 게 많은 사람은 아니겠지만, 내가 미래의 어느 날 그런 명사가 되어 나의 약력을 남들 앞에서 소개한 다는 가정을 해보고, 그때 적게 될 나의 약력을 이미 적어 책상 위에 붙여 놓는 것이다. 몇 년에 무슨무슨 학위과정을 졸업, 몇 년에 무슨 회사에 취업, 그리고 몇 년에 나만의 회사를 창립함 등등을 써놓는 것이다.

아직 미혼이라면 어떤어떤 스타일과 성격의 아무개 여자를 만나 결혼하고, 어떤 자녀를 두었으며, 그 자녀를 어떤 식으로 길렀다는 내용을 요약해서 추가로 붙이는 것도 좋다.

자신의 미래 약력을 미리 쓰고, 자신의 미래를 미리 앞당겨서 자주 보고, 자신의 미래를 되새길 때 나는 나만의 컬러를 가진 나만의 미래를 어떤어떤 식으로 기대하게 될 것이다.

그리고 반드시 포함해야 할 미래 모습이 있다. 내가 나의 삶을 다 살고 이 세상을 떠나게 될 때의 나의 모습, 나의 마음, 나의 자세를 써보자. 그리고 또 내가 이곳을 떠난 이후 이 세상에 남게 될 작은 나의 흔적은 어떤 것일까를 나의 미래수첩에도 써보자. 그 기대가 나를 행동하게 만들 것이며, 그대로 성취하게 만들어 줄 것이다.

부록 06

잘 되었던 **선례**_(先例)를 **레시피**_(recipe)로

일주일에 한 번 우리 동네에 있는 사우나에 간다. 괜찮은 시설이고 물도 좋다. 사우나도 좋지만, 사우나 가는 길목에 야구연습장이 하나 있다. 다른 도시에서는 대부분 적자라 문을 닫는데 이곳은 아직 운영되고 있어서 고맙다. 야구라는 것이 아무나 할 수 있는 운동이 아니다. TV를 통해서나 볼 수 있을 뿐 아무에게나 쉽게 열린 운동은 아니다. 장비도 있어야 하고, 함께 할 사람들도 있어야 하고, 정해진 장소가 있어야 한다. 그래도 그나마 혼자서 해볼 수 있는 것이 배팅연습이다. 500원짜리 동전을 넣고 배트를 몇 번 휘둘러 본 후 기계에서 나오는 공을 쳐보는 것이다. 나는 잘 되든 안 되든 오른쪽 타석과 왼쪽 타석을 번갈아 가며 배팅을 한다. 허리강화운동에 그만이다.

오랜만에 가서 배트를 휘둘러 보면 잘 안 된다. 헛방망이질 연발이다. 그래도 몇 번 더 하면 점점 맞아가기 시작한다. 실력은 없어도 여러 번 배트를 휘두르다 보면 홈런성 타구가 몇 번은 나오게 되어 있다. 실제 홈런은 아니고 그냥 그 공간에서 제일 먼 곳까지 날아가는 타구를 내 입장에서는 홈런이라고 한다.

홈런이 나올 때는 확실히 나의 자세가 다르다. 부드럽게 물 흐르듯 모든 동작이 이어진다. 날아오는 공이 나의 배트에 맞는 임팩트impact의 순간도 부드럽다. '텅' 하며 내 손에 전달되는 그 느낌이 상쾌하다. 그때 내가 친 공은 큰 궤적軌迹을 그리며 멀리 날아간다. TV에서 경기를 볼 때도 마찬가지다. 아무리 최고의 선수라 해도 헛스윙할 때나 어이없는 파울볼을 칠 때는 우리 같은 비전문인이 보아도 타격자세가 무너져 있다. 그러나 안타나 홈런이 나올 때의 자세는 부드럽고, 간결하며, 완벽하다.

볼링도 마찬가지이다. 볼을 굴릴 때 옆 도랑으로 빠지는 거터gutter가 많이 나오더라도 어쩌다 한 번 스트라이크가 나올 때가 있다. 스트라이크가 나왔을 때 공을 던지는 나의 느낌은 물 흐르듯 부드러웠음을 느낀다. 준비동작과 릴리스release 동작, 그리고 팔로우스루follow through 동작 모두가 부드러웠음을 느끼게 되고, 이어지는 스트라이크의 경쾌한 파열음이 하나의 흐름이 되어 다가오는 것이다.

2004년 아테네 올림픽 태권도 80kg 이상급 결승전에서 문대성 선수는 적진 한복판에 서서 홈그라운드 관중의 엄청난 응원 속에서 등장한 2m가 넘는 거구의 상대선수를 왼발 뒤후리기 한 방으로 KO 시키고 금메달을 목에 걸었다. 그 큰 선수가 고목처럼 쓰러졌다. 그리고 한동안 일어나지를 못했다. 경기 시작 이전부터 열광하던 홈팬들은 물을 끼얹은 듯 조용했다. 그 기간 열렸던 모든 격투기 시합 중에 가장 명장면이었다. 시간이 많이 흘렀지만 그 장면을 수없이 봐도 볼 때마다 환상적이다. 입이 쩍 벌어진다. 박수를 칠 수밖에 없다.

발차기가 턱에 명중되는 경우는 쉽게 보기 힘든 장면이다. 그것도 가장 중요한 결승전에서 말이다. 슬로비디오로 볼 때마다 모든 조건이 딱 맞아떨어지고 있었음을 느낄 수 있다. 저돌적으로 돌진하던 상대방의 움직임에 대한 동선動線과 문대성 선수의 왼발이 돌아가는 움직임이 정확하게 교차된 것이다. 이미 문 선수는 자신의 왼쪽 다리 발뒤꿈치에 부딪히는 상대의 턱을 정확히 느꼈을 것이다.

여러 가지 이야기를 상세히 말해 보았다. 이런 이야기를 열거한 이유는 무엇인가가 잘되었을 때의 그 느낌, 그 상황, 그때의 나의 동작이 있다는 것이다.

어느 누구에게나 잘되었던 기억이 있다. 그런데 그것은 우연히 일어난 일이 아니었다. 결코 우연이 아니다. 모든 여건이 잘 조화되어 맞아떨어진 것이다. 유능한 선수는 그런 그때의 느낌을 자꾸 반복해서 되새기며 잘되었던 그때의 분위기를 유지하려고 노력한다. '이렇게 했는데 잘되었다'라고 하는 그 느낌을 자꾸 반복하고, 개발하는 것이 좋은 결과를 낳는 것이다. 홈런타자는 홈런을 쳤을 때의 그 상황이나 그때의 나의 동작이나 느낌들을 자꾸 되새길 것이다. 그리고 그때의 느낌을 지속시키도록 노력할 때 좋은 결과가 있을 것이다.

비단 운동뿐 아니라 다른 일상도 마찬가지이다. 늘 잘할 수만은 없는 것이 우리의 업무, 우리의 일상, 우리의 인생이 아닌가? 사실은 잘 안 되는 경우가 잘되는 경우보다 훨씬 많다. 그러나 가끔 잘

되는 경우도 있다. 그 누구나 100% 다 실패하는 것은 아니다. 누구나 어떤 일이 술술 잘 풀리던 추억 하나둘씩은 가지고 있다.

현명한 사람은 무언가 잘되었던 그 일을 결코 책장 구석에 꽂혀있는 앨범 속 깊은 곳에 넣어 고이 간직하기만 하지 않는다. 현명한 사람은 자신의 잘되었던 기억들을 항상 자신의 마음 속 지갑에 넣고 다닌다. 늘 쉽게 빼내어 확인하고 살펴본다. 비록 잘된 경우가 적다 하더라도, 나에게 일어났던 잘된 경험들은 자주 꺼내 보고, 자주 돌이켜 보아야 할 대상인 것이다.

다시 기대를 가지고 일어설 때도 마찬가지이다. 새로운 기대를 가지게 되었을 때, 항상 이전에 잘되었던 상황을 되살리며 그때의 기분과 여건들을 되새기는 것이 그 새로운 기대를 이룰 수 있게 해주는 현명한 일이다.

무언가가 잘되었던 때를 되새겨보자. 그때 그 일은 결코 우연히 발생한 것이 아니었다. 나는 이런이런 부분을 잘 했던 것이다. 그것이 본의였든 본의가 아니었든 내가 잘했기에 그런 좋은 결과가 있었다. 우연히 잘하게 된 일도 많다. 그 우연을 나의 실제로 바꾸어야 한다. 운동만 연습하는 것이 아니다. 일상의 삶의 태도도 연습하면 바뀐다. 반복해서 노력하면 나에게 익숙한 일이 된다.

동네 아줌마와 전문 요리사의 차이가 있다면 그중 하나를 나는 레시피recipe라 생각한다. 물론 동네 아줌마도 음식을 잘한다. 할 때마다 맛있다. 그렇지만 동네 아줌마는 할 때마다 손에 익은 대로 자신의 경험대로 요리를 한다. 그러나 전문 요리인은 자신이 전문으로 하는 요리의 레시피를 만든다. 정확한 수치를 기록으로 남기면, 언제든지 만들 수 있고, 남들도 언제든지 똑같지는 않아도 비슷한 맛을 경험할 수 있게 한다.

사실 자신이 요리를 하더라도 마찬가지일 것이다. 수없이 많은 시행착오 끝에 도달한 맛있는 음식. 이 음식을 만들게 된 노하우를 정확한 수치와 설명으로 기록해 놓으면 나도 언제나 활용할 수 있게 되고, 다른 이도 도움을 받을 수 있게 된다.

인생은 획일하지가 않다. 마치 도자기를 똑같이 만들어도 초벌굽기 후에 유약을 칠해 다시 굽게 되면 불이 닿는 상황과 유약이 반응하는 상황이 다양하기에 여러 가지 다른 도자기가 탄생하는 것과 같을 것이다. 그렇지만 도공陶工에게도 '레시피'는 필요한 것이다. 자신이 만드는 도자기의 최종 모습은 운명에 맡기더라도, 그 전까지는 자신이 할 수 있는 최선의 방법을 다해야 하며, 그러기 위해서는 도공에게도 레시피가 있어야 하는 것이다.

실패가 많은 사람이라도 자신이 잘되었던 그 어떤 때, 그 어떤 경험, 그 어떤 일, 그 어떤 인간관계가 있을 것이다. 그 잘됨은 결코 우연만으로 이루어진 것이 아니다. 여건이 좋아서 그리 된 것만은 아니다. 나도 모르게 내가 무언가 잘해서 그리 된 것이다. 그때의 기분을 되살리자. 그때의 환경을 되살려보자. 그리고 그것들을 나만의 레시피로 만들자. 그러면 그 레시피가 새로운 기대를 시작하고 행하는 나에게도 좋은 등대가 될 것이다.

희망을 넘어 **꿈을 현실**로 이루는 '**기대**'의 힘을 통해 **행복한 에너지**가 팡팡팡 샘솟으시기를 기원드립니다!

권선복

도서출판 행복에너지 대표이사
한국정책학회 운영이사

누구나 자신만의 꿈과 목표를 가슴에 안고 살아갑니다. 그런 면에서 인생이란, 희망을 현실로 이루기 위한 하나의 여정이라 할 수 있습니다. 그 기나긴 여정은 쉽지만은 않습니다. 느닷없이 고비와 위기가 찾아오고, 어지간한 열정과 노력이 없다면 곧 주저앉고 마는 것이 현실입니다. 누구에게나 기회가 열려 있는 자유주의 시대이지만 그만큼 경쟁은 더 치열해졌고, 힘겨운 경제 상황 등이 도전을 더욱 어렵게 만들고 있습니다. 희망을 그저 희망으로만 두지 않고 현실로 이루기 위해 우리는 무엇을 해야 할까요?

책 『다시 기대하는 이들에게』는 꿈을 안고 살아가는 모든 이들에게 전하는 삶의 노하우와 응원의 메시지를 담고 있습니다. "희망이라는 것은 그 희망하는 바를 구체적으로 계획하고, 그것을 실천할 때, 다시 말하자면, 그 희망하는 것을 구체적인 기대expect, expectation 로 바꾸고, 그 기대를 계획하고, 그 기대를 실천하고, 마침내 그 기대하는 바를 성취할 때 진정 그 의미와 가치를 가진다.”고 강조하면서, 삶을 능동적으로, 긍정적으로 이끌 것을 독자에게 권하고 있습니다. 또한 역사적, 철학적 사례를 바탕으로 한, 목사이자 신학박사인 저자의 심도 있는 연구가 책 곳곳에서 빛을 발합니다. 지금 이 시대, 우리 사회에 가장 필요한 책을 세상에 선보이시는 저자에게 큰 응원의 박수를 보냅니다.

현실이 되지 못하는 희망을 가슴속에만 묻고 살아가는 사람은 결국 공상가뿐이 될 수 없습니다. 하지만 그 희망을 가슴 밖으로 끄집어내어 현실로 만드는 사람은 역사의 흐름을 만드는 영웅이 됩니다. 현실이 힘들다고 하여 좌절하거나 우울에 빠지는 사람들이 많습니다. 책『다시 기대하는 이들에게』가 수많은 현대인들의 삶을 행복으로 이끌어주기를 바라오며, 이 책을 읽는 모든 분들의 삶에 행복과 긍정의 에너지가 팡팡팡 샘솟으시기를 기원드립니다.

사람은 다 다르고 다 똑같다
민의식 지음 | 값 15,000원

책 『사람은 다 다르고 다 똑같다』는 '소통'을 통해 자신의 행복한 삶을 도모함은 물론 그 주변, 나아가 세상의 행복을 이끄는 방안을 다양한 사례를 통해 제시한다. 다양성과 다름을 인정하고 이를 조화시키고 통합함으로써 가정과 학교, 직장, 사회 그리고 국가 내에서 소통을 도모하는 방안을 역사적, 인문학적 관점으로 풀어나간다. 현재 우체국시설관리단 경영전략실장으로 재직 중인 저자가 30여 년의 직장생활과 다독多讀을 통해 체득한 삶의 노하우 또한 곳곳에서 빛을 발하고 있다.

꽃할배 정우씨!
김정진 지음 | 값 15,000원

이 책은 처음부터 끝까지 '행복을 찾아가는 여정'에 집중한다. 노숙자 할배가 영화제 감독상을 수상하고, 초등학교도 못 나온 할매가 영화감독으로 변신한 놀라운 감동실화에서 우리는 삶의 희망과 용기를 다시 얻는다. 우리가 그토록 찾아 헤매던 행복의 비밀이 『꽃할배 정우씨』를 통해 세상에 공개된다.

사장이 붙잡는 김팀장
홍석환 지음 | 값 15,000원

『사장이 붙잡는 김팀장』은 30년간 삼성 그룹사, GS칼텍스 등의 대기업에서 조직문화 형성, 인사기획, 인재개발을 해온 인사 전문가인 저자가 가상의 인물인 김철수 팀장을 통해 팀장으로서 무엇을 버리고 무엇을 해야 하는가를 제시한다. 기업의 성장을 실질적으로 이끄는, 중간 관리자인 팀장이 '어떤 마음가짐을 가져야 하는가? 어떻게 방향을 잡고 조직과 사람을 이끌어야 하는가? 어떻게 실행해야 하는가? 어떻게 자기 관리를 해야 하는가?'에 대해 다양한 사례를 중심으로 풀어내고 있다.

시가 있는 아침
이채 외 33인 지음 | 값 15,000원

책 『시가 있는 아침』은 어렵사리 가슴에 담은 믿음 하나로 나름의 구심점과 보람을 찾으려는 다양한 분야의 사람들이 모여, 이를 작품으로 체화한 시 모음집이다. 비록 전문 작가는 아니지만, 정성 들여 써 내려간 작품들을 조심스레 독자들에게 건네고 있다. 그들이 전하는 이야기 속에는 세월이, 자연이, 일상이, 철학이 자연스레 녹아들어 있다. 난해하고 지루한 문학작품이 아닌, 우리네 일상을 그려낸 작품들이기에 더욱 공감을 불러일으킨다.

내 인생 주인으로 살기

박동순 지음 | 값 15,000원

책 『내 인생 주인으로 살기』는 국방부 군사편찬연구소에서 근무 중인 저자가 36년간 군 생활을 하며 후배와 동료들에게 당부하고 싶은 조언과 서로 교감했던 내용들을 담고 있다. 리더십을 바탕으로 내 인생의 주인으로 살아가기 위해, 나아가 가정을 화목하게 꾸리고 험난한 세상살이 속에서 주인의 삶을 살기 위해 필요한 사항들을 펼쳐놓는다.

위대한 고객

이대성 지음 | 값 15,000원

책 『30년차 경찰공무원이 말하는 위대한 고객』은 30년차 경찰공무원이 현장 일선에서 직접 경험하고 느낀 바를 가감 없이 전하고 있다. 구체적인 경험담을 통해 설득력을 높이고 있으며, 그를 토대로 대한민국 경찰이 가져야 할 마음가짐과 나아갈 방향에 대하여 자세하게 풀어내고 있다. 개인, 경찰 조직을, 더 나아가 국가의 비전에 대해서도 생각해 볼 시간을 갖게 하며 국민에게 사랑 받기 위한 경찰이란 무엇인지 이야기한다.

이것이 인성이다

최익용 지음 | 값 25,000원

저자는 오랜 시간 젊은이들과 함께 호흡하며 지낸 만큼 '대한민국의 미래를 짊어진 청년들에게 가장 필요한 것은 무엇일까?'에 대해 늘 고민했다. 그리고 "인성(人性)이 무너지면 나라의 미래는 없다"라는 결론 아래 '인성교육학-이것이 인성이다' 원고의 집필을 시작했으며 각고의 노력 끝에 마침내 '한국형 인성교육해법'을 제시하였다. 특히 이번 책은 평생의 경력과 연구결과를 집대성한 작품으로 21세기 대한민국 인성 교육서의 새로운 지평을 열어줄 것으로 기대한다.

아버지의 인생수첩

최석환 지음 | 값 15,000원

책 『아버지의 인생수첩』은 당당하게 가장의 길을 걸어온 저자가 두 아들은 물론, 청년들에게 전하는 삶의 지혜와 응원의 함성을 가득 담고 있다. 굴곡이 진 삶의 여정에서 위기를 이겨내기 위해 스스로 체득한 성공 노하우와 경험담은, 이제 막 세상에 첫발을 내딛던 젊은이 누구에게나 도움이 될 만큼 알차고 든든하다.

하루 5분 나를 바꾸는 긍정훈련

행복에너지

'긍정훈련'당신의 삶을 행복으로 인도할
최고의, 최후의 '멘토'

'행복에너지 권선복 대표이사'가 전하는
행복과 긍정의 에너지, 그 삶의 이야기!

권선복

도서출판 행복에너지 대표
대통령직속 지역발전위원회
문화복지 전문위원
새마을문고 서울시 강서구 회장
한국정책학회 운영이사
영상고등학교 운영위원장
아주대학교 공공정책대학원 졸
충남 논산 출생

국민 한 사람, 한 사람이 모여 큰 뜻을 이루고 그 뜻에 걸맞은 지혜로운 대한민국이 되기 위한 긍정의 위력을 이 책에서 보았습니다. 이 책의 출간이 부디 사회 곳곳 '긍정하는 사람들'을 이끌고 나아가 국민 전체의 앞날에 길잡이가 되어주길 기원합니다.

　　　　　　　** **이원종** 대통령직속 지역발전위원회 위원장

'하루 5분 나를 바꾸는 긍정훈련'이라는 부제에서 알 수 있듯 이 책은 귀감이 되는 사례를 전파하여 개인에게만 머무르지 않는, 사회 전체의 시각에 입각한 '새로운 생활에의 초대'입니다. 독자 여러분께서는 긍정으로 무장되어 가는 자신을 발견할 수 있을 것입니다.

　　　　　　　　　　** **조영탁** 휴넷 대표이사

권선복 지음 | 15,00